復興崗人的
壯采和弦

政戰風雲路 卷II

政戰火炬　永放光芒

　　欣聞由復興崗文教基金會籌擘年餘的《復興崗人的壯采和弦：政戰風雲路 卷 II》，即將付梓，邀余作序以為賀，自當義不容辭，欣然以赴。

　　政工幹校創立迄今，已歷七十春秋。半個多世紀以來，雖迭經體制的變遷，人事的更迭，然由各科系培養的優秀人才，不論對國軍政治思想的正確指導，對部隊士氣的鼓舞或是在社會各方面的建設，也多能克盡職責，大放異彩；為國軍、為國家，做出了巨大的貢獻。

　　歷農有幸曾與許多優秀的政戰幹部同仁共事多年，為國軍的政戰工作略盡棉薄，乃深知政戰工作，對國軍精神建設的發皇，具有不可替代的重要性，也深知政戰幹部在社會各階層，秉持他們豐厚的學養和見識，乃可以成為國家的中流砥柱，更是時刻銘記於心。

　　本專輯所記載政校各科系優秀人才的卓越表現，當只是其中的犖犖大者，歷農深盼能以此為基礎，眾志成城，再創新猷，使政戰火炬，照亮每一角落，並永放光芒，熠熠生輝。實所至盼！

許歷農　謹序

中華民國 113 年 11 月

不忘初心　繼往開來

　　《復興崗人的壯采和弦：政戰風雲路 卷II》即將完稿；稍早，漢國賢棣偕同幾位籌辦的校友再次來訪，並囑撰序文誌賀。與前書《政戰風雲路：歷史 傳承 變革》不同，本書係以母校各學系、各時期人物和重要時事為敘述主軸，涵蓋面甚廣，題材很豐富，為73年來走過政工幹校、政戰學校和國防大學政戰學院的歷史軌跡，增添無數壯麗色彩或高光亮點。

　　遙想當年，政工改制，創校維艱，前輩先賢，篳路藍縷，胼手胝足，銳意經營，如今終於豐美有成。這一路上，充滿著可歌可泣、感人肺腑的篇章，許許多多的人物與事蹟，都值得一再咀嚼回味，薪火相傳，緬懷綿延。在書中，記敘各系眾多校友歷來的傑出表現、努力與風範，無論在軍中或社會服務的優良事蹟，都是榮光璀璨，熠熠生輝，不因時空變化而遞嬗。

　　在蔣經國先生創辦的學校裡，復興崗子弟人才濟濟，大家始終抱持著年輕時投筆從戎的報國赤誠，堅持「不貪財、不怕死、愛國家、愛百姓」的黃埔精神，即使退伍離開部隊，散落在臺灣社會各角落，仍然默默信守，堅持不渝。正如清代詩人龔自珍的《己亥雜詩》所題：「落紅不是無情物，化作春泥更護花」。意謂著，大家雖已卸甲歸田，依然心繫社稷，不忘初衷，處處展現政戰幹部的熱情與壯懷。

　　時至今日，睽諸現代戰爭史實，益顯政治作戰的重要性。因此，校友們要踵武前賢，繼志承烈，期使政戰幹部成為國軍精神戰力發揚的重要支撐與憑藉，不負國人所託。

楊亭雲　謹序

中華民國 113 年 11 月

| 序三 |

從兵科軍官視角
回顧復興崗那些人、那些事

　　我出生、成長於金門戰地，從小與軍人為伍。高中畢業投入黃埔門下，在陸軍官校的養成教育暨畢業後漫長的軍旅生涯中，曾受益於諸多政戰師長的教誨與領導；與無數優秀的政戰袍澤共同奮鬥，克服種種困難險阻，一起達成任務；也曾在國軍激烈的組織變遷中，基於本身職責，為維護政戰的權責與尊嚴，協力政戰局挺身而出，極力抗辯；在國軍政戰人事調整的過渡時期，更曾兼代陸軍司令部的政戰主任達數月之久，與各組同仁共負陸軍龐雜的政戰工作；以及當監察系統自政戰體系剝離時，偕同張玉龍處長奔走本、外島，鼓舞監察同仁低迷的士氣。

　　而最重要的，則是個人曾有長達兩年的時間，在陽明山前的復興崗接受完整且紮實的深造教育，奠定足敷使用的學術研究基礎。因此，我既是一個兵科軍官，也是不折不扣的復興崗子弟。這些特殊的人生機遇，讓我更能相對客觀而深入的去觀察政戰的那些人、那些事，自忖這也可能是本書編輯委員厚愛，囑令為文的主因所在吧。

　　有關政戰制度的變遷、政工幹校的創建與發展，母校各系的教育概況，以及各系所傑出的老師、學長，在《政戰風雲路：歷史 傳承 變革》一書，以及本書《復興崗人的壯采和弦：政戰風雲路 卷II》各篇均有詳細的介紹，展讀其奮鬥與發展歷程，以及他們對國家社會的卓越貢獻，在在令人動容，個人深感欽佩。在此寶貴的篇幅中，個人狗尾續貂，冀從不同視角，回顧親身經歷有關復興崗的那些人、那些事，雪泥鴻爪，為大歷史留下點滴的印記。

　　回顧孩提時接觸的軍人，其實是分不出軍事幹部或政工幹部的，但我對一些在村子牆上畫大幅油漆海報，或製作泥塑反共精神標語的

「指導員」，倒是印象深刻。投筆從戎進入官校，個人曾擔任連輔導長陳昆桂（政校16期）、王淩皋（政校17期）兩位老師的文書，開始接觸政戰業務，接受他們很多指導，初識政工。參加學生社團，「黃埔合唱團」的指導老師是李長傑先生（政校3期），「正言社」則係曹建中（政校5期）與彭宗憲（政校16期），個人從他們身上習得合唱，新、舊式辯論的技巧，以及相關的思維理則，影響爾後軍旅事業的發展甚鉅。

個人四十餘年的軍中歲月，所見絕大多數政戰同仁的表現，皆能恪遵母校「冒人家所不敢冒的險，吃人家所不能吃的苦，負人家所不肯負的責，忍人家所不能忍的氣」的校訓，嚴守分際，與軍事幹部密切合作，發揮政工職能，戮力達成任務，多有值得表彰之處。以下略舉幾件個人印象深刻的相關事例，印證各個階層政戰同袍堅守「吃苦、冒險、負責、忍氣」的信約，默默耕耘，無智名，無勇功，誓為基層單位穩定的力量，他們都是值得尊敬的復興崗子弟。

首先，是我任職海巡三指部時的政戰處長藍天虹中校（政校25期），他忠誠幹練，勇於任事，與我一起率領剛剛編成的海巡部隊，鎮守走私偷渡猖獗的苗、中海岸，日夜巡狩於任務地境。此期間，他運用智慧與親和力，勤走基層，化解夙有隔閡，曾經因軍紀糾察產生摩擦的步兵、憲兵部隊之間的矛盾（註：海巡三指部編成時，納編兩個憲兵營、一個步兵營），發揮了最大的凝聚融合作用，將一支新編、尚未站穩腳跟的部隊，團結成為生死、榮辱與共的鋼鐵勁旅，有效反制走私偷渡和敵人的滲透活動。

其次，係個人在陸官學生部隊時的政戰處長趙永生中校（政校27期），在校長童兆陽中將住院、我奉命赴美參訪二十餘日的非常時期，他一肩挑起整個學指部的領導與管理（註：當時副指揮官已被裁撤，原本上校政戰主任降編為中校政戰處長，整個指揮部高勤官僅剩處長一人），全程堅守崗位，未曾稍離校區一步，任勞任怨，以卓越的領導，帶領各營營長遂行各項任務，使學生部隊運作如常，表現極

為優異。

　　再者，為個人擔任陸軍士官學校（嗣後更名國立陸軍高中）校長時的政戰主任張寶輝上校（政校24期），他主動積極，勇於任事。曾經不計個人毀譽，不懼內外壓力，有勇有謀，以最大道德勇氣暨高超的智慧，堅定推動學校福利營站公開招標的改革方案，終底於成，不僅防範弊端於未萌，更藉以造福全校的官師生兵。他任職國防部時，候晉將級排序名列前茅，不意竟與晉升擦身而過，曾有人建議他「向家族熟稔的政界尋求奧援」，但為寶輝婉拒其好意，個人獲悉其遭遇，除惋惜人才未獲拔擢，更加敬佩他的有為有守，無負母校的教誨。

　　此外，民國96（2007）年，個人擔任國防部人事參謀次長一職，當年陸軍601航空旅發生一件重大空難事件，在同一架UH-1H直升機上的旅長、副旅長、參謀主任和攻擊營營長等八人全數罹難殉職，旅部高勤官四去其三，僅剩在部坐鎮的政戰主任丁良箴上校（政校29期）。她在部隊危急困頓之際，銜命擔負看守任務。當官兵陷入極度震撼與悲痛，部隊士氣低落到極點時，是這位堅強的女性軍官，一肩扛起處理殉難者後事、重振團隊榮譽與士氣，維持正常戰備訓練任務的重責大任，如果不是復興崗的紮實教育，焉能從容沉穩，按捺哀痛，帶領所屬官兵走出陰霾？

　　另外，個人在陸軍第十軍團指揮官任內，所屬機步200旅（現已改稱機步234旅）曾發生演習部隊火燒車事件，押車軍官旅部連輔導長黃上尉逃生不及，竟遭火舌吞噬而殉職。黃員係獨子，父母年事已高、行動不便，晚年喪子，哀痛逾恆，痛徹心肺。且家中人丁單薄，黃上尉僅有一姊，既無兄弟，也無子姪，竟無人可遵禮俗為逝者「捧斗」（註：按照喪禮，將逝者神主牌位奉置於木製米斗內，移靈時，由男性至親之晚輩或平輩抱捧護持前導，是喪禮中非常重要的儀式）。為使喪禮莊嚴順利完成，撫平黃輔導長雙親暨至親的哀慟，並告慰逝者，該旅政戰主任武立文上校（政校33期）毅然拜黃員雙親為義父母，以義兄身分為黃輔導長捧斗，親自護持恭送逝者最後一

程。後事處理完畢，武主任仍定期探望、慰問黃員父母，善盡義子情義與責任，從未中輟。此種袍澤之愛、仁義之情，非復興崗教育之啟迪，何以致之？

前述類似的案例，在各軍兵種、各階層應該所在皆有之，然均未見諸於任何官方或個人的紀錄，其本人也視為份內之事，理所當然，沒有對外宣揚。但，這些可敬的無名英雄，卻是維持國軍穩固的基石，與本書所臚列的傑出復興崗人一樣，值得給予崇高的敬意。

在復興崗政研所接受兩年的深造教育，其影響與我在陸軍官校的養成教育一樣重大。較諸黃埔營區的廣闊嚴整，復興崗校區給人一種小而美的感覺。假如陸官近似西點，則政校更像維吉尼亞軍校（VMI）。陸軍官校嚴肅而沉穩，復興崗則較舒緩而自由。剛到校，看到許多學員生跑完步，三三兩兩岔腿坐在中正堂前的草地上閒聊或看夕陽，非常不適應，但不久自己也入列了，這是我對復興崗的第一印象。

復興崗政研所給我最大的震撼，無疑是其對自身教育的那份自信。外聘教授中，不乏曾抨擊政府、被外界視為異議人士的碩學宏儒。圖書室擁有最新、由航空郵寄而來的大陸、港澳出版品，《人民日報》、《解放軍報》、《大公報》、《南華早報》……等報紙，大陸有關政、經、心、軍和科技等各類的期刊、書籍，都以開架式提供研究生自由研閱，研究部部主任段家鋒教授更要求我們將這些報刊的重要報導、社論、專欄等文章，製作索引，彙集成冊，以方便後來者做研究。當年在部隊禁止訂閱的《自立晚報》和《臺灣時報》，每天一早，也都會定時與《青年戰士報》（民國七十三年（1984）易名為《青年日報》）、《中央日報》、《中華日報》等報紙，同時出現在研究生餐廳的書報架上，師生均可自行閱覽。

此一將敵方暨異議書報毫無禁忌提供研究生研閱的作法，曾引起國軍部分高層的憂慮，建議有所節制。然而，化公回以：「如果我們研究思想作戰的單位暨師生，不瞭解敵人在做什麼、在想什麼，何以克敵制勝？倘若我們最菁英的研究者，在學術研究時不能慎思明辨，

輕易即為敵人言論所迷惑，忘其所以，我們教育的利基又在哪裡？」偉哉斯言，時經近四十年，回頭再細細咀嚼這段話，不禁感慨系之。

學術研究崇尚自由，但在研究方法與理論的傳授，則需專注而嚴格。復興崗政治研究所的教育是非常紮實的。當年，研究生除週三校外研究，以及休假日外，全需住校，課程與研究時間緊湊，研究生除三餐與運動時間，活動的空間，幾乎都在教室、圖書館和研究室，研究生大樓更是徹夜燈火通明，埋首書堆者比比皆是。部主任段家鋒先生、所長孫正豐教授、各組組主任（我們三民主義組主任是谷瑞照教授），以及任卓宣、謝延庚、鄭學稼、趙玲玲等老師要求都非常嚴格。所裡對於每位同學的畢業論文，更是嚴審嚴批，毫不放鬆，即使校外的指導老師，也無法護航。

以本組為例，十位同學中即有兩位被迫延畢，必須下部隊重寫碩論，本期優秀如胡瑞舟同學（政治作戰組），也選擇延後提審論文，確保論文品質得以達成本所老師的要求水準。此外，孫所長利用週六上午四節課（註：當時還未實施週休二日），安排一系列的專題講座，邀請校外著名的學者蒞校演講，講授《研究方法》和《論文寫作》，有計畫授予學術研究的方法與規範，對於我們爾後的研究或工作，助益甚鉅。

回首前塵，我認為復興崗是一所兼具言教、身教和境教的卓越學府，對於國家安全、國軍的安定與精實壯大，貢獻卓著。個人從既是兵科軍官、又是復興崗人的視角，回顧往昔的那些人、那些事，所見更為清晰，感恩之情益加濃鬱。值此國內外情勢丕變、國步艱難、國軍任務日愈沉重之際，重新省思復興崗早年的教育目標：「背起政治的十字架，邁向倫理、民主、科學、政治的天堂」，期盼在職的學弟、學妹們，效法先期學長姊，堅守忠貞志節，效忠國家與憲法，發揮穩固部隊、提振官兵士氣的重責大任，且能精研各種戰術戰法，協力武力戰的遂行，發揮復興崗的精神與傳統。

政研所16期　**黃奕炳**　謹序

走過璀璨的輝煌年代

為什麼蔣經國總統時期，在國內外環境，那麼艱困的條件下，他可以成功領導中華民國，以「十大建設」開創經濟奇蹟，為我們贏得「亞洲四小龍」之首的地位？

那時候臺灣錢淹腳目，我們走路也有風！

那個時代，正是經國先生從創辦政工幹校，到政治作戰學校，耗費20年時間，所培養政治、新聞、影劇、音樂、藝術、體育各系的大量人才，散佈在國家社會各個層面，遵循經國先生思想領導、團結一致，基本條件成熟、成功、穩定，所發揮的作用。

這是經國先生的遠見，政校畢業、分佈在各階層的師生，是他改革、改造社會，最基本的力量。

所以復興崗文教基金會，在編撰《政戰風雲路：歷史 傳承 變革》的時候，焦點集中在軍中思想、政戰工作的遂行為主軸，去面對、檢討。

到第二本《復興崗人的壯采和弦：政戰風雲路 卷 II》，從國家、社會、藝術、文化角度著手時，豁然發現那正是我們來到臺灣，臥薪嚐膽、20年有成的輝煌年代，那朵政戰的花，透過新聞筆、音樂歌、影劇演、藝術美，為臺灣社會、人民百姓，創造出一個「安居樂業、富強繁榮」的生活條件，整體國家更充滿活力、希望、積極向上的正能量。

這些積極奮進的條件，是所有研究「蔣經國思想」的單位或個人，經常被刻意遺忘、疏忽、甚至不敢面對、避諱談論的成就，卻忘記那是經國先生在創校之初，要求王昇（化公）：找到最好的老師，給予學生最嚴格、包容的訓練。

這才是兩位先師最大的貢獻。

所以：編撰《政戰風雲路 卷II》比起卷I，當然難多了，難在「取捨」，因為這「五大業科系」在社會上，人才輩出、頭角崢嶸，還要扛著「復興崗人」的十字架：刻苦、冒險、忍辱、負重，甚至不能夠大聲喊出：我們是政戰孕育的復興崗人！

　　我們這一代復興崗人，卻承載起那麼多：從大陸逃難帶到臺灣來，從幼年兵在軍中、社會發光發熱，來自五湖四海、中華各省、民族文化的基因種子，這份基因養成胎，型塑這一代軍中所吸收、營養、包容、茁壯、融合成功的文化力量。

　　這正是我們出版《復興崗人的壯采和弦：政戰風雲路卷II》，想送給臺灣社會的一本書；讓民進黨人學習正面思考；讓國民黨知所慚愧，他們從來不願承認「思想」的重要性，沒有檢討，怎麼進步？

　　個人從接任復興崗校友會長，到恢復文教基金會運作開始；感謝10期張悅雄學長，擔任我們的思想導引。

　　22期喬振中總編輯和26期張志雄，一直是我倚重的左膀右臂。

　　財務學校10期，我在安全局的工作夥伴，馬繼津學長，全程參與擔任我們的志工。他每週都到復興崗，和30期的孔繁華秘書長，完成財務、帳記，為每筆資金、捐贈，做出清清楚楚記錄，送經教育部審核無誤的財務報表。

　　復興崗文教基金會董事：王明我、田鑫泉、馮慧智、樂曉天、趙代川、王蒼鴻，及宣捷集團董事長宣昶有的全力資助下，我們完成了各項不可能的任務。

　　感謝14期王漢國學長，率領30期程富陽、預官轉役（上校退伍）陳東波、36期王先正、38期祁志榮，及各系代表團隊的竭心盡力，以將近兩年時間，共同完成這本《政戰風雲路 卷II》的鉅著。

　　這是我們所有「復興崗人」對歷史的交代。

復興崗文教基金會董事長
政戰學校19期　外文系法文組　第一屆畢業生
李天鐸　中華民國113年9月3日

目錄

目錄

原民崢嶸 *299*

本書導讀

王漢國／敬撰

　　復興崗文教基金會繼2021年底出版《政戰風雲路：歷史 傳承 變革》之後，在李天鐸董事長的提議暨榮民榮眷基金會的贊助下，創作團隊又毅然決然地邁出了一大步，此即呈現在讀者面前的《復興崗人的壯采和弦：政戰風雲路 卷II》這部專著。

　　作為一部類校史，它必然涉及時空變遷的龐雜，面對許多紛至沓來的人物與事件，如何書寫不失其真，如何說理不違其善，又如何舖敘而見其美，胥賴每一位書寫者以面對歷史，誠實不欺地，從文獻或專訪裡來爬梳、整理和詮釋，以期彰顯復興崗人迭宕起伏的壯采和弦。

崗上往事・今人細說

　　本書的研究設計與範圍，是以1952年政工幹部學校創立之初所成立的六個系（政治、新聞、音樂、美術、戲劇、體育），以及1960年代增設的法律系為主軸的。諸君且莫忘，那可是個「天地軍麾滿，山河戰角悲」的年代，軍心士氣的提振、國政綱常的維繫，乃至如何彌合一個個離散家庭的傷痛，皆是迫切而棘手的課題。

　　彼時，創校維艱、從無到有。其中如覓校地、徵賢才、籌經費、建學舍，固屬萬般艱難、煞費苦心，但樹校風、立校訓、求慧性、除妄念，無疑更顯得重要而垂諸久遠。如今，若細數各系傳承七十餘年的系訓，無一不是以「志不養則心氣不固，心不固則思慮不達」，相期於萬千學子，展佈於革命征途的。

　　由復興崗人，說崗上事，既是面對歷史，也是面對自己，更是面對一切能言或不能言。而我們這一群志同道合的創作夥伴，以「全觀敘事」、「直觀其心」之法，相期共勉，惟細索復興崗史，值得撰述者眾，實難周全，只能以「引玉拋磚，投礫引珠」態度，勉力而為；於

是「一刀一痕，痕痕生輝，幾番刀起刀落，就是一椿椿超然的美之完成」。（魯蛟語）

　　日月交替，斗轉星移。話說崗上事，自有著無盡的回憶、訴說不完的跨世紀辛酸。而團隊夥伴在歷史剝復中，人物更迭裡，始終秉持著「不聞不若聞之，聞之不若見之，見之不若知之，知之不若行之」的理念，謙謹於心，敏求於史，雕藝春秋，全力以赴。

　　本書包括有「學術鑽探」與「專訪憶往」兩類文體，行家入列，精彩可期。尤其，在過往的六百多個日子裡，「千呼萬喚始出來」，是切盼；「海上生明月，天涯共此時」，是互勉；「心有靈犀一點通」，是會意；「手把青秧插滿田，低頭便見水中天」，則是開悟。

　　經歷此番淬鍊，本書不但掌握了「政工改造」的思想精髓，也體現了「崗上兒女」的使命責任，青山依舊在，我們始終沒有忘記，那是用無數的青春生命和熱血織就的，以不變的初心和慧運鑄成的。

風雲之路‧師恩永懷

　　本書的三十三篇集文，既有往日舊情，也有惕勵當下，更有叮嚀未來。尤其是師長們那栩栩如生，鮮活如初的音容笑貌，迄今難忘。

　　韓愈論〈師道〉，最為後世推崇者，殆為「傳道、授業、解惑」三事，其實「薰陶」二字，寓意更為深刻。蓋前者要求教師必須具備較高的專業素養，而後者則強調教師應富於人格魅力，以之發揮其陶冶、薰染之功。此即，一為經師、一為人師是也。

　　回顧復興崗政工幹校創立迄今的七十餘年，從克難建校到規模初具，從禮聘名師到完備體系，從敦品勵學到為人師表，從掌握教軸到發揮影響，無一不是從「追隨杖履」和「從師之道」中所獲得的。而師長們所敦敦教誨者，正是「紙上得來終覺淺，絕知此事要躬行」的督勉。

　　感念師恩是情真意切、脈絡可循的。因為師長們賜予我們的是知恩的、倫理的、和諧的教化；要求的是健康的、向上的和光明的生命

態度，以及富有正氣的、磊落的、坦蕩的價值觀。誠如鄭板橋詩云：
「新竹高於舊竹枝，全憑老幹為扶持。」若無當年的啟蒙和教化，少
年安得長少年，海波焉能變桑田。老驥伏櫪，志在千里。秉此耿耿初
衷，我們終於一一說出了久蘊於心、垂諸久遠的師生情。

信仰之旅・止於至善

　　固然，復興崗人筆下的學府風采，姿容不一；訴說的人文情懷，
各有千秋，但始終環繞著一個核心，那就是對「止於至善」的堅持和
信守。

　　子曰：「志於道，據於德，依於仁，游於藝。」我們的「信仰之
旅」，是由此開展的，一如從「日月既出而爝火不息」中，去找到人
生目標和不朽典範。

　　今以新書示人，贏得讀者喜愛，是最高的獎勵。最後，我們冀望
藉由本書能得到以下的三點肯認：

　　一、歷史的反思：政工改制或創設政校，在歷經70餘年的現實
考驗後，吾人若從《兩蔣日記》，或「反者道之動」中，去深思體
察、破除迷障，自可徹悟其間體用、剛柔、虛實的關係，及其裨益於
建軍備戰的根本之道。

　　二、法政的信念：在軍隊的社會性裡，政治與法律兩者，皆不可
或缺。對於復興崗子弟而言，不論是在朝或在野，其所信守的法政觀
與踐行之道無他，總在存誠務實，不慕虛華，問責於己，不負使命。

　　三、美學的薰陶：政校雖成立於兵荒馬亂的年代，幸有兩蔣的高
瞻遠矚、痛定思痛，乃決然成立各相關美學科系，這無疑是要學子們
從「審美」上紮根，從「人性」中探索，從「智慧」裡立足，己立立
人，己達達人。

　　故可曰：復興崗人的壯采和弦，乃是從淬煉與內省、沉潛與拓拔
之中，展現其時代光華及卓然成就的。

泱泱壯懷

背起政治的十
字架邁向倫理
民主科學政治
的天堂

| 山河錦繡心 | 壘壘千古情 | 跌宕風雲復 | 大屯定國興 |
| 二胡兩根弦 | 上下五千年 | 星霜無聲潤 | 飛逸音悠長 |

——編者按

《兩蔣日記》
省思大破立 定位政工幹校

文・圖／王漢國、祁志榮

序曲：折戟沉沙史未消

　　對史學研究者而言，日記是重要且不容輕忽的史料，它代表著當事人的「第一視角」。中外史學界，迄今雖對個人日記的真實程度尚存有疑慮，但從其中所顯現紀錄者的內心世界的幽微情思，仍為一般史料所難以企及。

　　邇來，隨著《蔣中正日記》與《蔣經國日記》（以下簡稱《兩蔣日記》）的依序出版，對研究中華民國史而言，實屬一個重要里程碑。蓋《兩蔣日記》的價值在於，它還原了諸多歷史原貌與事實真相，讓國人因洞悉事件

總統蔣中正（坐者）參加政工幹校第一期畢業暨第二期開學典禮。

經緯，而更「趨近」於歷史真相。

　　同時，《兩蔣日記》對進一步暸解政戰史也具有深刻意義。自1948年政府遷臺後，為洗雪前恥，光復大陸，在整軍之中有一項重大要務，即「政工改制」。此舉對日後穩定軍心，貫徹軍令，安前支後，著有實績。而創立「政工幹部學校」之決策，最為動見觀瞻。

　　本文主以《兩蔣日記》（含其他相關文獻）為範本，探討兩氏對「政工改制」與「創立幹校」的緣由。惟囿於國史館出版的《兩蔣日記》期程，《蔣中正日記》部分，由1948年至1960年，計已出版13冊，而《蔣經國日記》目前僅出版1970年至1979年共9冊，因事關重大，乃廣涉國史館《蔣經國手札（1950年至1963年）》（簡稱《手札》）等文獻。期間，要特別感謝前總政戰部主任楊亭雲上將、萬德群中將、王國琛中將、名作家張騰蛟（魯蛟）與吳東權等前輩接受訪談，藉由他們的憶述，更為這段創校史實增色不少。

改制：風雨飄搖終有定

　　1946年戡亂戰爭打響，蔣中正總統在1948年元旦寫下：「本日天朗氣清，惠風和暢，心神亦較舒適平澹，此乃本年勝利成功之預兆也。」[1]惟隨著戰況的膠著，其結局卻與預想大相徑庭。如1949年元旦《日記》寫道：「去年一年的失敗與恥辱之重大，為從來所未有。晚課後，與經兒車遊市內，傷兵滿街，雜亂無狀，不勝憂慮，應急加整理。」[2]短短一年時間，戡亂形勢逆轉，江山易色，蔣公也於同年12月10日抵達臺北。

　　蔣公蒞臺後，總結大陸戡亂戰事，他沉痛地表示：「軍隊為作戰消滅者十之二，為投機而降服者十之二，為避戰圖逃而滅亡者十之五，其他運來臺灣及各島整訓存留者，不過什一而已。」[3]

　　這段期間，《日記》中有關檢討歷次戰役失敗之處甚多，僅以徐蚌會戰為例。1948年12月3日記載：「據匪廣播稱，第110師師長廖運周率部投匪，不安之至。此為黃埔軍校第6期生，如其果屬實，則

前途更為可慮。……此實為第一罪魁也。」[4]隔年10月26日，當他接獲古寧頭捷報時，最初反應不是高興，而是懷疑內容可靠與否。當日記下：

「朝課後接辭修（陳誠）電話，稱其接恩伯電話，金門登陸之匪已肅清云。餘乃問空軍再探，則稱尚未肅清，仍在昨日匪踞工事內戰鬥中。再問辭修探詢，則真未肅清，前方報告之不實，幾乎每每如此，可痛。及至下午6時，乃使完全肅清，又得經兒自金門視察回來，乃知確已肅清，始得安心。」[5]

蔣公之所以對戰報心存疑慮，係因此前的戡亂戰爭，有多次受到誤報戰情影響。在缺乏多重管道，覈實戰況，又無法對敵人滲透策反行動做有效控管，遂處處受制於敵，即使有美援物資作為後盾，亦難撐大局。此情，楊亭雲認為：「中共派優秀大學生進入軍中，很多單位都有共諜潛伏其中。海軍幾條黃金就把艦長收買，然後軍艦一條一條叛變，問題很嚴重。」[6]

黃埔建軍之初，已設立政工制度，惟其成效有限，揆諸原因，概如《政工史稿》第廿一章「政工改制」[7]篇所述，其缺點有：（一）政治部編制過大且事權集中；（二）中層機構無事可做；（三）效率低落；（四）忽視基層組織；（五）政工人員身分地位始終未經確定。[8]

彼時，基層營級部隊幾乎沒有指導員職缺（歷次改制，時有時無，終究無時多而有時少），連指因位階低，上級時常借調，造成缺員；而團級因編制大兵員多，團指導員室人力有限，難有所成。尤其，政工人員多乏主官經歷晉任困難，且編階偏低（連指為中尉、團指為上尉、師主任為中、上校），以致士氣低迷，影響任務遂行。

此外，以往政工人員來源於兵科（軍官）、業科（軍佐）與文校（軍屬），出身文校幹部之敘用晉任與軍官不同，不免肇生扞格，致諸多爭議難以化解。綜觀大陸時期政工制度功能之不彰，在於幹部的軍事專長不足；在指揮鏈中的定位不明。故蔣公來臺後，將「政工改制」列為整軍之要務。

1950年元月2日《日記》載：「今後軍隊黨務與政工關係及組織方案，與提倡模範官兵與部隊計畫，皆為目前整軍基本要務也。」[9]

1968年9月30日蔣中正總統主持三軍官校暨政工幹校聯合畢業典禮，頒授畢業證書予政工幹校畢業生代表王漢國少尉。

另在「四月大事預定表」內亦記載：「1.整軍步驟：甲、政工人事與教育統一。」[10]總計僅1950年日記，蔣公提及與「政工」事務有關者多達66條，甚至在「雜錄」項下亦記有：

今日救亡，以軍事第一。軍事以精神第一，精神以主義第一，實現主義以組織第一，軍事組織之效用以政工第一，政工組織以黨務第一，黨務以嚴密第一。

同年4月，蔣經國先生出任改制後的首位「國防部政治部主任」，以為改制大計，籌擘新局。從國史館出版之《手札》中，可瞭解他在初任政治部主任時期的忙碌情形。如1950年6月18日記載：

1. 第5軍政治部主任王志仁，在談話中發現他沒有精神，好像是一種不死不活的樣子，究竟內情如何，望詳加考核後報告我。
2. 第18軍11師政治部主任丁思岑亦是沒有精神。
3. 第67軍58師188團政工處長羅飛鵬年紀太大，提不起精神來。
4. 第32師政治部主任鄭覺山工作成績如何？
5. 第29師張慕周、21師曾漢、56師晏功烈，不是太老，就是不能實實在在做事。……

對以上17件人事應慎重的加以考慮和調整，最要緊的就是新派人員一定要比他們來的好。[11]

同年6月19日《手札》記載：「63師中有少數軍官因怕打仗，又怕臺灣為匪所佔，所以設法製造假身分證。聽說出假身分證的是前廣東吳川縣政府的職員，帶有吳川縣政府的印（目前住在高雄），此事應加調查。」[12]上述，皆為經國先生掌理政治部初期的日常交辦事項，事無分巨細，幾乎都要靠他親自處理。

因此，當年對政工幹部的「整頓」，成為改制後的首要任務。楊亭雲指出：「幹校成立前沒有本科生，那幹部從何產生？抗戰時期就是『戰幹團』，另一個就是軍事幹部轉任。有些軍事幹部認為不能在部隊循自身的管道發展，就轉任政工幹部。還有就是各軍、師在大陸時，可以自己訓練，來臺灣後成立各種訓練班，從三個月到半年不等，所以當年政戰幹部來源很龐雜。」又說：「我任中尉時，接受的是『青年幹部訓練班』，內容並非政戰專業。其中有總體戰，社會動員，官兵精神教育，或現在講的『認知作戰』這些東西，幹部素質良莠不齊。早年這些『老幹部』，工作全憑個人良心本事。因此，也造成若干軍事幹部的怨懟。」[13]此亦顯見「政工改制」與培養專業幹部之迫切。

政工改制面臨的另一個阻礙因素，即來自美軍顧問的反對。彼時，美方從顧問團到國務院、國會，皆對國軍政工存有疑慮。最早見於1951年5月22日的《日記》披露：「美顧問又設計開始反對經兒

政治部職務矣。」[14] 之後相關紀錄不斷。

　　同年 8 月 25 日稱：「又接美電，稱其參議院將以我不贊成裁撤軍隊政治部之建議，因之不通過援華經費之消息，余泰然處之。如其真欲強逼我取消政治部，我絕不接受其美援，以免干涉我軍事也。」[15]

　　另如 1953 年 12 月 31 日載：「夜間以美顧問團……停止對政工有關之軍援物資，如車輛、汽油等，此種瑣碎麻煩而無關重要之細事，乃不問其軍援政策與方針，及其中美合作之精神如何，皆所不顧，……。但不論如何，仍應照預定方針，據理駁覆，絕不容其如斯迪威之故事復萌。……認為本月受侮最大者也。」[16]

　　經初步統計，至 1954 年為止，蔣公對美軍顧問團百般阻擾政工之記載多達 50 則，再再顯示其捍衛政工制度之決心。

　　「政工改制」後，各階政工幹部逐一補實，尤其連指導員、幹事為穩定基層部隊軍心的主力。另有關政工幹部在指揮鏈的定位問題，蔣公於 1954 年 6 月 13 日記：「與經兒討論政治部主任與其同級參謀長之指揮事，彼以為此時不宜變更原有法規。」[17] 同月 22 日，又記：「到政工學校對政工會議訓話後，召見政工各顧問，詳示其政工主任直屬其指揮官，而不能受其參謀長指揮之理由，並示其工作調整之方針。」[18] 由此二則記載，可知當年改制，已將政工主管所處指揮鏈位階作明確律定，殆無疑義。

　　1950 年 6 月，總政治部進一步將戰時政工主管的位置明定如下：「戰時軍政治部主任應該在戰況最激烈的師部工作，其餘師、團主任、營、連指導員依次類推，均需於戰況最激烈的下一級單位工作（餘略）；國防部總政治部主任、三軍總部政治部主任在戰役期間，戰線那裡最吃緊，任務那裡最繁重，就要在那裡工作。誰也不得假借任何名義，留守後方。」[19] 此為政工改制後之應戰舉措。

建校：群英義聚復興崗

　　在《孫立人傳》中曾提及一個場景。

一天，蔣經國邀孫立人午餐，談笑間蔣經國問孫：「聽說你反對政工制度？」孫很誠懇的答道：「不是我反對政工制度，而是政工人員素質參差不齊，在軍中引起許多問題。」[20]

其實，兩蔣對政工人才不足，了然於心。如1950年3月14日《日記》：「到研究院召見學員十人，各軍、師政工主任良莠參半，尚有可取者也。」[21]6月18日《手札》：「200師政工人員有不識字者，應加以調查調整。」[22]；「96師政工處長之工作成績如何？據各方面之報告，該員專門從事軍中挑撥是非的工作，而不專心於政工，如是實在，應即調整。」[23]

政工幹校（以下簡稱政校）的建立過程，因另有專篇探討，茲不贅述。而蔣公一直對創立政校是抱持很大期望的。如1950年3月19日：「要旨：一、政工素質與水準提高方法。四、將校團之組織（政工部辦）。」[24]11月25日：「幹部政工學校[25]必須兼授普通戰術與軍事制式。」[26]

1953年10月17日：「雪恥：三、軍事教育分學科、術科與政治科。四、政治科以哲學、歷史、外交、農工、組訓、地方自治、保健、康樂啟導提高士氣，團結精神。監察、軍法、民法、國際公法、獎勵（鼓動）與官兵家屬聯繫（軍眷）俱樂部，醫科常識、撫卹、管俘心理戰，對敵謀略等課目。又調查、研究、設計、解決、考核為業務程式。」[27]

而經國先生對政校亦多所垂訓。如1952年10月11日《手札》：「關於政工幹校學員生入學訓練時間一事，其分配如下：七個星期實施嚴格之軍事基本教練、兩個月派至部隊下連當兵、一個星期召開全校師生大會（餘略）。」[28]同月8日，在〈致胡校長的信〉中，更明確指出改制後政校之教育內涵：

胡校長偉克兄：

為了要解決戰士們的痛苦問題，一定需要知道戰士們的痛癢之處在哪裡……。所以我主張政工幹校的新生入學後，加以二週之精神訓

練後……即派至部隊當兵，為期兩個月至三個月完全無條件的過士兵的生活。唯有如此才能使幹部知道士兵的痛苦，才會下決心為士兵服務，這亦是革命教育的基礎。[29]

在形塑政戰幹部品行方面，經國先生同樣投注了極大的心力。諸如廣為復興崗人所熟知的「政戰幹部信約」[30]，是他在1950年對政工班淡水第一分班（現今之「後備動員幹部訓練中心」）第3期結業典禮時，勗勉學員的內容；同年12月1日，訂頒為〈國軍政工人員須知〉中的「服務信條」。

1952年6月28日，經國先生在德安軍艦上曾手諭王永樹校長：「將政校之所在地『北投』改名為『梅花崗』、『雪恥崗』、『勾踐崗』或『復興崗』，如何？」關於「復興崗」的命名，幹校一期的萬德群說：「校部將定名的議題，交學生小組座談時討論，最後決定以『復興崗』作為政工幹校的代名，並獲得大部分同學們的支持。」[31] 9月18日《日記》稱：「午課後記事。到復興崗（即北投舊跑馬廳）政工幹部學校，舉行軍隊黨部臨時代表大會閉幕。」[32]此為《日記》中首次出現「復興崗」三字，亦為日後學校營區的代表名稱，沿用至今。

創校之初，資源奇缺。舉例而言，「當年化公創辦政工幹校初期非常辛苦，要錢沒錢，要人沒人。早期學校聘請一流教授，都是另外找錢，非常不容易。幹校早期學制是一年半，到七期改為兩年專科教育，八期才改為四年大學教育，我補學分就補了兩次。」[33]

前述場景，在《王昇：險夷原不滯胸中》一書裡已描寫得很清楚。如「王昇捧著公文，恭會總政治部一位長官時，這位將軍只將草案看了一半，就極其不屑的將之往地上一丟，教訓王昇說：『現在多麼艱困，哪有力量辦這樣的學校？』但王昇並未放棄，待案呈國防部第五廳承辦人表示要辦學校可以，但是沒有經費。王昇對他說：『只要貴廳核准，沒有錢亦要辦！』最後經參謀總長周至柔請示蔣公後，核撥300萬元建校。」[34]

而政校由專科改制為大學一事，則是王昇與經國先生抗顏面折的

「溝通」結果。王昇回憶：「從第一期到第七期的學生，都沒有得到學士學位，我在這一點上，與經國先生爭吵[35]，幾次簡報都沒有結果，漸漸地他改變立場，終於表示同意。」[36]

對於政校教育內涵，蔣經國也頗費心思，他多次參加學生升旗典禮、督導內部管理，同時對學生諄諄勗勉。據幹校一期吳東權回憶：「他演講的口氣與內容非常令人折服，有次半夜緊急集合。集合完畢後，經國先生對我們說：『你們不要認為可以安穩睡覺，就鬆懈了警覺。我們千萬不能心存怠惰，這個時代不能有偏安享樂的念頭。』」[37]經國先生的講話均由繆綸速記整理後，結集為《復興崗講詞》四冊，成為日後學生晨讀的「訓育專書」。

在師資問題上，瘂弦在其《回憶錄》中說道：「蔣經國要把它辦成最好的學校，每個系的主任都是當時學界一時之選。如音樂系主任是戴逸青，之後是李永剛，新聞系謝然之，體育系趙鋏，藝術系劉

1953年12月7日蔣經國於復興崗點閱政工會議同志。

獅，政治系但蔭蓀，中文系翟紹武等。」[38] 另據曾在政工幹校任教的史學家黎東方教授回憶：「政工幹校有一個傳統：尊重資深教授。我在幹校前後11年，教學比在其他任何中國、美國的大學更賣力，沒有一點不愉快。我深悔提前從幹校退休，我應該像任卓宣先生一樣，在幹校教到死。」[39]

另查《政工幹校第一期畢業紀念冊》，統計第一期本、業科班[40]畢業生733人中，高中（專科）學歷390人，佔53.32％；已有大學學歷175人，佔23.88％；軍校畢業28人，佔3.8％；其他學歷140人，佔19％。換言之，大學生再投考幹校的青年近四分之一，學生素質不弱。當這些畢業生們日後進入部隊服務，對提升部隊士氣，發揮了積極作用，也奠定了日後可大可久的基礎。

誠如楊亭雲所說：「我在金門當團主任的時候，幹校畢業生還不多，那時幹校學生夜以繼日、全心全力的投入工作，別人休假他們不休假。我每個晚上都要到各個碉堡轉一轉，要陪老兵們下棋、喝酒，這些老兵很可憐。這時候就要看幹部的工作方法，同時要跟弟兄們一起訓練，共同生活。給他們講講故事聊聊天，發洩發洩情緒。團主任如此，營、連指導員也是一樣。」[41]

另如詩人魯蛟談起當年在金門擔任連長時的景況，他說：「官兵有了困難，指導員、幹事在政治課講一些做人做事、戰備的道理。像我的連上多是湖南人，他們能幹能拼卻不識字。而連指導員就可以教導他們，學習一些好的文化及歷史方面的知識。那時幹事、指導員很受弟兄歡迎、敬重。……1954年我下基地，到餐廳用餐，一桌菜上來後，指導員下筷子夾菜最少，也最晚。第一個打飯的班長打半碗，一輪下去，剩下才由指導員撿菜湯。」[42]

政工幹校建校與大學部改制，一舉解決了政工人才不足的問題，幹校學生畢業分發至部隊歷練，亦為基層注入新血。日後隨著校友的各擅勝場，花果累實，對國軍及社會都做出了重大的貢獻。

期許：摩頂放踵衛國祚

1971年7月8日，《蔣經國日記》載：「清早到復興崗視察營長講習班，該處之樹木皆為我創辦該校時所種植，今已很高大了。」[43] 1974年8月29日又記：「昨天為三軍四校在復興崗所舉行的畢業典禮，進入政工幹校之門，想起卅八年開始，我自己在此花了不少心血，不知對國家究竟有多少貢獻？」[44] 言為心聲，經國先生道出了他對復興崗的深厚情誼。

在政戰的指導方略方面，經國先生強調：「就政略與戰術之觀念，吾人的政治作戰需避免兩面作戰，如何拘束次要敵人，打擊主要共匪，至主從之分，宜審慎解決，溝通各級思想，俾共體遵行。」1970年8月6日，他更明確地提出對政戰制度的看法：

花了一番功夫，很仔細而深入的研究了軍中政工的組織型態、人事體系、工作方針以及其他細節，很客觀的加以分析，發覺政工確已成為今日軍中之定力，所以要糾正的乃是局部政戰人員之觀念，以及工作之方法。至於政工之遭受到少數人反對，是無法避免的。有的是為個人的恩怨，有的是為了要求個人更多的「自由」，最好是沒有人來管他們，如此則必將軍隊惡化腐敗。政戰本來就是任勞任怨的工作，受到別人之攻擊，實不足為奇，最要緊的乃是要以「有則改之，無則勉之」的虛心精神，不斷的以求工作之革新進步。[45]

其實，在經國先生日記中有許多關於政戰工作的要求，深值省思。如1970年3月23日：「政戰工作多趨業務化，政治功能隨之衰退，難能發揮中流砥柱力量，多數幹部現實壓力日增，政治意識日淡，緩急之間可能缺乏擔當。」[46] 26日又記：「政戰人員不要坐辦公室，而要多做親官、親兵和親民的工作，政治教育要使官兵產生絕對愛領袖、恨共匪的心理。」[47]

同年7月28日：「日來約見部隊長多員，閒談部隊情況，著重政工問題，多方面蒐集有關政工資料，以備分析軍政關係現況之用，有待改進者甚多，但並無重大之政治偏差，所要改正者，乃是政工人員

之態度與方法也。」[48]

1975年5月16日：「余多少年來無不告誡政工和情報人員，要放寬自己的胸襟，放大自己的肚量，如果沒有確實的證據，無論對人或對事，皆不可輕下斷語。……，尤其有關人事者，不可輕信人之言，此為負責者所應把握之要領。」[49]

同年8月21日記載，「在軍隊方面，應限制政戰人員之權力，以提高指揮官之權威為主要人事方針。」[50]25日：「軍隊中之政工制度以及學校軍訓皆為余所創立，此在廿四年之前，對反共教育之普及以及匪諜滲透之防阻，曾發生很大之作用。但是目前軍官素質已提高，制度已日趨健全，教育界在過去廿年中亦發生了很多的變化；所以以上兩種制度應加以改組，即政工與軍訓人員之優越感以及自大心理。……如果長此下去而不加注意，則不但無補於事，而且有害，對於幹部之疏近，應有分寸。」[51]

從上述紀錄，明顯看出經國先生對若干同仁的工作方法與態度是不甚滿意的。尤其1975年前後，正值他身處蔣公病重至過世階段，且國家面臨重大挑戰（退出聯合國、尼克森訪陸、與多個國家斷交）之際，憂憤之心，躍於紙上。至於他對政戰同仁的要求，吾人自應抱持「有則改之，無則嘉勉」的態度，虛心檢討，坦然接受。

1973年2月19日，經國先生記有「政戰人員的素質之低落，應速謀改進。」[52]楊上將的一段回憶，可資補充。他說：「化公做事非常用心，遠朋班就是他一手所創；『革命理論班』怎麼來的你們知道嗎？……羅友倫當主任時他當執行官。那時我們有『莒光日』但沒有電視教學，怎麼辦？一是成立『三民主義巡迴教官』，二是由營、連指導員，自己上去教學。某些課題沒有資源，導致效果有限。國防部雖然分發教材，卻不是人手一份。」

因此，「化公就想在政戰學校辦班，但在辦班前要先試驗。畢竟老師叫學生做事比較好辦，於是，他就交代我，我當時在陸總當政二處處長。化公對我說：『你去幫我實驗個東西：革命理論。把有關幹

部調到一個單位，訓練成為種子教官，如果效果好，我們再全軍推廣。』……但當我接下任務後，發現沒有經費，幾經協調，僅籌得30萬。試驗地點就在當年的內湖工兵學校，也就是現在三軍總醫院，試辦了三期，效果不錯，反映頗佳。然後據此成立師級的『政治教育資料中心』，再將本案試驗成果報總政戰部，成立『革理班』。」[53]

可見，在華視「莒光日電視教學」開播之前，為精進政戰幹部學養，已默默做了許多播種植苗工作，終於使得今日國軍「莒光日」[54]課程成為行之有年的教學方式。

此外，政戰人員常會遇到兩難之處。若積極任事會受他人毀謗，消極怠惰則有虧職守。因此，培養智慧要從「忍氣」做起。在細讀《蔣經國日記》後，發現他為了國事要忍美國的氣；為了經濟建設，要忍行政院內協調溝通的氣。王昇亦然，為了籌辦政工幹校，到處求人不斷忍氣。但忍氣的結果，使得學校有了較為理想的教育環境，幹部素質也為之大幅提昇，畢業校友的傑出表現，絕非偶然。

傳唱：夙昔典型照古今

經仔細研讀《兩蔣日記》之後，筆者對政工改制與創立政校的背景，有著更深刻的體認。而兩氏不論在治國理政與個人行誼上，亦有著明顯的不同。蔣公一生歷經東征、北伐、抗日、戡亂，即便日後兩岸分治，處於詭譎動盪的國際環境中，他猶如一位虔誠的使徒，堅定無疑地追隨總理孫中山先生，要將臺灣建設成為三民主義模範省，並冀望早日光復大陸，解救同胞。蔣公日記中有敘事，有自省，有抒懷，內容豐富，暢所欲言。且其恆心毅力過人，日記從無中輟，實有助後世瞭解許多歷史事件的原委及脈絡。

而《蔣經國日記》（及其手札），則處處顯現其憂國憂民，備受壓力之感。其中有對蔣公及家人患病之擔憂，有對子女教育「恨鐵不成鋼」之遺憾。經國先生對人物之褒貶，直接而坦率，部分為蔣公重用的文武官員，也都有他自己的評斷。日記中也一再透露，他喜歡親近

平民百姓，討厭官式酬酢。在國內各地視察農村、漁港時，或與謝東閔先生在樹蔭下品嚐瓜果，因果販不知他是何人而大感舒懷，全然看不到他對權力產生的傲慢心態。可見，他為政工（戰）人員信約所要求的「吃苦、冒險、負責、忍氣」，不僅是他本身刻骨銘心的自惕，更是身體力行的日常。

　　政工幹校創立迄今已逾一甲子，其間雖歷經更名、擴充、精實、改隸等階段，校名容有更動，但凡走出復興崗大門，進入部隊的畢業校友，實際上都背負著經國先生對我們的殷切期許。在復興崗校園裡，不論是精神堡壘、政戰信約、或各系教育宗旨，也都承載了師長們的諄諄教誨、殷殷期許。作為復興崗子弟，自應時刻牢記母校對我們的薰陶之德，砥礪之功。此正如化公在〈復興崗頌〉歌詞所揭示的：「重整漢家日月，青天白日地久天長。」至盼復興崗的思想與精神，伴隨中華民國國祚，發揚光大，歷久彌新。

（相關參考文獻一，如附錄）

【作者小檔案】

| 王漢國 | 少年從軍，喜文史好哲思，職場四十餘年，跨足文武兩界，曾任政戰學校副校長、佛光大學教授，現為黎明文化公司董事、智庫資深研究員、專欄作家。 |

| 祁志榮 | 政戰學校38期政治系，政戰學校政治研究所碩士、國防大學政戰學院博士。喜好歷史、攝影。現任教於國防大學理工學院。 |

鳳凰涅槃展新顏

文・圖／王先正、林志龍

　　大凡在陽明山前的復興崗，曾就讀政治系的崗上兒女，對老校長王昇親題的系訓：「背起政治的十字架，邁向倫理、民主、科學、政治的天堂。」想必，再熟悉不過。其意旨為政治學系培育出來的政工（戰）幹部，其所肩負的責任與時代意義；恰如《馬可福音》第8章34節經文所載：「若有人要跟從我，就當捨己，天天背起他的十字架來跟從我。」亦即願以三民主義倫理、民主、科學之本質為真理的指引，本著「捨己」精神，背負起「政治（工作）十字架」的責任，做好團結三軍、動員民眾之工作，期能實現三民主義的政治天堂。

　　從黃埔建校、建軍開始，軍隊就與政治工作密不可分。從過去的東征、北伐、剿共、抗日、戡亂、反攻復國、建設三民主義之模範省，以迄邁向民主鞏固的國家發展。這一路走來，政治工作者一直為軍隊與國家服務。回顧黃埔軍校初期，即已設立政治科，政府遷臺後，為整軍經武，乃延續黃埔軍校傳統加強對政工人才的培育，進而創立政工幹部學校，以擴充軍隊政治工作人才，落實軍隊政治工作。

沿革：從「本科」走向「政治系」

　　政府遷臺後，先總統蔣中正為重建革命武力，恢復革命精神，於1950年3月1日復行視事後，首先恢復並改革政工制度，同年4月1日將國防部政工局改組為政治部，承繼黃埔建軍時期政治部作法與精神，以堅定官兵信仰，強化部隊組織，並籌設政工幹部學校，擴大培育政工幹部，以應反共復國革命任務之需。

　　時任總政治部主任蔣經國，為培養思想正確、品德健全、黨性堅

強，能奮鬥、肯犧牲的忠貞革命鬥士，指派當時總政治部第一組副組長王昇起草建校計畫。籌建之初，外有共軍謀我日亟，內有雜音反對掣肘，備感艱困。幸賴先總統蔣中正強調「革命事業必須從頭做起」、「建軍必先健全政工幹部」之訓示與定性，方得於1951年7月1日核定成立政工幹校。

第1期學生於同年10月23日入學，研究班284名、本科班385名、業科班（下設新聞、美術、音樂、戲劇、體育五個組別）368名（內含女生52名），共計1,037名，其中現役軍官853名，社會青年184名。11月1日正式編隊實施入伍，1952年1月6日舉行開學典禮。據第一期本科班萬德群中將回憶，到政工幹校報到時，校內全是煤渣路，門口有句標語寫著「政工幹校不是知識的販賣部，不是升官發財的階梯」，令人印象深刻。

政工幹校成立之初，區分研究班、本科班及業科班，其中研究班考選自具國內大學畢業者與原服務於機關部隊或陸海空軍官校畢業者，而本科班及業科班則考選自具國內、外專科畢業（具高中畢業證書）者。嗣經1953年國軍軍事會議決議，將政工幹校列入軍事學校系統內，並將本科班與業科班列為基礎教育，其學歷比照各軍種軍官學校；研究班列為專科教育，比照各兵科學校內分科教育之初級班，另增設高、初級班，召訓國軍現職校、尉級政工幹部，經簽奉參謀總長周至柔上將正式核定後，政工幹校之學制始告確立。

其中，本科班即為政治系之前身，與黃埔軍校政治科相承，政治學系為學校培育國軍政工（戰）幹部之主力，亦為人數最多的學系。政治系自始即本著「冒人家所不敢冒的險、吃人家所不能吃的苦、負人家所不肯負的責、忍人家所不能忍的氣」之校訓，及「背起政治的十字架，邁向民主、倫理、科學的政治天堂」之教育目標，一方面遵照教育部所頒定之必修與選修課程教學，另一方面為發揮學校特質，加強國父思想、領袖言行等課程，使政治系學生成為篤信三民主義的信徒，並以政戰技能、敵情研究等課程，使之成為反共復國的鬥士，

以達「鞏固自己，戰勝敵人」之目標。

　　1957年5月16日，自第6期起改為三年制之政治科；再由第8期改為四年制大學，由教育部授予學位，副參謀總長馬紀壯於1960年3月29日主持始業式，政治科亦更名為政治學系。1975年8月25日，為應部隊基層幹部需求，再增設三年制之政治專修科（區分行政管理與社會工作兩組，第一、二期僅設行政管理組），由政治學系統籌教學任務。1985年易名為政治科，1994年改為兩年制。2001年政治學系再區分「行政管理」與「國際關係」兩組，2006年政治科停招。

　　政治學系成立之前，曾有社會科學系的教學編組，負責全校各班級社會科學之教學。政治學系成立後，學校即聘請但蔭蓀博士為第一任政治學系主任，在課程安排、師資延聘、教材編纂上，均為政治學系奠定良好基礎。嗣後，系主任分別由葉祖灝、談子民、李澧、張佐華、劉俊三、趙明義、李東明、李台京、陳伯鏗、洪陸訓、談遠平、詹哲裕、黃筱薌、李亞明、莫大華、余一鳴等16位學界精英相繼接任，為政治學系培育了無數的優秀政戰幹部。

　　此外，創校之初的研究班，辦至第四期後停招。1966年，依國防部「國軍軍事教育委員會專科教育研究小組」研訂之「國軍政治教育改進方案」，建議在政工幹校仿照國防醫學院作法，籌設政治研究所，培養專任政治教官及高級幕僚人才，以解決人才不足問題。嗣經多方奔走，終於1968年10月奉教育部核准設立政治研究所，下設三民主義、國際共黨及政治作戰等三個研究組，並聘請任卓宣為研究所主任兼三民主義研究組主任，關素質任國際共黨研究組主任，少將副校長楊銳兼任政治作戰研究組主任，後由馬昌宗繼任。

　　據政治研究所第一期王國琛中將的回憶，王昇欲提高政戰幹部素質，想成立研究所已久。為了辦政治研究所，花了很多的心血，聘請國際與國內最優秀的師資，如研究所長任卓宣，他就是共產主義、三民主義的研究專家，滕傑教組織戰、胡秋原教政治作戰史、錢穆教中國政治思想史、傅啟學教哲學等，皆為一時之選。而第一期學生也並

非全是軍職人員，包括有兩位臺大、一位東吳的，還有中央警官學校畢業的，就學期間，仍有研究生被淘汰，教學是非常嚴謹嚴格的。

　　1973年，繆全吉（本科班一期畢業，臺大研究所博士）接任政治研究所主任，之後由謝延庚、陳澤普、段家鋒、孫正豐、李東明、李台京、陳伯鏗、洪陸訓等人相繼接任。1989年8月，學校成立社會科學部，下轄各學系；1996年8月，研究部與社會科學部合併，改編為教學部，轄3所12系，1999年9月增設軍事社會行為科學研究所，及至2006年9月併入國防大學時，裁撤教學部。

　　1981年，國防部心戰研究班（心廬）停辦，併為政治研究所大陸問題研究組，惟該組師生仍於國防部黎明大樓之心廬舊址研習，直至1989年7月間才遷返復興崗校園。1984年，政治研究所再增設博士班，第一期為余桂霖、謝勝義，研習6年畢業後留校任教。1989年，各系所合一，政治系採學士、碩士及博士班一貫教育。1996年改為不分組招生，1998年又恢復以三民主義、國際關係、政治作戰三組招生，至2006年9月併入國防大學，政治系碩士班改制為政治研究與中共解放軍研究兩組，2016年解放軍研究所移出政治學系，2017年增設政府與公共事務碩士在職組迄今。

風華：從思想啟迪到團結三軍

　　自黃埔軍校政治科以降，特著重政治訓練與政治教育，除須加重對黨的主義、政策、宣言、訓令、黨史、總理學說及領袖重要言論之研究，範圍更及於對中國革命與世界各國革命歷史上之教訓，中國及各國政治經濟狀況概略；各種社會科學，如社會學、政治學、經濟學之大要，中國及各國財政法制之研究，中國政治、經濟、財政等各種實際問題之討論，農民、勞工、青年、商民等各種實際運動之重要報告，宣傳方法及技術（如演講、演劇、繪圖、作文等）理論和實際。在實際工作上，除施以分組訓練、指導演講、討論作文外，還有政治討論、政治測驗、政治講演競賽、政治宣傳實習等，以期軍校生產生

思想一致的精神武裝，發揮行動一致的革命力量。

在傳承上述思想訓練方面，先總統蔣中正強調政工人員「必須到社會和軍隊裡去求取實際的經驗和學術」，「無論對政治、軍事、經濟及一切社會科學和群眾心理，都必須有相當研究。」而蔣經國則更進一步指示，政工人員「要存青天白日的心胸，立起萬載千秋的志氣，造成不折不撓的奮鬥精神，擔負起反共抗俄復興民族的歷史使命。」

1959年，特訂頒「戰勝敵人教學計劃綱要」，以「培養具有組織力、領導力、忍耐力、革命性、創造性、戰鬥性，為反共復國犧牲奮鬥的革命政工幹部」為教育宗旨，並「以健全本身、戰勝敵人，本文武合一，術德兼修，軍政一體的原則，針對當前敵情，適應部隊需要，使理論與實踐結合，思想與行動一致，生活與戰鬥合一，確立貫通哲學、科學、兵學一體的革命教育體系」為教育目標。

準此，政治學系不論在陶鑄學生人格、砥礪心志氣節、培養愛國情操、訓練思維理則、鍛練基本體能、學習專業知能，或拓展國際視野、樹立敵情觀念、獻身軍旅生涯及發揮領導才能等面向，皆秉持兢兢業業態度，竭盡心智，全力以赴。

綜觀從本科班到政治學系所培養的國軍政工（戰）幹部，先是完成面臨大陸潰敗後「整軍經武」的政工改制時期任務（即1950年至1963年）。1950年國民政府進行政工改制，政工人員以「為誰而戰、為何而戰」，教育官兵認識反共戰爭的本旨；以「主義、領袖、國家、責任、榮譽」的「五大信念」，來鞏固國家領導中心，使三軍成為一體；以「四大公開（人事、經理、意見、賞罰）」改進對官兵的領導作風；以「愛民、助民」綿密軍民關係；以建立監察制度，防止部隊腐化，加強保防作為，防止部隊惡化。遂使官兵士氣為之昂揚，知敵勝敵了然於胸，卒能發揮「以寡擊眾」、「以少勝多」的精神戰力，確保臺海安全，是為國軍政治工作在團結三軍、穩定軍心上之具體貢獻。

其次，完成兩岸制度對立之「先戰」時期任務（即1963年至2000

年）。1963年，國軍進行政工改制，將前此著重軍隊內部的政治工作，轉為同時兼具對敵作戰、增強政治工作戰鬥性能的政治作戰。政戰人員除在國軍部隊中遂行思想、組織、安全、服務等政治工作外，更因任務需要，增加了戰地政務、心理作戰、反情報、官兵福利、軍眷管理、女青年工作隊、政治作戰特遣隊等編制，由守勢政工到攻勢政戰、由軍中政戰到社會政戰、由國內政戰到國際政戰。這不僅增進三軍精神戰力，號召全民反共力量大結合，更將政戰由基地發展到敵後的全面戰鬥，及開拓海外政戰相關領域。在此一時期，有相當高比率是由政治學系培育的幹部參與執行的，為國為家，不辱使命。

前瞻：秉持倫理民主信念，發揮國軍無形戰力

1987年政府宣佈解嚴，隨之而來的國內民主化進程，以及兩岸關係的轉變與發展，國軍政治作戰更面臨前所未有的挑戰。因為國軍須在民主政治的政黨輪替中，接受不同政黨的文人領導，此一社會多元所帶給軍隊的衝擊甚鉅，故有謂「新政治作戰時期」。

例如，面對長期以來被認為黨國體制下「軍隊國家化」有疑慮，在民主政治的運行下，軍隊有政黨組織，顯得扞格不入。然觀察我國建軍備戰史實，由於軍隊的政戰制度與功能，重建官兵組織，消弭軍中派系，加強團結官兵，防制中共滲透，完全不以黨派利益為優先，而是以國家民族的利益高於一切，因此，也為民主轉型後的「軍隊國家化」打下了根基，此為國人所需知者。

事實證明，因政戰長期在軍中推動的三軍一體、軍民一家工作，著有成效，使得「軍人干政」或「軍事政變」等情事，並不存在。此正可從2000年的首次政黨輪替，且至今已歷經三次政黨輪替，國軍始終遵守憲法規範，服從文人領導，毫無隕越之處。

隨著客觀環境的改變，政治學系也必須有新的思維和作法。近年來，除開設基本政治學的素養課程外，更將學習重點置於民主政治下的軍事政治學、軍文關係、軍隊政治傳播、全民國防與國家安全、軍

隊與社會關係、軍隊危機管理、非傳統安全概論、談判策略，以及敵情研究等。

在政治研究所方面，除教授政治作戰理論與實務、國際關係理論、國家發展理論、國際政治經濟、行政法、組織理論外，更開設具科學性的大數據分析研究、政府資訊計量分析研究、資料處理統計分析、資料探勘與套件應用等課程。博士班更著重方法論及研究方法，並以政治戰略、心理戰略、傳播戰略、軍事戰略等為研究重點。

深耕：皓東樓英華綻放

復興崗的「皓東樓」於1989年7月落成啟用，是政戰學院研究所博、碩士班修業的所在地，同時也是國軍培育軍事社會科學的最高殿堂。據明驥的回憶：「1968年3月初，王昇召見並囑咐他：『調你到政工幹部學校擔任教育處長，要迅速辦好一件事，就是成立政治研究所。』同年8月獲得教育部核准，第一期研究生也於11月正式開學，這是國軍院校第一個具有碩士學位之研究所。事實上，政治研究所成立，無論在創所之規劃、圖書資料之採購、課程之安排、所長與教授之聘請，每一項都有化公老師付出的血汗在裡面，可以肯定的說，沒有化公老師的努力，就不會有政工幹部學校政治研究所。」

政治研究所首任所長任卓宣，早年曾加入共產黨，後滌塵反共，成為理論大家。任卓宣對三民主義、共產主義鑽研深刻，同時對政治作戰理論也有獨到的眼光。他認為：「從政治構成要素而言，政治作戰可分為思想戰、謀略戰、心理戰、組織戰、群眾戰、情報戰等等。從政治之行為方法言，政治作戰可分為內政戰、外交戰、財政戰、經濟戰、教育戰等，而教育戰亦可包括於文化戰中，不必獨立。所謂政治之行為方法，就是政策。」任卓宣的政治作戰觀點，是結合行政組織，蓄戰力於平時，應變局於戰時；另一方面，他也認為在層次上要有「軍事階層的政治作戰」與「國家階層的政治作戰」區分。而他的卓見不囿於軍事範疇，更提出「政治作戰的研究應是全面性的，不可

以片面性。」的看法。這一點對政治研究所創立後的發展至關重要。

許歷農將軍於政戰學校校長任內，曾去旁聽任卓宣的課，40多年後，仍記得任老師上課不帶講義、不發講稿，但講起三民主義來，如數家珍。另據王國琛憶述：「任卓宣老師對研究生要求很嚴格，每天住校，早上6點起床後早自習，上課8小時，晚上晚自習，任老師一天到晚在所裡，督促我們的學業。」

而創所之初，相繼延聘滕傑上「組織戰」，胡秋原教「政治作戰史」，還有錢穆上「中國政治思想史」；傅啟學上「哲學」，學校請老師花很多錢，也用了不少關係。以現在眼光言，當年政研所聘請的師資，幾乎囊括文史哲的頂尖大師，因而造就了許多研究生畢業後，在學術領域佔有一席之地。

細索王昇之所以一心一意的要成立研究所，不只是為了提升政戰幹部素質，而開軍事院校先河；更重要的是，他希望藉政治研究所的平臺，網羅學術巨擘與優秀文武學員（當年研究所招生，不限現役軍人），共同為建構「政治作戰理論」而努力。對此王國琛說：「考上政研所後被分發到『政治作戰組』。我本來想讀『國際共黨組』，卻未如願，因此上榜並未感到高興。直到兩、三年後才知道，我之所以被分發到政戰組，都是化公的安排，他要我投入心力去研究政治作戰。」

由此可見，王昇對政治作戰的殷望，不只是組織架構與功能發揮，更要將政治作戰透過學術研究的嚴謹程式，建構周密的理論體系，使之可長可久的傳揚下去。

躍進：軍事社會學聲譽雀起

軍事社會學，為二戰後「社會科學」與「軍事科學」整合而成的新興學科。之前，一般社會學者和軍事學家彼此並未注意到相對領域的關聯呼應。1990年前，國內學界對軍隊進行社會（科）學研究幾乎看不到，國軍本身的研究也不多見。1991年後，面對社會變遷、軍隊轉型情況下，透過軍民兩界少數學者（例如中研院社科所的鄭曉

時）的呼籲和自覺性提倡，才使得軍事社會相關研究快速興起。

　　1991年蘇聯瓦解，俄羅斯撤除政工，連帶國內所謂「廢除政戰制度」的聲浪再起。國防部總政戰部特別透過政治作戰學校成立「傳薪專案」，由政治系、革命理論系及幾位教師組成專案研究小組，重新檢視政戰功能的適宜性。換言之，為因應時代變遷與社會多元發展，政治作戰的研究不能再流於「閉門造車」，須結合時代脈絡，開創新的研究領域，乃將政治作戰導入「軍事社會學」，進而擴大軍事社會科學的研究範圍。

　　國內軍事社會學研究的引進者洪陸訓，於1991年自美國學成返國後，於政戰學校政治研究所任教，開始講授「軍事社會學」、「軍事政治學」及「政治作戰理論建構」等相關課程，春風化雨、作育英才。期間，獲得總政戰部第二處處長郭年昆、王漢國等人的大力支持與協助，相繼與所內洪陸訓及博士生翻譯、出版《武裝力量與社會》與《軍事政治學：文武關係理論》兩大重要著作，並於國內外重要期

刊發表專論，已然成為國內研究軍事社會學與軍事政治學領域，不可或缺之重要文獻，同時也為中華民國政治民主化與軍隊國家化的進程，提供寶貴理論與建議。

政戰學校故副校長趙本立，早年在美進修時，主修社會工作，返國後從事「軍隊社會工作」研究，深感軍事社會學此一學術領域，有引進國軍研究的價值，乃委託1990年在美國加州大學深造的陳膺宇協助蒐集相關資料。陳膺宇返國後，派任中正理工學院政治系主任，並在母校政治研究所兼課，乃積極倡導軍事社會學相關研究，及運用該所第九期博士生的研究與作業能量，包括莫大華、洪松輝、陳東波、李化成、洪志生等人，於1996年4月12日首次舉辦「國軍軍事社會學學術研討會」，並於會後出版《軍事社會學學術論文集》。自此，政戰學校逐年舉辦軍事社會科學學術研討會，迄今未曾中斷。

1995年3月20日，政治作戰學校奉國防部總政戰部核定，以任務編組成立「軍事社會科學研究中心」（簡稱「軍社中心」）。下設軍事社會、政治作戰、敵情研究、教育推廣、資料管理等五組，分別負責中心各項業務之推行，並設秘書組，襄助中心主任策畫、綜理及協調各組業務之推行；研究要點之規劃，以軍事政治學、軍事社會學、軍事管理學、軍事心理學、軍事倫理學、政治作戰與公共事務處理等為主題，有效解決軍隊社會所衍生的一切問題，強化部隊團結和提昇部隊精神戰力。

展望：重塑政治作戰的無形戰力

另為深化及推廣軍事社會科學的研究與教學能量，政戰學校於2002年10月31日舉辦「軍事社會科學課程教學研討會」，會中由何台義發表〈軍事社會科學研究的回顧與展望〉，並由各分屬學科負責教師，發表課程規劃與教學建議。茲臚列學科與規劃人：軍事倫理學-詹哲裕、軍事政治學-洪陸訓、軍事管理學-蔡萬助、軍事傳播學-方鵬程、軍事社會學-錢淑芬、軍事心理學-洪光遠。然而，軍社

中心於2006年因政戰學校併入國防大學，乃宣告裁撤。後續則由政戰學院內各教學系所（政治學系、新聞學系、心理及社會工作學系、應用藝術學系、中共軍事事務研究所）肩負起所屬學科的研究與推廣責任。

綜觀「軍社中心」從創立到結束，其所面臨的世界變局與敵情威脅是空前巨大的。冷戰結束後，各國對「軍事事務革新」均投注大量人力物力，而對岸共軍挾高速經濟成長之勢，亦對其有形、無形戰力力求精進。「軍社中心」為因應變局，在深化國軍社會科學研究，鞏固新時代國軍精神戰力方面，功不可沒，於今視之，當年留下來的研究成果，對現今國軍仍具有振聾發瞶的啟示作用。

前瞻未來勵心志

回首來時路，從本科班、政治系、政治研究所的創建，到軍事社會科學的發揚；從傳統理論的建構，到新創領域的開發，政治學系都承擔起許多重責大任。儘管國軍政治作戰的角色定位、組織效能，或因時空環境與階段性任務不同有所調整，但協助政府推動政策與支援軍事任務之主軸未曾改變。綜言之，在全體師生校友們的長期努力下，軍事社會科學對國軍政治作戰的學術發展居功厥偉，包括：建構政戰制度法制化與確立軍隊國家化，將理論與實務結合提昇政戰功能，奠立政戰體制的職能化與專業化，開創國軍政治作戰研究多元化，以及協力推動與落實國防政策。

誠然，國軍的政戰實務，就是軍事社會學研究領域所涉及的問題；政戰制度的設計，政戰工作的推動，以及運作過程的調適和問題發掘，都顯示政戰制度在現代軍事體制中，有客觀存在之需要性和時代性。深信，在國內軍事社會科學各學科的漸進發展與深化研究下，國軍政治作戰之功能與地位必將更為彰明顯著，其對國軍建軍備戰之貢獻，殆無疑義。

另一方面，政治學系承先啟後，繼往開來，以「背起政治十字

架」的「捨己」精神，培育出一代又一代軍隊政治人才，不僅充實國軍建軍備戰之需，亦為軍事政治科學知能、民主法治素養，奠定堅實基礎。綜言之，系上師生校友始終秉持創校精神和使命，任爾東西，不畏艱難，結合時代脈動，前瞻未來趨勢，以思想學術為本體，以團結三軍為職志，發揮無形戰力，眾志成城，繼往開來。

【作者小檔案】

王先正 | 政戰學校36期政治系、政治研究所碩士、博士，戰院101年班；服務軍旅27載，曾任憲兵205指揮部及陸軍官校政戰主任等；後轉任軍訓教官6年餘，擔任國立陽明交通大學軍訓室主任，並受聘國立陽明交通大學及明新科技大學兼任助理教授，講授全民國防課程、管理學、組織行為、專業倫理、民主與人文等，發表學術論文及專書合計20餘篇。

林志龍 | 國立臺灣師範大學工業科技教育學系88年班，政戰指職軍官89年班，政治作戰學校政治研究所碩士94年班，國防大學政治作戰學院政治學系博士103年班；曾榮獲國防部110年、112年全民國防教育傑出貢獻個人獎，並多次獲選國防大學政治作戰學院優良教師，現任國防大學政治作戰學院政治學系副教授。

闡揚三民主義　菁英巡迴　甘泉廣弘

文·圖／陳東波

　　百年前，孫中山於 1924 年 6 月 16 日主持黃埔軍校開學典禮時，發表訓詞：三民主義，吾黨所宗，以建民國，以進大同，咨爾多士，為民前鋒……；直指黃埔建軍目的，要建立一支為三民主義奮鬥，有思想、有信仰，忠於國家、愛護人民的軍隊，因此校內政治教育課程首重三民主義，由胡漢民負責對第 1、2 期學生開課講授。

　　蔣中正於 1933 年親訂「步兵操典（草案）綱領」，嗣後於 1959 年改稱為「國軍教戰總則」，開宗明義的第一條建軍之目的、國軍使命，即在「實現三民主義」。1936 年 3 月 30 日於南京頒發「中華民國陸海空軍軍人讀訓」十條，要求各級部隊集會時，集體循聲朗誦條文，朝夕惕勵，拳拳服膺，其中的第一條為「實行三民主義，捍衛國家，不容有違背怠忽之行為」。

　　及至 1947 年 12 月 25 日全國施行《中華民國憲法》，第一條規範：「中華民國基於三民主義為民有、民治、民享之民主共和國。」如此重要的立國精神，在兵荒馬亂的戡亂戰局裡，能否有效體現、充分實踐？

緣起：痛定思痛　搭起軍民的橋樑

　　上個世紀中葉，國軍在中國大陸戡亂戰爭失利，1949 年 12 月 7 日國民政府宣佈播遷臺北市；深切檢討在大陸軍事失利原因，一致認為肇因於政治教育實施不夠徹底，以及對三民主義認識不足所致。亦即中共之成功，在於精神訓練成功，能以馬克思思想武裝其官兵思想；國軍之失敗在於不能以三民主義思想訓練和武裝官兵。

蔣中正認為失敗的根本原因，是文武幹部在精神上與心理上，乃至一切行動生活上，都忘了革命、忘了主義；「所以我自復職以來，首先注重革命精神的恢復與軍事制度建立。」因此，乃以精神、制度、紀律、組織為建軍的四項重要因素，而精神與制度，尤為一切的本源，本立而道生。1950年3月1日政工改制，接著創辦政工幹校，頒布「國軍政治工作綱領」，政工第一項基本任務為主持軍隊政治教育思想領導，建立精神武裝，保證軍事戰鬥任務之完成。

1952年1月6日，蔣中正主持政工幹校第1期學生開學典禮致詞，講述「政工人員的責任和必須具備的條件」，強調政戰幹部不僅是軍隊的教師，士兵的褓姆；並且是軍民的橋樑，黨政軍的核心。蔣經國亦曾在政工會議上，提示政戰幹部的政治責任，在於：統一部隊思想，鞏固部隊安全，提高部隊士氣，增強部隊戰力，保證反攻復國的戰爭勝利。由是，宣教三民主義思想，成為國軍政治教育、思想教育的主要內容，也是精神戰力的泉源。

發軔：博識名家齊聚　迴響熱烈

1949年隨政府來臺的軍隊人員，素質參差不齊，士兵的識字率不高，教育程度普遍低落。當時的政訓教育讀本，常以漫畫、注音符號印刷，以利基層士兵閱讀學習。1954年修改《兵役法》，軍士官以志願役考選，士兵以屆齡徵集為主，新增預備軍、士官役別，明定義務兵役役期陸軍為二年，海空軍為三年。1956年10月29日頒布「徵兵規則」，開始徵集第一梯次常備兵役入營服役。然因徵召入營新兵多為本省籍，對中華文化欠缺深刻認識，亟需加強培養國家民族觀念，以激勵同仇敵愾精神。

另一方面，臺灣光復後，百廢待興，國民義務教育六年，大部分民眾只有小學畢業程度；及至1968年才延長義務教育為九年，此後才普遍具有國中程度；2014年更延長為十二年國民基本教育。因此，義務役士官兵入營服役後，急需接受三民主義教育，使國軍各級

部隊官兵具備統一思想、產生信仰、形成力量。

蔣經國曾指出：反共復國戰爭，是以思想為中心的革命戰爭，要將三民主義的思想，與革命武力相結合，才能澈底消滅敵人。而政治工作是以三民主義的思想，確立全軍信仰，瓦解敵人戰志的工作。基於思想和精神戰備的需求，1951年7月創辦國軍幹部「三民主義講習班」，規定國防部直屬單位暨三軍師級以上單位辦班，分期召集所屬連隊以上軍政幹部，施以為期10日的講習，以喚起民族靈魂，恢復革命精神。

國防部總政戰部總結策辦三民主義講習班的經驗，鑒於官兵對外聘名流學者專題講演的重視與歡迎，乃於1958年4月創辦「三民主義學術巡迴講演」，聘請任卓宣、張鐵軍、徐思平、羅剛、許恪士、王昇、江國棟、胡一貫、吳湘相擔任講座，主講「三民主義所主張的民主、自由與平等」、「民族主義與臺灣」、「個人與國家關係」、「鞏固革命領導中心」等專題，編組分赴本外離島各地區巡迴講演，收效甚宏。

學術巡迴講演，能結合國家情勢演變，適應官兵實際需求，講座人選為官兵敬重的學者先進，故被認為是最受歡迎、有效的思想教育方式之一；於是決定持續擴大辦理，列為年度重大教育措施。先後聘請講座計有陶希聖、黃季陸、谷正綱、程天放、王雲五、于斌、喬一凡、錢穆、梁寒操、傅啟學、葉守乾、蕭一山、鄧公玄、謝仁釗、曾虛白……等，俱為德高望重之宏儒碩彥。1973年後，逐次增聘青年學人和女性教授，包括：連戰、關中、趙守博、鄭貞銘、郭婉容、李鍾桂、趙玲玲、董玉亭……等，因學識淵博、立論正大，且熱心教學，深獲官兵敬愛與感戴。

轉折：優秀預官現身說法　破除省籍藩籬

時序邁入1960年代，政府鑒於中共和臺獨人士，利用地域觀念，分化全民的反共團結，特交由總政戰部設法闡揚臺灣與大陸、國

民革命與光復臺灣的因果歷程，從而消除地域偏私觀念，杜絕分化破壞活動，增強國家民族意識，促進軍民反共大團結。

因此，總政戰部特參照歷年舉辦三民主義學術巡迴講演的方式，選訓大專畢業的優秀預官（以本省籍為主），透過個人的現身說法，以增強教育效果，並於1961年12月14日頒佈施行「選訓預備軍官推行三民主義巡迴教育要點」；隨即在第10期政工預官中，遴選召訓優秀者40名，於1962年元月在臺北縣中和鎮的青邨幹訓班，實施二周講習，分組研討教法和說法；並聘請黃季陸、陶希聖、連震東、王昇、任卓宣、許朗軒、謝然之、衛紹徵等人，擔任授課及指導教授。

結訓後，編成12個小組，先行巡迴三軍基層單位施教，又協調政府部門，派赴各縣市對社會民眾宣講。由於準備充分，教學熱心，一般反應非常良好，紛紛建議擴大辦理。從此，逐年結合國家情勢策定教育主題，每年在政戰預官中，依初試、口試、決選方式，選拔40名左右，實施2至3周的集中講習；選訓合格者，以3人為1小組，分赴各督辦單位，從事巡迴宣教工作。

每年3至6月為施教期，先對本島社會宣講，以不超過3小時為原則，儘可能配合村里民大會辦理；接著對本島軍隊宣教，另增加輔教活動時間，以實施一日為原則；最後對外離島地區施教，方式與本島作法相同。

教育對象為軍中基層士官兵，以營級單位集中施教，山海防班哨或高山通信雷達站臺等駐地偏遠與任務特殊單位，則以連級單位集中施教。社會宣講則應各方

要求，逐次增列地方基幹、社團人員、青年學生（高中程度）、廠礦員工及後備軍人，以鄉鎮、學校、廠礦為單位集中宣講。統計全國聽講總人數，由每年逾40萬人，增至100萬人次。

三民主義巡迴教官（以下簡稱三巡官）役滿退伍返鄉，大都從事黨政文教工作，俱為最具發展潛力之優秀青年，總人數約有1400位。參加過三巡官的名流碩彥很多，包括鄭貞銘（第1期）；吳伯雄（第3期）；趙守博、雷渝齊、張俊宏、盧修一、沈野、林恩顯、蔡龍、張同生、曾中明、王曉祥、李偉成、蔡之貫、林政則（第7期）；吳煙村、吳育昇、孫大千、李嘉進、蔡之貫、周柏雅、盛治仁、鈕則勳、謝震武、唐湘龍、趙天麟、談虎、汪孝先、魏瀚、曾濟群、林武俊、蘇惠群、王榮周、徐政夫、張義雄、魏明信、李繼來、朱興華、王冠生、柏有為、林作逸、鍾維君、鄭必安、劉佩怡、李顯虎（最末為第34期）⋯⋯等，每個人在社會上都有很好的事業發展。

起初，總政戰部曾多次舉辦歷屆教官聯誼會，甚至在1974年6月22日於臺北市三軍軍官俱樂部，輔導成立「中華民國人文科學研究會」，復興中華文化，弘揚孫中山思想；會員都曾經擔任過三巡官，要為主義、為國家做無私貢獻與不懈奮鬥。總政戰部執行官王昇上將出席成立大會，致詞表示：巡迴教官前後各期已超過500人，若讓這一批優秀的中堅份子，因退伍而失散，非常可惜。

三巡官皆選自三軍各部隊的預備軍官，以專案任務支援教學，任務時間為期三個月。國軍三民主義巡迴教育組的編成，採任務編組方式，由總政戰部業管處處長、副處長兼任組長、副組長，承辦參謀兼任幹事。及至1988年配合「精實國軍各級政戰編組案」，將三巡官的員額，編入政戰總隊第二大隊第一中隊建制納實，當時的隊長黃霈、輔導長王文方，唐湘龍、謝震武都是隊上的三巡官。

國防部女青年工作大隊於1949年3月8日在屏東市成立，每年巡迴三軍基層部隊，推行政教、政訓、文康、服務等活動，寓教於樂，是軍中最普及、最深入的綜合性巡迴教育。1995年7月1日，國軍

「精實案」伊始，女青年工作大隊移編入政戰總隊成為第三大隊，繼續執行巡迴宣教工作，同時接收三民主義巡迴教育任務，三巡官從此消逝在歷史洪流中。嗣後，在1999年「精實案」完成前，該大隊縮（降）編為女青年中隊；又在2005年7月1日「精進案」伊始，將女青年中隊正式裁撤、解編。

在2005年2月2日公佈施行的《全民國防教育法》，分從學校、政府機關、社會等方面，經常實施教育。並由國防大學軍事共同教學中心負責，辦理政府機關（構）在職教育，每年遴選、複訓合格的優秀師資，介派分赴各級政府機關講授「國際情勢」、「國防政策」、「全民國防」、「防衛動員」、「國防科技」等課題。至此，國軍三民主義巡迴教育已完全不復存在。

啟發：幾經扭曲式微　讓人痛心疾首

三民主義與五權憲法是孫中山思想的主要內涵，也是中華民國的立國根本。1949年政府遷臺後，全心全力準備軍事反攻大陸。然而，1958年爆發「八二三砲戰」，蔣中正與美國國務卿杜勒斯於同年10月23日，在臺北發表《中美聯合公報》，內容述及中華民國不再憑藉武力，改以孫中山思想為號召，光復大陸。自此，「三分軍事、七分政治」成為國家戰略主軸，政治作戰的比重與幅度加大，全面開展三民主義建設。

1979年元旦，美國與中共建交，鄧小平公開對我發表「和平統一」政策。蔣經國則於1981年3月29日提出「三民主義統一中國」，將臺灣建設成為三民主義模範省，以實際的政治、經濟建設成果為號召，實現和平反攻、統一大陸。另為回應中共的「一國兩制」，於1987年再提出「一國良制」，主張應以三民主義統一中國。

1991年2月23日，李登輝主持國家統一委員會第三次會議，通過《國家統一綱領》，分階段交流、合作、協商，以建立民主、自由、均富的中國。嗣後在2000年政黨輪替，陳水扁連任後，在主持

國家安全會議時，正式宣告自2005年2月28日起，國家統一委員會與《國家統一綱領》終止運作與適用。

三民主義思想的式微，主要是受時代環境的演變使然。首先，自1949年起，各大專、高中（職）必修三民主義課程；1952年列為大專聯招入學必考科目；1964年大專課程改為「國父思想」；1993年又改為「憲法與立國精神」；1995年，大專聯招入學取消三民主義考試科目，但直至2005年才將高中（職）三民主義課程廢除。

再者，經由國民代表大會通過，總統府公佈自1991年5月1日終止「動員戡亂時期」，單方面停止戡亂戰爭，回歸民主憲政時代，繼續憲政運作與改革。此舉意味著，我國軍隊的屬性也跟著進行轉型。原來，國軍是國民革命軍的簡稱，革命軍是具有堅定的三民主義思想信仰，以改造和維護改造後的政治社會為職志的軍隊。此後，國軍是中華民國的軍隊簡稱，如同一般歐美民主憲政國家的專業軍隊，是具有理性化組織和受過專業化訓練，以作戰為職志，具有強烈團結心、士氣和責任感的軍官團為骨幹的國家武裝部隊，不再突出意識形態信仰。

最後，在2000年5月20日首次政黨輪替後，執政黨立委對於軍隊早晚點名、集會時呼口號的內容很有意見，尤其是第一句「奉行三民主義」和第四句「完成統一大業」，頗不以為然，遂於立法院第五屆第四會期決議，建請國防部儘速檢討調整。孰料，當時的李傑部長竟在總政戰局陳邦治局長建議下，於2004年8月31日18時30分以電話紀錄通知：自2004年9月1日起，廢止各部隊「呼口號」，也不再宣讀「中華民國陸海空軍軍人讀訓」。耐人尋味的是，立法院從未提及軍人讀訓，國防部卻自動加碼取消；所以當2008年5月20日再次政黨輪替後，國軍在同年6月10日起又恢復軍人讀訓，以端正軍隊風紀，健全軍人武德。

無獨有偶地，在陳水扁上任後，亟欲清除各地的蔣公銅像，取消國軍五大信念中的「主義」、「領袖」，改為類似美軍的「國家、責任、榮譽」，但是國防部採取消極不作為，直到前總政戰局局長胡

鎮埔於2006年2月16日調任陸軍司令前夕，離職前最後公文批核，以電話紀錄通知各營區全數移除蔣公銅像，敲除基座，另摘除「主義」、「領袖」標語，改為三大信念，迄今未變。

影響：當年印記榮光　而今常在人心

早年，三民主義學術巡迴講演的專家學者們，年歲漸長，舟車勞頓，四處奔波。其後，隨著每期三巡官的遴選和派任，從相輔相成的互補，到最後的順利接替，而成為國軍三民主義巡迴教育的主力部隊。

試想，當一批批年輕、優秀的三巡官，面對年輕的士官兵、學生或民眾，思想活潑、辯才無礙，多能把握主題與重點，將內容故事化、趣味化，力求深入淺出，大獲好評。尤能靈活運用國、臺語，引證本身實際事例，講述臺灣整體進步實況，對廣大臺籍聽眾深具教育影響。

對三巡官個人而言，巡迴教育工作不僅是光榮的印記，也是最美好的人生閱歷，更意謂著一輩子的人生轉變。這些都是最具發展潛力的優秀年輕人，廿多歲大學畢業的高材生，透過此番特殊的軍旅經驗，在退伍後的生涯發展上，更能提升職場競爭優勢，而成為人生勝利組，由前面所提及的名錄即可略知一二。

對於三民主義思想的傳承發揚，歷年的巡迴教育實功不可沒。三巡官更是重要的三民主義思想傳播者，這支極具說服力且富熱情的宣講隊伍，在國軍部隊、社會基層巡迴奔走，熱心服務、用心耕耘，透過講演闡明三民主義思想、究明反共復國道理，深獲廣泛認同，遂化為支持政府施政的原動力。

國軍採行巡迴教育的良法美意，不僅能達成政策目標，更能為國薦拔優秀人才，在政府、產業、教育、學術研發等各領域，全方位參與建設國家、促進社會發展重任。另者，巡迴教育也是國軍政治教育的重要管道之一，總政戰部負責國家精神動員工作，藉此可堅實基層部隊精神戰力，擴大社會群眾教育功能，從而強化軍民思想武裝，增

進全民反共團結。

1971年10月25日，我國被迫退出聯合國，政府呼籲「莊敬自強、處變不驚」；1973年10月，全球發生第一次石油危機，行政院院長蔣經國在12月25日宣佈推行十大建設，加速國家整體發展，帶動經濟起飛；1979年元旦，美國與中共建交，政府提出「迎接自強年」、「風雨生信心」；1987年7月15日解除戒嚴，隨後開放黨禁、報禁、赴大陸探親；1991年5月1日終止「動員戡亂時期」，屬行民主憲政。在這些影響國脈民命的重大歷史事件中，都有三民主義巡迴教育的軌跡，全力配合當時政府的政策要求，強化士官兵與民眾對政府施政、國家前途、國際情勢、中國大陸情況的瞭解，有效凝聚共識、共信與共行，團結一心，勇往直前。

結語

「看！陽明山前革命的幹部，氣壯河山⋯⋯，三民主義的真理，指引著我們向前衝。」⋯⋯時至今日，政戰學校的校歌依然迴響在復興崗上，但是三民主義巡迴教育在充分發揮其社教功能之後，卻早已消失在滾滾歷史洪流中。惟「以史為鑒，可以知興替」，若不知自己從何而來？亦將不知未來要往何處去！

回顧三民主義巡迴教育從1950年代開始，跟隨國軍走過漫長、艱辛的歲月，也走過臺灣最好的年代。「哲人日已遠，典型在夙昔」，從數以千計的三民主義巡迴教官，以及知名的學術巡迴講座學者數百人次，長期在基層部隊、民間社會，戮力耕耘、鋪墊團結基石，成功扮演了園丁的角色，開花結果，有目共睹。

中華民國的軍隊有您們真好！

【作者小檔案】

|陳秉波| 政戰學校志願役預官班4期結訓，政治研究所碩士、博士。服務軍旅28年，曾任中山科學研究院政戰主任，國防大學理工學院政戰主任、共教中心主任教官，陸軍裝甲564旅政戰主任。現為國防大學通識教育中心兼任教師，教授軍事倫理、兩岸關係、公共政策等課程。

榮譽狀

陳秉波同志參加國軍七十八年度三民主義講習班本部分班榮獲個人總成績第一名表現優異特頒榮譽狀以資獎勵

此狀

簽班主任 陸軍少將 溫懷萍

中華民國七十八年二月十日

前國安局長　蔡得勝　經綸磐安

文・圖／專訪組

　　從古到今，每一個大時代，都有屬於它一段詭譎多變的風雲與自己角色。歷史亦應忠實刻鏤屬於他們的一頁史冊與記錄。

2012年總統大選時，蔡得勝任國安局長兼特勤指揮官值勤。

潸然淚下始入政戰門　終身堅信政戰四信條

　　1967年，住在澎湖西嶼離島的一位少年郎，甫從當地馬公高中畢業，因父親打魚為生，家境困難，五位兄弟學業成績都名列前茅，排行老大的他為能繼續求學及減輕家中負擔，毅然選擇了投考軍校，當接到北投復興崗政戰學校所寄發的錄取通知書時，他揹起簡單的行囊，帶著家中勉強湊齊的一筆錢，搭上了馬公往高雄的澎湖輪，奔向那個他堅信「反共復國」信念口號的政戰學校而去。

　　當抵履高雄碼頭，為了省下住宿經費，少年只能買了張夜間普通車票，就這樣他從高雄火車站一路顛簸的駛向臺北，凌晨5點半天尚未明，他已站在北投復興崗的大門口，警衛說報到時間未到，請他到會客室等，可以報到時再通知他，下午2點他拿出錄取報到通知單時，服務臺人員卻告訴他已過了報到日期，他心一急，眼淚不禁奪眶

而出，因為當時他口袋裡就連下一餐吃飯的錢都毫無著落，更不用說若要再往返澎湖家中，讓他不禁悲從中來；直到一位軍官請示後同意他還可以報到時，他才停止了哽咽，而跟隨著這位軍官走進了政戰學校的大門；但誰也沒有想到42年後，他竟成為第一位復興崗畢業子弟，且登上中華民國職司國家國防安全及情報特勤最高階的人，他就是政戰學校17期澎湖籍的前國安局局長——蔡得勝。

個性沉穩內斂的蔡得勝，在17期眾多出類拔萃的同學中，於學生時代卻顯得相當低調，在四年學生時期，他沒有特別振翅高鳴，也少高歌鷹視，卻只埋頭苦讀，低頭作人，全心戮力於課業上的進修，他幾乎很少踏出學校校門，甚至樂於幫同學留校代班值勤，這一切都只因為了省錢，因為只有如此，他方可攢下每月為數不多的生活費，權當他每年寒、暑假返回澎湖的交通費；四年軍校期間，除了課業外，他只熱衷學校的體能訓練與競賽，在每年的校慶運動會中，無論是田徑賽跑還是500公尺超越障礙，一定可以看到他的身影在各競賽場中馳騁，這種無畏艱難的黃埔精神及融入復興崗濃郁的文武兼備之風，像一顆種子般的深藏在他的心中，直到開花結果的那一天到來；他始終把復興崗四大信條：「吃人家所不能吃的苦、冒人家所不敢冒的險、負人家所不肯負的責、忍人家所不願忍的氣。」當作他潛伏於內，激奮於外的實踐信仰。

1971年政校17期畢業，蔡得勝因成績優異留校擔任區隊長，一年後分發裝甲一旅服務，因表現優異，榮獲第十二屆「國軍政戰楷模」，1974年9月再次應母校徵調返回母校擔任隊職幹部，並考取政戰學校政研所第9期碩士班，兩年進修期間，他除政戰研究組課程外，更隨堂進修國際共黨組、三民主義組所有課程，畢業時膺獲該年班第1名榮譽，也因此奠定其爾後從事戰略研析工作的堅實基礎。

本一心想擔任教職的他，卻因1978年曾任憲兵司令及政校校長（第二任）的王永樹中將擔任國安局局長，掀起一段號稱是國安局的「憲政時期」，王局長陸續拔擢具政戰及憲兵背景的優秀幹部進入局

內任事，如他原在憲兵司令部任侍從官的張承銘，就跟著他一起進入國安局，後來在警總晉任少將；又如原在憲兵的17期田延平，也在1978年調任他的侍從官，後於上校任滿轉任高鐵公共事務主管；而同年政校政治作戰研究所第1名畢業的他，亦獲時任國安局四處處長顧龍天將軍（研究班1期）徵調至該處任職，並在此遇到他視為恩師的組長趙先運先生（本科班1期）；從此，竟開啟了他人生一段35年的不凡國安歲月，並且是該局從基層組員、研究委員、組長、副處長、處長、特派員、副局長、局長職銜的頭一人，更是政戰幹部膺任此職的第一人。

因為國安局長久以來的局長、副局長等重要職位，幾乎皆是官科畢業生，復興崗子弟在國安局服務且擔任過副局長以上職位的，也僅有8期的韓塈、14期的黃光勳，直到蔡得勝才榮膺局長之位，而繼他之後，迄今也只有32期的陳進廣再接任過中將副局長的職務而已。因國安局基於工作性質，各處室之間的工作區隔甚為嚴謹，能全盤瞭解掌握局內任務的人，可說屈指可數；但當時四處的顧龍天，卻能結合情報研判與學術專業，廣邀民間相關對大陸、國際情勢研究學者的一時之選，如王作榮、張京育、關中、郭華倫、張鎮邦、陳明、熊玠、丘逢達、鄭竹園、陳森文、邵玉銘等著名學者，到局裡進行交流指導，樹立國安局內部情報研判及戰略分析的質量提昇，可謂貢獻甚鉅。

蔡得勝自進入國安局，即在第四處專研於國家的戰略情報研析，對於國際關係的詭譎多變與兩岸事務的分歧驟變，可說觀察入微，瞭然於胸，也就是這種專業的素養，讓他一貫關注於他的本務，而不刻意去鑽營終南捷徑；談到這點，他笑著打趣說道，他雖是他們期上最先佔著可升少將的職缺，但似乎總缺臨門一腳，直到他上校掛了14年，眼見升職無望，他才打了一紙退伍報告，明白告訴上級，既然這個少將職缺升不了，就不要浪費此職缺，不妨留予他人機會。

但這個退伍報告，倒真提醒了當時的殷宗文局長，為不讓局內這位不可或缺的優秀專業人才流失，殷局長直接把他的將缺名單親向當

時的李登輝總統報告，結果他的名字才出現在國防部當年的榮昇將官的名單上，讓這位本是期上首位昇上校、佔少將缺的國安專員，終於搭上該期最後一位在肩上掛上星星的人員；蔡得勝說，也許是造物弄人，否則他可能早就提前轉行朝企業界發展去了。

專業研析獲器重　執中守一受尊重

蔡得勝認為有用的情報，必需透過長時間的觀察與資料累積研析，當事後被驗證為正確且對國家有利時，是工作上最讓人泛有成就感的事；當他提及在國安局35年期間，其最感深刻的有三件事：

第一是印證四人幫時期中共內部的權力爭奪，此事奠立了我國情報界對大陸瞭解的泰斗地位。文革時期中共黨政高層部門因紅衛兵造反，內部許多資料大量流失，我敵後情報人員獲了大量的中共高層內部資料（包括所謂紅頭檔），但當時並未獲國內外重視；中共公審四人幫時許多資料被當作公審的素材，當時蔡得勝初入國安局，在趙先運組長的策劃下，將從前所蒐穫的與中共公審四人幫呈堂做為犯罪證據的資料一一比對，提供給國際情報合作友方及智庫參考，因而奠定了我國情報體系在中共情勢分析與掌握的實力。

第二是90年代以後，中共開始加強在海南島的經營及南海諸島礁建設與兵力強化，時南海問題還未成為國際焦點，蔡得勝當時就很敏銳預判到南海問題的複雜化和尖銳化，並將此一趨勢提供給我政府高層及國際友方參考，但當時並未受到重視與關注，今日觀之，許多情勢發展皆在他的預判之中。

第三是《國統綱領》的擬訂，1990年李登輝總統指示成立「國統會」，並指示研擬《國統綱領》，時任「國統會」研究員的宋心濂局長自告奮勇，攬下草擬《國家統一綱領》初稿的重任，並交由四處負責，蔡得勝就是負責其主事的承參；根據曾任「國統會」委員邱進益先生的回憶錄記載，當時國安局提出的草案與後來定案的綱領精神一致，落差不大；綱領最重要的精神是認為統一並非一蹴可及，因而逐

步區分近程、中程及遠程三階段進行，既可化解兩岸的緊張局勢，亦可避免臺海兵戎相見的危機，可說是一項深具智慧與遠見的國安籌擘；可惜這盤大棋竟只是李登輝欲掌控權力的個人權宜之計，使之後來淪為鏡花水月與空中樓閣。

又在他領導國安局的時間內，經常給時任總統的馬英九提供分析與報告，但馬英九總統有時會有「我聽聞的好像不是如此？」的反應，蔡得勝總敢於據理回覆：「國安局的研析判斷均有其來源，絕非外界的八卦評論所能比擬。」事實上，有關國安局向各政黨總統、副總統候選人做國情簡報，早在 2000 年我國第 10 任總統大選時，即由當時的丁渝洲局長參照美國做法所建立起來的。而負責戰略研析處長的他自然成為報告人，也是總統、副總統候選人問題的解答人。

2008 年當選第 12 任總統的馬英九上任後即指示國安局對行政院各部會首長做國情分析報告，馬總統為表重視特親赴國安局對與會部會首長做精神講話，時陪同的國安會蘇起秘書長，就當面對馬總統說：「蔡副局長是目前國內研究大陸問題最深入，瞭解最多的人。」這是否為其五個月後被拔擢接任國安局局長留下伏筆，他也不甚清楚？但這次的簡報，的確建立起馬總統日後倚重其對國內外重要國安諮詢的信任。如後來馬英九引以為重要政績的《臺日漁業協議》，也是在他擔任局長任內的協調、規劃下，取得 2013 年 4 月 10 日與日本雙方，能在釣魚臺列嶼周遭重疊專屬經濟海域的困難下達成協議，並在中日兩國無正式邦交關係下簽署此項協議；不僅保全我政府的主權面子，也實質為臺灣漁民爭取了應有的權益。

事實上，蔡得勝從居身四處研究員至躍升該處副處長，再到升任該處處長，後再由此位置獲層峰拔擢接任局長，在沒有特殊背景，沒有政黨特殊奧援下，他的專業始終是其間最重要的關鍵；而他也是國、民兩黨彼此感到安心的人，這得助於他每逢國內任何選舉時，總一再叮嚀所屬：「我們國安特勤在選舉期間，只做維安，不做情蒐，確保行政中立。」也就是這等貫徹執法行政的中立原則，讓大家對這

位國安局局長不得不刮目相看，也對國安局的人員有了起碼的尊重，這不能不歸功於蔡得勝總心存一份「執中守一」的精神。

廟堂江湖各有所憂　參與《國統綱領》草擬

就中華民國國安局的公開資料，蔡局長是政府遷臺20任國安局局長中任期時間第五長的局長（2009年3月11日～2009年4月30日代理；2009年5月1日～2014年5月11日正式），但綜觀在卸任後，仍能秉其專業的素養，持續在民間學界對政府提出國安建言的，就屬他這位第14任國安局長，與任職的第9任丁渝洲局長（1999年2月1日～2001年8月15日）；對於這點，他自認完全係基於個人專業對國家安全研判的自信，讓他在退休後仍願意站在第一線，向政府及全體國民提出對國安政策的看法與建議；這種「居廟堂之高則憂其民；處江湖之遠則憂其君」的情懷，或許也是那一代深受中華文化浸潤的復興崗人，埋藏於內心深處的一種無可改變的執著。

在訪談中，蔡得勝以國安的專業觀點，屢屢提及兩岸關係只能「緩解」，不能「無解」；兩岸關係對中共言必需讓中共有期待的「願景」，而非寡婦死兒子般的「絕望」；就中共而言，兩岸是否戰爭，是政治問題而非軍事能力問題，讓中共產生「政治太悲觀、軍事太樂觀」的思維，對臺灣絕對不利；目前無論美國媒體或臺灣學界，都有一股大陸將在2027年攻臺的潮論，雖不足為信；但我們亦應瞭解，中國大陸主席習近平雖非屬於攻臺的極左派，但他卻是一個絕對的民族主義者，他的「知臺」，並不代表是「友臺」，一但國內的「臺獨」氣焰過漲，兩岸兵鋒勢不可免，屆時戰爭的戰地必然在臺灣，戰爭的後果，絕非臺灣所能夠承受。

對「一個中國」評估宜正確　臺灣存在才是硬道理

臺灣過去50多年來在政府與全民共同努力下，經濟發展快速，人民豐衣足食；而大陸在過去30多年的改革開放政策下，也創造了

百年來難得的榮景，兩岸皆應珍惜繼續朝共贏共榮方向前進。但過去8年來兩岸對峙升高，臺海已被國際認為是最可能發生軍事衝突的風險地區，兩岸的敵對，加上政治的操作，不僅官方往來斷絕，兩岸人民相互仇視的情形也日增，臺灣怕被中共「吃掉」，中共怕臺灣「跑掉」的心結加深，對兩岸均非益事；如何有智慧的「談、拖、不失控」，讓兩岸和平共榮發展下去，才是臺灣為政者應有的國安思維。

因此，他一再提醒中華民國主政者心中要記得：「臺灣不能打、不經打、打不贏。存在才是硬道理。」的國安紅線。臺灣要對「一個中國」有正確的評估，兩岸目前對各自的政治思維都應以現實、現況為依據與考量，不應抱持昔日單純意識形態的「反共」或「解放」思維，而應實事求是尋找兩岸真正的威脅，做為共同遏止的範疇。有人曾改寫毛澤東那首〈沁園·春雪〉的句子：「兩岸如此多嬌，引無數英雄競折腰，唯『反共大陸』，已成歷史，『解放臺灣又嫌霸道』，一國兩制，或統或獨，都為臺海掀起波濤，俱往矣！數當前明路，還是和平最好。」這個和平路線圖，倒是很值得目前兩岸高層的政治省思。

窺視臺海現狀，隱然已成世界戰事熱點的情境，再回顧已逾兩年多「俄烏戰爭」的實境，實值臺灣當局深以惕省；臺灣從2003年國防戰略的「預防戰爭」為經，到2016年改為「防衛國家安全」為緯，這種由「避戰」戰略轉型到「不懼戰」的思維，是否合乎臺灣生存安全的根本？殊堪深思熟慮。至少從國安局的局徽設計，係採用漢代圓形文字瓦當圖案，瓦當圖案即寓有祈願、祈福之意，中心處為青天白日國徽，顯示為中華民國之國家安全局；外圍環繞白底紅字篆書「安如磐石」四字，期許國安局為國家安全之磐石；外圈以金色為底，兩枝墨綠色橄欖枝代表能使社會安和、民生樂利；依此而見，國安局整體寓意乃在於全民託付下，以鞏固國家安全與維護社會安定為核心任務，期盼能成為國家安全之磐石，使民生得以安和樂利之最終目標。

致力撥開兩岸迷霧　審慎思索臺灣未來

　　最後，蔡得勝提到，無論是昔日國民黨所提出《國統綱領》，用時間來和平解決兩岸的未來，還是前國家安全會議秘書長蘇起所設計兩岸皆屬一中，但各自解讀的「九二共識」，以模糊戰略尋求臺灣的和平出路，抑或是時下淡江大學國際事務與戰略研究所教授黃介正所說：「兩岸目前的關係，要維持現狀的，不是靠趙子龍與周瑜的軍事力量，而是靠魯子敬與諸葛亮的高遠政治謀略，把美中臺重新拉回昔日的三角關係，猶如昔日的『隆中對』。」此等國際戰略平衡的眼光，方不失為臺灣爭取兩岸和平路線的策略。無奈自2016年因執政的民進黨揚棄「九二共識」，遂肇致兩岸關係由共識而不識，也讓原屬「兩岸猿聲啼不住，輕舟已過萬重山。」的兩岸交流熱絡，驟變到如今一幅「青泥何盤盤，百步九折縈巖巒」的蜀道難行窘況，回顧既往，實令人不禁噓嘆！

蔡得勝（前排坐右3）擔任國安局局長時與17期政一教授班同學在局裡的中正堂前合影。

從一位臺灣離島偏鄉的少年，到擔任臺灣安全發展，和平生存的國安重要角色，這不應只是他個人的榮耀，也是每一位政戰人應引以為傲的榮譽。如今，蔡得勝雖已輕身在野，但當年復興崗教育的「吃苦負冒忍」的精神，恍惚仍在他耳邊迴盪著，指引他繼續為國家的安危發聲。荷蘭史學家慧辛迦（Johan Huizinga）曾說過：「對於歷史而言，問題永遠是『向何處去？』」的這一段話，明白啟示著所有身為復興崗人，要秉持既往，挑戰未來，方能為國家的安危撥雲霧、見青天、呈全貌。只有從歷史的角度，去梳理其在國際風雲變幻中的萬端經緯，並客觀現實解析看待兩岸存在的錯綜關係，致力撥開兩岸迷霧審慎思索臺灣未來，方能揭曉它將駛向何處的最終答案。也許，「國懷舊德安如磐石」這八個字，也正是這位復興崗子弟，其內心所思索的臺灣未來。

（作者：李天鐸、程富陽）

風雷激盪 歲月不蒼黃

國安外交戰　宋繼明　豪情錚鳴

文‧圖／專訪組

斷交大禮徒喚奈何！

當 2017 年 6 月 14 日，中華民國的全國民眾從電視轉播中，竟看到與我有著 107 年邦交友誼的中南美洲巴拿馬，逕自宣佈自 13 日起對臺斷交的突襲報導，讓全臺灣的民眾感到萬分錯愕；因為連我們的總統府，也是直到巴拿馬總統瓦雷拉（Juan Carlos Varela）召開記者會前 40 分鐘，才收到斷交通知；而在 2016 年 6 月，臺灣的蔡英文總統才甫正式出訪了巴拿馬。

如今，於兩國元首在會見後的一週年，巴拿馬就為臺灣送來這份斷交的「驚天大禮」，讓執政的民進黨簡直下不了臺，只能由時任外交部長李大維，代表我國政府對巴拿馬發表措辭強硬的一篇〈欺朦我到最後一刻〉外交辭令，以表達我國對其強烈不滿的憤慨與譴責；但實際上，也只能「徒喚奈何」！

深獲諾瑞嘉將軍賞識　政校遠朋班揚威海外

且讓我們把時間，直接跳到 2023 年 11 月 4 號的一個秋陽早晨；這天早上，在政校 19 期，目前擔任復興崗文教基金會董事長李天鐸的帶領下，與 22 期曾任我國安局派駐海外多國的鄒美仁等三人，來到了位於新店北新路一棟科技大樓的一層公寓，拜會一位畢業於正統政工幹校，卻立威於海外國安外交戰場上的復興崗前輩。

沒錯，我們當天，正是約訪曾被我國安局奉派在中南美洲巴拿馬、哥斯大黎加及歐洲葡萄牙，任職海外國安外交工作達 16 年的傳奇人物，他就是我復興崗政工幹校 12 期的宋繼明，而在宋繼明於

1983年至1991年任職巴拿馬期間，掌握該國軍政大權絕大部分時間的人，正是自詡為巴拿馬「最高領袖」的諾瑞嘉（Manuel Antonio Noriega）將軍。

宋繼明（右2）與基金會李天鐸董事長、訪談人鄒美仁（右）、程富陽（左）合影

　　這位於1934年出生在巴拿馬城一個窮苦帕爾多的工人家庭，早年曾赴秘魯喬里奧斯軍事學院學習，畢業回國後即加入了國民警衛隊，更在1966年受巴國奉派至美國北卡羅來納州的布拉格堡，接受了心理戰訓練；但始終讓他最鍾情難忘的，卻是1960年代，他以巴拿馬軍官身分前來中華民國政工幹校（後改制為政戰學校、現為政戰學院）所受訓的「遠朋班」。

　　這所臺灣「遠朋研究班」，成立於1972年，曾一度被作為美國在國際冷戰時期，代理美國協助訓練來自中南美、沙烏地阿拉伯、約旦等「反共聯盟」的各國軍官，他們回國後多數躋身高位，甚至國家領導人，包括諾魯總統達布維多（Sprent Arumogo Dabwido），厄瓜多前

總統古提瑞茲（Lucio Gutierrez），及聞名全球的利比亞前獨裁強人格達費（Muammar Gaddafi）。

基此，在諾瑞嘉將軍掌權後，巴國奉派莅臺灣遠朋班受訓的軍官，幾乎都是由他親自選拔以為後用的軍官儲備人才；在此背景之下，當年臺灣由國安局派出的宋繼明，以其流利的西班牙語及忠誠心，自然立馬就擄獲諾瑞嘉將軍的深厚友誼與絕對信任，甚至遠超過於使館中的任何人，為當時的中巴邦交，建立起一份特別穩固的基礎，並屢創派遣海外國安工作的許多救援故事；對於當時刻正在國安局局本部任職的李天鐸，恰是宋繼明偕同巴拿馬高層第一次訪臺時，以上尉軍官身分全程陪同，更可說是炳若觀火，一目瞭然。

眼看將軍樓起樓塌　差點創造外交奇蹟

諾瑞嘉將軍在名義上，雖從未登上總統這個名義上的最高領袖，但從1981至1989年由其擔任巴拿馬的國民警衛隊總司令，可說是結實掌控了該國的最高權力；而美國基於中南美洲的國際均勢關係，對這位曾於美國受訓的巴國強人，起初也是站在扶持的立場；只是後來，在諾瑞嘉自覺權力鞏固後，竟逐漸欲擺脫美國的控制，不但暗允其手下靠販毒賺來大筆財富購買軍武；另一方面，也偷偷與當時視美國為死敵的古巴交易，甚至將美國的機密售予蘇聯。

這些行徑，終於惹怒了美國，美國遂於1989年老布希任內，直接由國會提案通過調查諾瑞嘉政府貪腐、選舉舞弊、謀殺和販毒等罪行，並發動了一場「巴拿馬戰爭」，將這位巴國強人逮捕引渡到美國判刑入獄；諾瑞嘉將軍於一夕之間，竟從政治的高峰淪落至獄中之囚，而當時正身在巴拿馬，且原受諾瑞嘉將軍倚重的臺灣國安外事軍官宋繼明，可謂親身目睹及見證了這場「眼看他起高樓，眼看他樓塌了！」的國際政治風暴。

在諾瑞嘉將軍於巴國實際掌權期間，對當時臺灣駐巴拿馬的大使館，可說獨厚這位操著一口流暢西班牙語的國安局外派軍官，將軍不

但贈予宋繼明一張可隨時進入全國各軍官俱樂部的通行證，更親頒給他外館人員極少獲頒的「巴拿馬勳章」，以表彰他在巴國的傑出表現；甚至，諾瑞嘉將軍曾親自給他下達於24小時內，回覆其可否代表巴拿馬出使菲律賓大使的口頭敕令；只是對這段可能改寫臺灣外交史的一章，最終並沒有兌現，而宋繼明也只是語意平淡的憶述，當他回報此案至國內相關單位時，並沒獲得回覆，以致讓這段可能創造臺灣外交奇蹟的事件，只能石沉大海，戛然而止。

在那段時間，甚至當時由臺灣派出的外交代表，都很難見到諾瑞嘉將軍本人一面，而於國內奉派至巴國進行訪問的官員，也幾乎都只有透過他的安排，方得與諾瑞嘉將軍本人會面或餐敘，直到後來曾任國防部長的宋長志出任該國大使，諾瑞嘉將軍才刻意的重視與使館的親近關係，這其間的秘密，坊間屢有傳出，係因為宋大使曾幹過我國防部長，能夠輕易提供由臺灣生產的輕武器給巴國國防軍部隊使用，但當筆者問及這個問題時，宋繼明只是露出國安外交人員慣用的微笑，並沒有直接回覆我的提問。

個性耿直情義重　搭救同僚不惜身

宋繼明在外事工作上，無論公私，其所以能得到巴國官方及我方使館的高度肯定與讚揚，除了其語言天賦與工作能力外，也跟他熱以助人的耿直個性有關。當諾瑞嘉主政時，有位臺商章辭修，在巴國開辦了一座工廠，但廠內雇用的百餘名工人，卻無法得到該國核定的合法居留簽證，章老闆只好請宋繼明幫忙，而宋繼明也認為此事關係華僑服務事項，也就逕入諾瑞嘉的辦公室懇請將軍幫忙，當時諾瑞嘉有點驚訝的望著宋繼明，內心可能想著這位外交官，怎麼會為了一些僑民就直接來找他，但最終還是筆下一揮，結果這百來個工人，立即從非法轉為合法。

當時巴拿馬的任何事務，只要一經諾瑞嘉點頭欽定，在巴國就等同法律；當時在巴國有很深廣商務營運關係的長榮集團，於諾瑞嘉來

臺訪問時，集團董事長張榮發先生還特別親邀諾瑞嘉將軍給予特殊招待，但後來當諾瑞嘉的女兒在巴國結婚送喜帖時，卻漏了給長榮駐巴國的代表，急得這個民間商務代表趕緊來請宋繼明幫忙，經協調後才補發請束，讓他得以回報長榮總部，可見當時宋繼明在巴拿馬的關係，可說是經營的紮實而深入。

在1989年美國入侵巴拿馬期間，巴國當時幾乎已成無政府狀態，首都巴拿馬市的主要交通均為美國所控制，而巴國的國防軍已失去抵抗及維持治安的能力，一些地痞宵小，竟自組小型武裝勢力，流竄於市區之間趁火打劫；在巴國的各個華裔社區都只能自組自衛隊，並購槍以為自衛；而飲用的食品更是極度匱乏，就算有錢也買不到，縱使大使館亦只能由當時仍駐紮巴國的農技團，利用罅隙冒險送些必需品至館內應急。

有次，一群暴徒持槍直接闖進我大使館位於另一駐地的經參處辦公室，並劫持了正在辦公的一位秦姓秘書，秘書在被暴徒矇住頭的狀況下，直接打電話向宋繼明求助，基於情義，單槍匹馬去分館跟歹徒周旋，憑著他流利的西班牙文溝通，最後歹徒竟放了秦秘書；另外，在大使館因戰爭未歇而被圍困之際，宋繼明也經常趁隙外出查探美巴對峙衝突的實況回報大使及其他單位；有次，也不知哪方發射了一顆迫擊砲，卻恰恰落在他車子的後頭，把地上給轟出了個窟窿，他算是逃過一劫；這些當時的經歷片段，迄今已將近過去了35個年頭，但當講到這些險象環生的往事，他總猶感歷歷在目，一股寒顫仍不禁自背脊陡然昇起。

工作家庭難兼顧　妻子險空中受難

當談及駐外人員的家庭狀況，宋繼明頓時啞然無語，坐在一旁的徐瑪莉嫂夫人只得緩代應答，她回想1989年夫婿還在巴拿馬任職，長子適逢就讀高中，但因當地就學環境不佳，只得送去美國依親他叔叔，讓兒子在另一個國度獨自就學；另外於1996年她陪小兒子到美

國念高中，有一回她獨自從美國洛杉磯搭乘華航班機返臺，卻在於飛行於阿拉斯加的上空時，突感一陣胸悶頭疼難當，竟自昏厥，逼的飛機在空中卸掉燃料，緊急轉降落在阿拉斯加就近的一處機場，並經轉送當地醫院檢查，才得知她罹患有罕見的高空幽閉症疾病；直到幾天後，宋繼明才匆忙趕赴當地，並偕她返國醫療，而返國的飛行期間，還得不斷借助注射鎮定藥物，才讓她安然渡過這次的生死關。

基此，宋繼明後來轉任至中南美洲的哥斯大黎加，再服務2年的外館生活，本來，徐嫂想留在臺灣教書，但因宋繼明外事繁多，急需她的幫忙，因此在最後一年半的時間，她還是攜帶小兒子齊赴哥國，協助宋繼明處理外館的諸多工作，直至他役滿屆退，方一起返國。

唯宋繼明一直懷想當年宋家四兄弟就是因為家境清寒，他父親無法供應每個小孩就讀民間大學，才讓身為次子的他毅然選擇了就讀軍校，為讓自己兩位兒子受到公平的受教機會，退休返臺後，他忍著牙讓嫂夫人陪著家中老二，再度飛到美國陪讀高中；而當時他已自軍職退伍轉任退輔會任職，用新臺幣培育兩位需支用美金的教育費，無異是一件極富壓力的事，還好外交部的一通電話，解決了他經濟上的難題。

蜀道難行終不棄　耄耋無悔從戎夢

宋繼明憑著他的語言天賦與忠誠坦直、樂於助人的工作能力，讓老天爺為他開啟了另一扇門，外交部極罕見的在他自軍職退休轉退輔會服務時，直接以一紙公文，徵聘他為正式的外交人員，於是他再度以他的外交長才，被外交部派遣至歐洲的葡萄牙，繼續待了6年縱橫歐洲的外館生活。

此次約訪同行的鄒美仁，當時正是奉國安局派遣至西班牙的外事組長，對國安局同任一個單位來來去去，卻7、8年不見是常有的事；鄒美仁雖在之前也不曾認識宋繼明，但對這位「巴拿馬傳奇人物」，卻早已久聞大名，仰望不已；只是當時兩人係各以外交、國安的身

分，在遙遠的歐洲為中華民國日益艱難的外交事業，而各自奮鬥。宋繼明後來為了嫂夫人身體及家庭關係，放棄外交部欲續委派他到西班牙外館的機會，而轉任部裡國內領務局繼續工作，總計在外交部待了14年，才正式退休。

回顧宋繼明的精彩一生，以一介政工幹校畢業的軍官身分，卻能分別以國安及外交的角色，在中南美州及歐洲諸友邦，以其精湛的語言天賦及崇法務實的精神，去推動在客觀環境上，已漸如「蜀道難行」的中華民國外交活動，卻還能備受服務單位的極致肯定與高度讚揚，實屬罕見，可說是全體復興崗人的典範，實堪敬佩。

論功還欲請長纓的縷縷回音

今年，宋繼明已逾耄耋之年，身體也正面對膀胱癌的侵襲及承受化療之痛，但在近二小時的訪談中，他卻絲毫無顯露精神委靡之態，從他挺直的腰桿，我們仍看到他當年那分烈士壯心，志在千里的身影與豪氣；宋繼明回覆的最後一個提問，就是他迄今離開母校已逾一甲子，但仍心存感懷復興崗的教育，他從沒後悔他選擇了這條「從戎夢」，但不可諱言，談及臺灣的下一代，他卻泛有一股深邃「悠悠我心悲，蒼天曷有極」的感慨。

當步出這棟光線微暗的市區大樓公寓時，我們不禁回首顧盼，竟仿佛猶聽到從冷冷的閣樓空中，傳來中國那位偉大外交官班超所說過那句：「少小雖非投筆吏，論功還欲請長纓。」的縷縷回音；而筆者更不禁湧想，若非藉撰此文，一鳴宋繼明昔日人生經歷的塊壘，他這段曾為中華民國國安外交，作出重大貢獻的回音，又真有幾人能夠聽到？

（作者：李天鐸、鄒美仁、程富陽）

從心廬到心戰　共築心城二十年

文‧圖／張悅雄

　　身為從事心戰工作20年的老兵，不能不對心戰的理論與史實有一定認識理解與舉一反三。「心戰」，乃心理戰之簡稱。「心理戰」此一名詞則來自西方Psychological warfare。在中國第一個提出「心戰」二字者，為三國時代的馬謖。據《三國志》卷39（蜀書‧馬謖傳）：「用兵之道，攻心為上，攻城為下；心戰為上、兵戰為下。」顯見中國古代所有軍事對抗活動中，心戰佔有一定重要的地位。

心戰乃「奪其心，亂其志」的無形利器

　　具體來說，在中國歷史上，所有戰爭中的心戰，「是以敵我雙方的心理為標的，透過語言、文字（誓皓、檄文、露布、告示……等）及其他資訊為工具，對敵我雙方上至君主，下至士卒，尤其是將帥的心理、情感、意志等施加影響，以打擊其士氣，威懾或震撼其心理，感化其情感，瓦解其鬥志，削弱其戰鬥力為目的。」（邱劍敏著，《試探中國古代心戰思想》，中國孫子兵法研究會編）

　　這是迄今為止，我所見過對「心戰」一詞詮釋得最完整、最全面的論述。揆諸今日海峽兩岸，長時期以來，各自的心戰作為，仍未脫離此一範疇，即為明證。這種「心戰」思維的重點就是在起到「講武料敵，使敵之氣失而師散，雖形全而不為之用」（尉繚子〈戰威〉）的作用。海峽兩岸長時期以來的諸般心戰作為，就正是為達到此一目的，而各為其主，兼各擅勝場下的作為。

　　「心戰」談的是以「心」為主題的一種戰略、戰術思維，因此「攻心」與「守氣」（心戰防禦思想）就成為心戰作為的兩大主軸。攻心方面包括有：懷柔服心，分化離心，威懾攻心，用詐欺心，絕恃奪

心等。透過這些作為，攻敵之所短，避敵之所長，最後達到「奪其心，亂其志」之目的。能夠高效率的達成攻心的目的，自然也就能高效率的達成「守氣」的目的。（這也就是兵法所謂「攻擊是最佳的防禦」的道理）。

披神秘面紗的心戰單位──「心廬」

1967年秋，當時官拜中尉，一日收到人令，調國防部心理作戰總隊（簡稱「心戰總隊」）任助理研究員。迨到位於林口的隊址報到，人事官又告以到臺北吉林路報到。那時候，吉林路尚未貫通，報到地點在一幢兩層樓的獨立家屋；和我一起報到的有前後期的學長、學弟。報到第二天即展開工作，整理一大堆由各地轉送前來的「敵情資料」和「特種書刊」（由大陸、港澳出版的各類書報雜誌），將之分門別類、編號編碼。這與當初的人令派職有所差別。剛赴林口報到之初，以為將要派赴外島擔任心戰官之類。不想竟到了花花世界的臺北，擔任起這樣上櫃、上架的工作。

隔年，資料整理工作告一段落，正式戲碼上演。原來我們工作的地點有個稱呼，名曰「心廬」。在「反共復國」口號高唱入雲的年代，「心廬」是一個專門研究中國共產黨的學術單位；長久以來，「心廬」一直被視為神秘兮兮的單位，外人很難窺其堂奧。外人看「心廬」，牆高數仞，不見宗廟之美，百官之富，總覺得它披上了一層神秘的面紗。

「心廬」的前身是「心戰研究班」，係因1967年，大陸文革愈演愈烈，神州大地一片腥風血雨，此一情況，愈顯心戰工作的必要與迫切。於是，培養新一代心戰人才，乃成為當時的要務，並成為刻不容緩的強烈需求，在此種狀況下，1969年7月1日，「心戰研究班」於焉成立，旋稱「心廬」。此班的建立，可說是化公獨具慧眼，苦心孤詣的結果，心戰研究班得以有效運作，並起到一定作用，是化公知人善任，禮賢下士，敦聘曹敏老師（慎之先生），充分授權，全般擘畫的結果。

因此,「心廬」一點也不神秘,乃是國防部總政治作戰部因應當時敵我局勢所成立的一個心戰單位而已。當年我們先來報到的幾位是由政工幹校各科系(大部分為新聞系)的助教推薦,然後再從軍中甄試一共20人,加入了「心廬」的第1期行列,上午上課,下午接受心戰工作實務訓練;這些訓練,包括心戰稿件的撰寫,與每週三「心戰主題會議」的旁聽;當時,我們美其名曰「勤工儉學」。

　　這種寓教於學的教育,自是與制式,刻板的教育格格不入,而較接近於類似白鹿洞書院、嶽麓書院那樣的模式。曹敏老師,第一天授課,揭櫫了「心廬」教育的兩大主軸與目標:

　　一、學問要在事上磨練。

　　二、要有究天人之際,通古今之變,成一家之言的胸襟和氣魄。

　　要做到第一點,就要有獨立的精神,自由的思想,腳踏實地,不可好高騖遠,更不可隨人俯仰。要做到第二點,就是要走通古今的正面變化,更須知道,什麼樣的變化會引起災難,最重要的,是能否按照說通的歷史,走通歷史。

　　為了達到這樣的目標,慎之老師,尋尋覓覓,多方延攬,為「心廬」敦聘了當時在各方面學有專精的學者教授。「心廬」當年的師資之盛,可說獨步一時,在其多方舉薦下,來「心廬」授課老師及所授課程,臚列如下:

　　方東美(中西哲學)、羅剛(三民主義)、胡秋原(方法論與西洋通史)、魯實先(史記、文字學)、鄭學稼(中共黨史)、郭華倫(中共黨史)、尹慶耀(中共黨史)、關素質(俄共黨史)、林衡道(臺灣史)、陳啟天(韓非子、法家概論)、劉孚坤(邏輯學)、黃光國(心理學)、顏元叔(西洋文學史)、蔡麟筆(中國文學史)、王靜芝(莊子)、張建葆、李國英(文字學)、柴松林(統計學、民調分析)、道安法師(佛教)、楊家駱(文獻學)、蔡麟筆(PERT、管理學)、鄒文海(社會學)、高叔康(經濟學)、楊雲萍(明鄭時期臺灣史)。而曹敏老師則講授「黑格爾哲學」、「辯證法」及「俄國思想史」,這幾乎

是全方位及密集的教學方式。

　　上午的學習，由上述師資包括中外文史科哲及中共理論現況等課目，下午的心戰工作實務練習，則由資深研究員謝海濤、劉芳百、劉子人、趙玉明、王啟惠、張拓蕪諸先生擔綱，負責心戰廣播稿的寫作練習。其時，正是中共的「文化大革命」大動亂剛開始爆發的年代，也是國軍對敵心戰工作的高潮時期，我們「心廬」前三期學員就這樣「躬逢其盛」，迎向這個兩岸心戰激烈攻防的年代。說句托大的話，也都曾為國家的「對敵心理作戰」作出了一定的貢獻；也就是說，沒有功勞也有苦勞，沒有苦勞也有疲勞。業師曹敏先生生前常教誨：「學問要在事上磨練。」「心廬」教育的最大特點，就是針對這句訓勉之語的身體力行。

「宣傳報導」與「批判打擊」係心戰兩大主軸

　　60年代的國家心戰工作，主要由四大部門組成：國民黨的陸工會、國安局及其轄下的軍情局、政大的敵情研究室，還有就是國防部總政戰部。為了適應越來越趨繁重的心戰工作，總政戰部於1969年起，以「心廬」為主幹的心戰工作組（臨時編制）提升為「心戰處」；後來，並以總政戰部主任王昇為召集人，成立了「劉少康辦公室」，統攝上述的幾個部門，統一步調，統一做法。把對敵心戰工作的範圍、規模，再作進一步的提升。這本是一樁集思廣益、眾志成城的美事，最後，卻落得不歡而散，「有」疾而終，遭到裁撤（參看魏萼先生〈析論劉少康辦公室的歷史意義〉，《海峽評論》，2014.01.01，第277期），「心廬」亦在開辦6期後戛然而止。

　　當年心戰工作可以概分為「宣傳報導」與「批判打擊」兩大主軸。顧名思義，「宣傳報導」是宣傳寶島的物阜民豐，安和樂利及自由世界的繁榮進步，以引起大陸同胞的嚮往，是屬於「我有百是而無一非」的部分；「批判打擊」則是針對中共的倒行逆施，殘民以逞，是屬「敵人有百非而無一是」的部分。這兩大主軸，是心戰工作的中

心思想兼指導原則，在此一思想和指導之下，透過廣播稿的寫作，再經由中央廣播電臺、心戰總隊的電臺、金馬外島的馬山、古寧頭、大膽喊話站，向大陸作強力的放送播出。

另外，就是製作傳單和心戰物資（大多為民生用品），向大陸沿海和內陸地區進行空飄和海漂的作業。相對的，為了防制中共的反心戰，金馬外島則在每一師部設有「忠誠之音」，對中共的廣播進行干擾，並嚴格規定所有大陸的空飄及海漂之物，必須上繳金防部，否則嚴懲不貸。當年的心戰處，居國軍心戰工作的樞紐地位。其他心戰單位所有稿件的寫作、傳單的設定，都由心戰處提供。

因此，心戰處（包含前身「心戰工作組」、「心廬」），每週三都會有一個「心戰（傳單）主題會議」，會議重點就是由老師們審核該週，或下一檔次相關宣傳報導和批判打擊部分稿件的寫作重點和方向，並於每週發行「一週心戰主題」，提供各心戰單位參考運用。這些稿件先是由資深研究員撰寫，後來則是由他們母雞帶小雞，由我們助理研究員提筆上陣。我們這些菜鳥，每到週三輪到撰寫主題時，都有上斷頭臺的誠惶誠恐。一些老師和資深研究員，為了求好心切，為了心戰工作把關，為了恨鐵不成鋼，他們經常會對事不對人的，把菜鳥們挑燈夜戰，不眠不休寫出來的稿件，批得體無完膚，面目全非。一場心戰主題會議下來，不冷汗涔涔下者，幾希矣！正是在這樣嚴格的磨練之下，幾年之後，很多當初的菜鳥也多能獨當一面的遊刃有餘了。

懷念前輩無私奉獻　回顧既往　並不如煙

當年的敵我雙方的心戰工作有一特點，值得一提。受到時空氣候因素的侷限，每年春夏颳的是西南風，在金馬前線，這就有利於我方的空飄、海漂和心戰喊話的作業。而到了秋、冬颳起東北風，形式轉移而有利於中共的心戰作為了，這就應了「順風順水」這句老話。另外就是文革期間大陸曾爆發了最嚴重的難民潮；因此，很多「反共戰士」也加入了心戰的行列，他們瞭解內情，現身說法，對當年的心戰

工作也起了一定的作用和貢獻。

又當年的心戰工作，除了針對大陸「心戰」之外，也對島內的「心防」做必要的工作。其中有不定期的，諸如「共匪暴政實錄」的宣傳之外，並在當年的松山機場特闢一室，專門展列中共的一系列「暴政」，用以對出國人士的思想再教育。除此之外，為了達到全方位的心戰作為，還有以下幾項資料作為補充包括有：一週重要匪情彙報、匪情專題、匪軍現況分析、共黨問題專題研究、共黨原始資料彙編、一週心戰主題、匪俄問題譯叢等。這中間有理論的研究，有各階段不同的心戰作為，充分起到理論與實務相結合的要旨。

時間匆匆過去近半世紀，當年主持心戰工作的王昇、曹敏等人已然故去，一些老師諸如：胡秋原、鄭學稼、羅剛、魯實先等也都飄然遠行。國家的心戰工作也因兩岸之間所謂的「潮平兩岸闊，風正一帆懸」的表相和平現象，貌與形都產生了巨大的變化。

我因不在其位，也就不能多謀其政，只是回顧個人從中尉到上校近20年來的心戰工作歷練，白頭宮女對所有從事心戰工作與前輩老師、先賢，表達由衷地懷念和謝忱，正是他們的無私奉獻，傾囊相授，才使得心戰工作可以代代相傳，日新又新。現階段雖然受限於很多主客觀因素，但據悉，解放軍可是把心理戰作為當前最重要的工作重點之一（另外為輿論戰、法律戰）。我所擔心的是，沒有了王化行將軍，沒有了曹慎之先生、胡秋原先生之後的心戰格局，還會如當年那樣朝氣蓬勃，知難而上，一往直前嗎？

20年心戰工作的心得數端

1. 心戰工作的良窳，是同這個國家的治亂興衰成正比的。

身處衰世，要想在心戰工作上有所作為，就必須挖空心思，比身處盛世時多付出千百倍的努力，才可能打動人心，爭取認同。80年後海峽兩岸情勢丕變，一方是「和平崛起」，一方是「政爭不息」。因此在心戰工作上，就越發顯得「上兵伐謀」以及「是故百戰百勝非

善之善者也，不戰而屈人之兵，善之善者也。」的重要。可惜的是，今日的主其事者或主導心戰文宣的將領們，他們多已不屑於幾千年前孫子的諄諄告誡，以至於有些地方有些人，多產出了麻痺、怠惰的心理，而陷於「將軍束手無籌策」的困境。

2. 心戰工作總括來說，是一種知敵、知情的工作。

在這個基礎上因勢利導，或見縫插針遇洞灌水，或乘人所難，或發人深省，無非就是孫子「兵以詐立」的工夫。因此，宋襄公是不能搞心戰的；孔夫子「溫良恭儉讓」是不能搞心戰的，循循然如「正人君子」是不能搞心戰的！套句現代話，這就是心戰的「梗」，這個「梗」的基本精神就在一個「情」字。（敵情、我情）。可惜的是，後來主導從事心戰的高階將領，如今卻已遊走兩岸，以推銷「統一」與「中國軍」為能事；而具臺獨意識形態的執政者，又毫不考慮實際情況，只知漫天無所忌憚的叫囂「獨立」，為臺灣招來兵凶戰危；個人竊以為，此兩者都犯了但見秋毫而不見輿薪的偏見。殊不知孫子說：「不知敵之情者，不仁之至也。」這句話千年以降，像是衝著某等一票人而來似的；當今的心戰主導者，萬一還有此心思與陋見，不能窺豹兩岸之全貌而應對之，那就真的不是「其情可憫」所能寬恕的了。這是一位有20年經驗的老兵，獻出暮鼓晨鐘的一得之愚，新時代的心戰人員幸垂察焉。

3. 心戰既為「戰」，就是一種兵法。希波戰爭，希臘弱小講詭詐。

克勞塞維茨《戰爭論》「兵力越少越需施詐」。詭，有違反之義，跟敵人過不去，使其易以意氣用事。詐與偽有關、偽裝詐欺、兵不厭詐、「繁禮君子、不厭忠信、戰陣之間不厭詐偽」（《韓非子》難一）。心戰有時候是可以「繡花」或「請客吃飯」的。毛澤東的敵進我退、敵駐我擾、敵疲我打、敵退我追，都屬於心戰工作之範疇。

4. 心戰是既破又立的謀略作為。

立除了宣揚我方包括政治、經濟、自由民主等方面的成就，使大陸人民產生嚮往、追求的心理之外，更重要的是，讓他們產生與中共

專政體制的對比，進而產生疏離，懷疑終於背叛的心理。這是「立字當頭，破亦在其中」的高度謀略運用。「破」則是把中共體制透過文字、傳單、廣播、耳語，將之批得體無完膚，使大陸人民有更透徹之理解，並使中共黨員產生「為虎作倀」終非長久之計的動搖心理。有沒有成效？從當年的廣大難民潮，漁民帶船，空軍駕機投誠的事證中能找到答案。

另外，附帶一提的是，心戰工作也是一項「兵以詐立」的工作。當年我們仿造大陸的「內部參考消息」、「最高指示」和「毛語錄」、「真中帶假」也起到了一定的「混淆視聽」的效果（副作用之一是，我們當年的警總還認為我們在「為匪宣傳」，準備查扣這些匪偽文件呢！）

結語：憶往昔崢嶸歲月　憾當前混沌不清

從「自由亞洲報導」到「剝毛澤東的畫皮」，近20年時間，六千多個日子裡，一些同事和我由心戰新兵，變成心戰老兵。我們日日夜夜一方面尋找心戰主題和題材，宣傳報導和批判打擊必要的材料，有人甚至到心戰前線從事實務工作，一方面還要鑽研共黨理論和海峽對岸情勢的發展，以便「有的放矢」與搶制機先，避免落於下陳，遭到挨打。我們對這份工作甘之如飴。雖然沒有了部隊經歷，多少妨礙了升遷，卻也不爭不營，樂此不疲。

近20年下來，我究竟寫了多少宣傳報導和批判打擊的廣播稿，以及相關的研究專刊，已多不可考。但數量近百萬言總是跑不掉的。這些文字化成聲音，成為傳單素材，穿透海峽兩岸的涇渭分明、壁壘森嚴，對撫慰大陸民心，拆穿當年中共的失政，不敢說有多大的作用。但從「投奔自由」的「反共義士」口中，從秘密接待來臺的「漁民」口中，從逃難到世界各地的「難民」口中，他們或多或少都聽到、看到這些廣播和傳單（當然是全體心戰人員的作品），一些人還因接觸了這些材料，而觸動了他們投奔和流亡的動機。

和我並肩作戰的心戰夥伴們，我們懷念當年正是因為人人在心中都有一種信念，一種中心主宰之下所付出的心力和取得的成效。憶往昔崢嶸歲月，對照當前的混沌不清，幾無用武之地，令人不免有「當年射虎將軍何在」，「話到英雄失路，忽涼風颼颼」和「壯士撫劍，四顧茫然」的惆悵和失落。而更令人扼腕的是：「空巖外，老了棟梁材」的抱憾和遺恨。

民國73年王昇（化公）上將巡視設於松山機場出入境大廳2樓的「中共系列暴政展示館」。

【作者小檔案】

| 張悅雄 | 政戰學校10期新聞系，來自恆春鄉野，就像沈從文來自鳳凰，很有土性、很接地氣。畢業於政治作戰學校新聞系，卻沒幹過一天新聞工作。部隊最高經歷連輔導長，陰錯陽差，卻在國安局退役。很嚮往清末民初士子楊鈞的一句話：「嬉笑怒罵皆成文章，詭譎恢奇，又不可一世。」

筆海文星

離亂之歌　根生跨江海　座標同塵　和光橫空
弦歌奮起　詩書旅亭亭　時代印記　群星奪燦

——編者按

甚至從未過去的，復興崗文學星圖

文·圖／蘇偉貞

並不是過去闡述了現在或者現在闡述了過去，

而是，通過一種形象描繪，

過去與現在於此刻聚合為一座星叢。──班雅明

過去從未消亡，它甚至從未過去。──福克納

星叢（constellations），又稱星座，為天文學術語，世人依照星座位置繪製夜空星圖，而歐洲最後一位知識份子班雅明《德國悲劇的起源》創造性地發明瞭星叢批評理論。簡化來說，星叢是星子的集合體，文學星空即由文學星叢組成，代換之，有怎樣的復興崗星們，才有怎樣的復興崗星圖。

關於星們如何又怎麼照亮復興崗星空，不妨通過星叢來指認星們開始吧！沒有之一，瘂弦絕對是復興崗最出名的詩人。1953年本名王慶麟的瘂弦進了影劇系2期，畢業後分發海軍軍中電臺，與國防語文中心第1期洛夫、詩人張默在左營創辦「創世紀詩社」，把現代詩推向高峰。

作為詩人，瘂弦說，「我從未一天背叛詩」，而出身幹校，他從未背叛復興崗，1960年代瘂弦回母系任教，陸續開「中國戲劇史」、「藝術概論」課程，1960年秋，交出了〈金門之歌〉，刻寫「八二三砲戰」，副標題「調寄明天」，寄寓流亡學生身世，同時期〈上校〉遙寫國共戰爭「在蕎麥田裡他們遇見最大的會戰／而他的一條腿訣別於1943年」；〈戰時〉寫1942年老家河南：「燒夷彈把大街舉起猶如一把扇子……我母親底硬的微笑不斷上升遂成為一種紀念」，以詩抒懷，不言而喻。而在那之前，瘂弦已以〈深淵〉（1959年）名世，世人對

才具文武的將領允為儒將，少校退役的瘂弦則有詩儒之稱。

一般咸認，談華文現代詩，無法繞過瘂弦。是的，「因此我們前來，再次仰望星辰」（但丁句），因為瘂弦，崗上歷來不乏擁抱詩心者，張德模、金超群、歐君旦以及藝術系沈臨彬、王愷和外文系成培培都在這隊伍裡。一期期學長姊們追星，詩，成了影劇系潛傳統。

王慶麟（瘂弦）與蘇偉貞（左）於1996年榮獲金鼎獎後合影。

1963年春，崗上杜鵑花盛開，詩人王靖獻（葉珊、楊牧）崗上預官班報到，瘂弦時任設在精神堡壘的復興崗電臺臺長，紅漆，別稱紅堡，10點熄燈號後，紅堡煮詩論藝時間開始，王靖獻、3期劉維斌、即將藝術系畢業詩畫雙修沈臨彬（日後出版《泰瑪手記》、《方壺漁夫》）、王愷（創奔雨畫會），還有影劇系小學妹曹履銘，曹是瘂弦妻子張橋橋高中同學，因緣際會加入了夜談。

是這樣，日後蘇偉貞以小說崛起文壇，瘂弦才稱其是幹校的寧馨兒：「影劇系有詩傳統，但沒有小說傳統。」怎麼會！1期大學長張放、沒畢業的曹履銘都有小說名！張放寫作始於1950年代，邊緣

人三部曲《海魂》、《漲潮時》、《與海有約》，寫同樣1949年來臺邊緣化外省族群的困境。張放散文寫作亦有成，著有《是我們改變了世界》、《三更燈火》等，1995年更獲第十八屆「吳三連散文類獎」，是對其文學創作重量級的肯定。擴大來看，研究班1期李明（尼洛）、政治系7期桑品載、新聞系9期文類多元的柯青華（隱地）都有不俗的小說作品。

先回到夜談吧！文學情誼是複雜多線且延時的，紅堡夜談，聊著聊著，和王靖獻走得近（瘂弦語）的曹履銘退學離開了復興崗星空，初以筆名蘇玄玄寫〈愛的變貌〉，之後更名曹又方，交出《綿纏》、《寫給永恆的戀人》。值得一提的是，1976年偕呂秀蓮創辦結合婦運系列的拓荒者出版社，巧合的是，同年瘂弦、楊牧亦攜手創辦了臺灣最純文學的洪範出版社。在崗上，學子們普遍踐行「吃別人所不能吃的苦、冒別人所不敢冒的險、負別人所不肯負的責、忍別人所不願忍的氣」，同樣是星子，但星體的速率不同，而有了星爆星系，由此看，曹履銘是崗上星圖裡星爆前行代。後期星爆還有王墨林。王墨林眷村出身，永遠有意見，受《劇場》雜誌啟發，1967年進了影劇系17期，體制內成長，誰說復興崗的孩子就一定政黨性？腦後有反骨的王墨林退役後遠赴東瀛研習小劇場，身體做為抗爭體制的載體，亦成為其劇場行動的實踐美學。回臺後，在左翼思潮反皇民文學大家陳映真《人間雜誌》擔任記者。著有《導演與作品》（1978年）、《中國的電影與戲劇》（1981年）、《都市劇場與身體》（1990年），80年代中期成立藝術團體「身體氣象館」，推動「環境劇場」。2019年獲頒「國家文藝獎」，評審讚辭：「長年的劇場實踐，持續一以貫之的批判精神，展現不妥協的時代意義。」端的是北宋范仲淹「寧鳴而死，不默而生」同義詞。

《人間雜誌》掛還有同樣左翼思潮投身社會運動的法律系汪立峽，退役後逆軍法系，政治低迷的年代，結識一群「憤青」奚淞、蔣勳、林懷民，日後投身民族主義左翼論述《夏潮》雜誌，法學訓練，

不時發表文章談勞工問題，更參與籌組「勞工支援會」、統一聯盟黨，晚近出版《破門而入：為馬克斯主義辯護》。忘了誰說的：「右派就是個政治，左派才有思想。」從這個角度，曹履銘、王墨林、汪立峽的出幹校之路走來運動系，破格且不俗。

回到小說星圖，李明，王昇將軍倚重的文宣大將，這標籤不能說明其豁達大派的行世風格。軍職生涯他曾任國防部林口心戰總隊副總隊長、總政戰部第二處副處長、王化公辦公室主任。因為寫作，掌播音總隊期間，帶過心戰總隊史上最桀驁不馴的文化「兵油子」群：趙玉明、楚戈、商禽、張拓蕪、辛鬱，奇怪的是，這群「怪咖」有志一同結為「同溫層」，林口風大，吹不散的革命情感，兵油子們人前人後李老大。

1970年任老校長王化公上校參謀時，銜命籌備華視節目部被動退役，非戲劇出身，拉上了專業「兄弟夥」趙琦彬、趙玉明、李嘉、聶光炎、駱明道、華慧英捲起袖子一起幹，一時之重啊！都說「非幹不可」（政戰學校前身政工幹部學校，簡稱幹校），可不是。華視節目部主任位子還沒坐熱哪，就有人來搶，李明打火機點上菸：「大不了回家寫小說，這你總拿不走吧！」他笑著說，這事就過去了。畢竟幹校來人，尼洛小說，不乏中共題材，《近鄉情怯》寫「三面紅旗」、「大躍進」下放知青遭遇；《龍芊田畝》寫農村社會主義陰暗面，司馬中原評尼洛文風：「在我心目中，我把尼洛和早期作家巴斯特納克和索忍尼辛放在同等地位來看。」索忍尼辛《古拉格群島》正面挑戰蘇共！李明也是！誰再枉稱國民黨人親共？是李明的話：「一輩子都是國民黨的狗！」說的是忠誠，就算是狗，一以貫之，從不搖擺。1995年李明調筆為老長官王昇立傳，出版《王昇：險夷原不滯胸中》，就一位對小說有寄望的作家，為人立傳，這不是容易的事。了然於心的就了然。1999年李明辭世，紀念文集《長憶尼洛》是眾人對這位情義風格者一個微不足道的回應。

談李明，不能不談一起在華視打江山的1期趙琦彬，影劇系盛世

政戰影劇系的戲劇編導大師：左起趙琦彬、張永祥、貢敏。

之年，他真是無役不與啊！一路農教影業、大鵬話劇隊、中製廠、第
一屆駐越援外軍事顧問團、華視開臺、中影製片部、夏威夷大學戲劇
系研究。趙教官之走路帶風的崗上 1960 至 1965 年，開啟了趙琦彬、
張永祥、徐天榮、貢敏四大天王同時在系上任教的黃金年代，四大天
王合作編導接續推出《幾番風雨》等四齣戲，影劇系就此脫胎換骨。
教官中趙教官最是文采風流且「一貫地感傷氣息」（張永祥語），寫得
一手揮灑自如的行草，更瀟灑是生前定義自我一生：「我不以為哪家
機構能夠光輝我。」誠哉斯言！所謂一種姿態，這是《文藝圖》、《荊
軻刺秦王》、《藍與黑》、《蚵女》、《壩》、《皇天后土》、《苦戀》劇作家
該有也必有的傲氣。這也是為什麼，1992 年 3 月 21 日趙教官辭世前
最念茲在茲未竟劇本《幽靈毛澤東》。

　　典型不遠，門生故舊張德模、鄭羽書、蘇偉貞合編《劇人——趙

琦彬》送別，貢敏執筆〈劇人趙琦彬先生的創作事略〉銘刻：「我們失去他，一如我們失去自己。」傳神極了。有人說，趙教官離席後，臺北的聚會不好玩了。是真的。不得不提並時戲劇掛四大天王的還有文學掛瘂弦，1965年影劇系推出承命製作的話劇《國父傳》，瘂弦出演《國父傳》中山先生，國軍文藝中心連演7天，萬方轟動，影劇系獲頒第二屆話劇最佳演出單位「金鼎獎」，瘂弦則獲「全國話劇最佳男演員」、「十大傑出青年金手獎（文學類）」。很多事我們都忘了，但歷史記得。

再回到小說隊，桑品載，學者齊邦媛喻為「來臺最小的老兵」，12歲隻身跟著撤退部隊渡海來臺，碼頭流浪了三個月，曲折乖舛的進了幼年兵總隊，歪歪倒倒進了幹校政治系。只能說天生自帶文學資質，1959年畢業後分發馬祖反共救國軍，救國軍大本營在東引；1962至1965年在東引《東湧日報》擔任編輯，1966年獲第二屆「國軍文藝報導文學銀像獎」，這才把他推上了創作路。退役後，憑著創作遊走報刊雜誌，《中國時報》人間副刊主編是編輯事業的高峰。自傳體小說《岸與岸》是代表作，不離「最小的老兵」身世。

新聞系出身與文學愈走愈近的還有柯青華，以筆名隱地存身創作、出版，《純文學月刊》開啟編輯生涯，曾主編《青溪雜誌》、《新文藝月刊》、《書評書目》，1975年創辦爾雅出版社，在出版文藝復興的80、90年代，爾雅「年度小說選」、「年度詩選」、「年度文學批評選」，是文壇的年度大事。創作部分，自傳《漲潮日》與「人性三書」《心的掙扎》、《人啊人》、《眾生》，最能說明文心脈絡。

新聞系出身女作家還有黃北朗、徐喚民、郝士英、趙鏡涓。退役後轉跑聯合報藝文線的黃北朗，〈《李爾王》的雙重貢獻〉、〈張曉風文化輸出，《第三害》在港公演〉、〈舞臺劇振衰起敝李曼瑰教授表示樂觀〉有劇場視野，更報導晚景淒涼的〈高山青〉作詞家鄧禹平境遇，催生了鄧禹平自傳《我存在，因為歌，因為愛》出版，說明瞭黃北朗在文化界聲量。

和黃北朗同樣留在新聞工作的，還有徐喚民，退役後轉《中華日報》、中央通訊社記者，但後期學弟妹知道這名字前，或者先知道的是她以「雨僧」筆名寫的《大豆田裡放風箏》，內容主寫日常生活，質樸有情，可惜，至今也是唯一的一本。郝士英、趙鏡涓比較偏向報導文學類。從新聞系走上戲劇的則有薑龍昭，曾自雲人生目標是「辦一份與眾不同的報紙」，陰差陽錯，進了臺視、中視，摸索編劇，也寫小說、散文，著有《一襲輕紗萬縷情》、《長白山上》、《碧海青天夜夜心》等，《戲劇編寫概要》是自學的另一成績。

　　談到新聞系出身作家，不能不提一個異數，以「玉翎燕」名世的繆綸，繆綸悼念趙琦彬，形容其人其事如沐春風，是「一道彩虹」，繆綸也是。2012年，繆綸辭世，兒子繆宇綸記憶父親，「背影總是模糊的」。是啊！這一生和家國信仰、新聞、寫作綁在一起了，《金門日報》、國防部總政戰部、警總發言人、《青年日報》、華欣文化、現代研究社，做的都是文化搭橋鋪路的固本工作。

　　繆綸聲如洪鐘鍋盔臉，望之是個兇貨，而他的長官、部屬最清楚，此人信賴、懂得、尊重人，乃全方位君子。繆綸悼趙琦彬悵恨其沒在人間多亮麗一些時辰，他何嘗不是。或者因為本職壓力，繆綸另創一個武俠江湖，1960年以降，寫武俠小說，以《絕柳鳴蟬》、《劍鞘琵琶》崛起，其後《尺八無情簫》、《木劍驚鴻》、《金劍干戈》、《藍衫銀劍》名重一時。行走江湖，俠客們重情義，這恐怕才是身在軍中的繆綸化身玉翎燕最大的執念與境界。很可安慰的是，近年玉翎燕小說在大陸出版，再次「重出江湖」的玉翎燕在彼岸有不少知音。小說世界，他是風流倜儻一代的江湖教主。

　　如果說繆綸自青年日報社長退役時已然來到軍系新聞頂峰，那麼3期新聞系張作錦《聯合報》社長、《聯合晚報》副董事長位階，可謂登上了民營新聞工作最高處，但張作錦除了時論，長才更在不論筆名金刀、龔濟或署本名的散文，寫人情世道洗練從容筆鋒溫柔敦厚，蔚為張派風格的濫觴，是「總統文化獎」新聞界獲獎第一人。

與張作錦文風殊異的伍崇韜，以身試道軍中記者本色。2004年南亞海嘯、2005年貝魯特、2006年伊拉克，三項他人記者難以企及的戰亂新聞現場，他第一親臨。人們的新聞，卻是他的日常實踐。不止步於災難、戰火表面文章，可是新聞寫到最後，該是什麼樣子呢？這麼說吧，2001年納莉颱風襲臺，臺北淹爆，伍崇韜的報導開篇是：「請記得這一夜，告訴子孫，21世紀元年納莉颱風肆虐臺灣時，平坦寬闊的臺北市忠孝東西路，頓成一條湍急浩瀚的黃河。讓孩子明白，世事無常，即使只是區區一個中度颱風，也能造成如此災難。忠孝東西路彼時其實就只是一條河——忠孝大河。」新聞不離人性，但若說詩人氣質，這也是伍崇韜一個面向。陽剛又詩性，混種，所以星爆一族，得算上他。軍團澎防部軍報社歷練後，正規班受訓，又被說思想有問題，累不累啊！一己和整個體制對幹！禁閉、抗命……全套的循環，終於，1991年2月28日，一紙撤職令，被「架」出了部隊，後腳就考進了聯合報。不主動談若被問起一逕淡定：「喜歡做甘願受。」怎麼樣？就這樣！人生不一定好聚好散才完美。

　　小說隊伍，不妨以蘇偉貞的文學之路作個小結。1979年10月，蘇偉貞以〈陪他一段〉在聯副初登場，聯副主任不是別人，正是瘂弦，大部分人乍聽之下不免想多了。瘂弦根本不記得蘇偉貞。事實是得等到她以《紅顏已老》獲聯合報中篇小說獎，師徒倆才在1975年「藝術概論」下課後，再次對上了話。那是1980年，自報王慶麟的電話輾轉交到陸軍總部人事署蘇中尉手上，全辦公室政戰系統，誰不識王慶麟？都豎直了耳朵，電話那頭磁性詩意聲音：「我是，瘂弦。」「報告，教官，是。」「簡歷寫影劇系23期，我教過你？」「報告，教官，是。」（哎！報告教官，「藝術概論」我第一排正中座位仰望角度你不記得？）報告來報告去幾回合，才說是來報喜，《紅顏已老》獲中篇小說獎，（獎金12萬，中尉薪水5千元的年代啦！）辦公室瞬間炸鍋，首席九期黃偉嵩讓大家小聲點，總司令郝上將辦公室就在正上方，是啊！很難相信這簽呈老被退稿瘦不拉几傢伙能拿獎，黃偉嵩：

「小妹，你居然中獎了？怎麼可能？」「是獲獎好嗎！又不是買獎券！愛國獎券才叫中獎！」小妹回嘴。4年後，小妹退役進了聯副，追隨教官，嗯，從此改口稱主任。1996年瘂弦獲新聞局副刊主編金鼎獎，同年蘇偉貞主編《讀書人》獲出版報導主編「金鼎獎」，頒獎典禮上師徒同臺，真美的畫面！不是嗎？

　　廣義角度，戲劇、音樂、繪畫皆文學星叢家族，別的不說，黃瑩、李健《夜襲》、劉英傑、蔡伯武《英勇的戰士》軍歌，掌握文學音韻元素，這是諾貝爾文學獎把獎頒給反戰聖歌詞曲者巴比·狄倫的理由。戲劇表現方面，張曾澤編導文學、戰爭電影《菟絲花》、《路客與刀客》、《古寧頭大戰》、《筧橋英烈傳》，盡顯文武雙修功力。《路客與刀客》、《筧橋英烈傳》更獲第八屆（1970年）、十四屆（1977年）「金馬獎」最佳劇情片、最佳導演獎；其40萬字回憶錄《預備，開麥拉！》（2005年），被譽為港臺電影的編年史重要著作。

　　而具記者、編輯、編劇各種身分的宋項如，一般咸認編劇成就最高，擅寫歷史、小人物悲歡離合主題，《冬暖》、《搭錯車》（吳念真、宋項如、葉雲樵合編）、《候鳥之愛》、《歡顏》、《戲說乾隆》、《戲說慈禧》既底層悲歌，又不離自身離散體驗。劉維斌則跨編、導、演有不俗的成績，導有《處處聞啼鳥》、《閃亮的日子》、《中國女兵》；《菟絲花》、《遠山含笑》見出編劇華彩；出演《幾度夕陽紅》、《明月幾時圓》、《破曉時分》角色，形塑一種叛逆不羈風格，根本就是星爆元老。1981年，張永祥編劇、劉維斌導演的《中國女兵》，在北投中製廠開拍，林青霞、江玲、湯蘭花、夏玲玲、歸亞蕾、應采靈眾星雲集，木蘭村火力支援，現身說法女兵經歷，是崗上一時代美談。

　　文學全方位，不能不提貢敏，貢敏通識博雅，60年代舞臺劇《宜室宜家》、《武訓傳》，90年代連續劇《新白娘子傳奇》，跨時間長河，若非極度熱愛戲劇根本辦不到。他參與編劇老三臺聯播的《風雨生信心》，獲「國家文藝獎」戲劇類劇本獎（與趙琦彬合得），較少為人知的是，1959年他曾以小說《第四面牆》獲香港《亞洲畫報》徵文

第一獎，另以金聖不嘆筆名在報刊雜誌發表作品，著有戲劇評論集《戲有此理》、《戲度今生》。貢教官亦專擅戲曲，1995年國光劇團開創，出任藝術總監，推動新編京劇臺灣三部曲《媽祖》、《鄭成功與臺灣》、《廖添丁》公演，更孜孜於史料蒐集，藏書豐富，生前陸續將手稿、名劇孤本捐贈國家圖書館、臺大圖書館，供後世戲劇究研。

晚近賡續其後的編劇者，有24期劉美琴（劉凡禎）初出道就以改編蕭颯《我兒漢生》（1990年），獲「金鐘獎」最佳編劇提名，之後以《天涯共此時》奪下「金鐘獎」最佳編劇，《再見，忠貞二村》為日後影視眷村題材灌注新象。27期李順慈則在2002年以《貞女‧烈女‧豪放女》獲「金鐘獎」最佳編劇，之後遊走兩岸，編有陸劇《天若有情》、《女人何苦為難女人》等。遊走兩岸的還有36期陳佩吟，編有《幸福三顆星》、《媽咪男朋友》、《我和我的鋼四壁》等電視劇，最難能的是，2023年陳佩吟擔任編劇，為桃園年度閩南文化節編寫大型舞劇《鬥陣Ⅲ》，這是一齣結合劇團、舞團、獅團、特技團、民俗隊多元跨界的舞臺演出，這就見出受過舞臺劇訓練的優勢了。

終於來到影劇系的高光時刻：2016年張永祥獲頒第五十三屆「金馬獎」終身成就獎。

先讓我們回到1977年，那年影劇系王慰誠主任病逝，崗上迎來了張永祥主任時代（1977～1981年）。在他之前，王紹清（1951～1957年）、李曼瑰（1957～1962年）、王慰誠（1962～1977年）都是文職，他成為首位軍職出任幹校影劇系主任且是第1期系上培養的學生，復興崗的孩子。這位軍職系主任，溫文爾雅，大手大腳大個兒，臉頰長長梨渦微口吃，比文職更文職。

崗上的編劇課就此有了新象，那時的張永祥，已以《養鴨人家》（1964年）、《秋決》（1972年）獲「亞太影展」、「金馬獎」最佳編劇，加上「國家文藝獎」傍身，兼及當時總政戰部反共年度大劇《寒流》「總提調」，根本大可請假，但每週編劇課，照表操課。傳說中的崗上編劇課就這麼開始了。是這樣的，編劇掛暱稱張師父的他，讓學

生從基本功練起，先寫故事大綱，老老實實詳列人事時地物，課堂上一遍遍講故事，講清楚為止，再溫和包容，難免不經意流露失望的眼神，學生們單薄的人生經歷、畢業後下部隊不知道何年何月專長歸位的虛幻，怎麼看，這都是一堂撐不起來的編劇課，他硬撐著，不死心的明示暗示劇本怕俗，一遍遍拆解學生的俗。

還有，寫劇本沒有其他，必須耐煩；怎麼寫好劇本呢？沒有最好的答案，只有唯一的答案：「帶幾個饅頭、紙筆進電影院，餓了饅頭，看完寫心得，這樣，寫出起碼的劇本是遲早的事。」如此手把手教學，他自己的編劇課呢？不能不提《養鴨人家》，剛開始：「全憑膽子大，那不叫電影劇本，叫對白本，跟話劇本差不多。」寫了幾場戲，導演李行說：「大概就這樣。」中影總經理龔弘：「應該就這樣。」大概、應該，電影是新生事務，都沒見過正式電影劇本啥樣。

影片開拍，不放心的龔弘每晚集合李行、張永祥、攝影賴成英等逐場檢討情節，龔弘對結局不滿意，這始終是癥結，有天檢討會結束，趕掉了回北投末班車，住不起旅館、搭不起計程車，新公園枯坐等天亮，討論什麼時候到頭呢？滿意的結局一定得想出來！想出來了，天剛亮，他等在中影樓下攔龔弘，平常微結巴這會兒說得嚴絲合縫，女主角小月親哥不是要從養父身邊帶走她送去唱戲嗎？養父不捨得私下賣掉辛苦餵大的鴨子錢給親哥：「拿這錢好好照顧你妹妹，不要讓她去唱戲，讓她去念書。」當下過關：「這是中國恕道傳統！這樣寫就對了！」後來的事大家都知道了，《養鴨人家》「金馬獎」、「亞洲影展」大放異彩。課堂上，這些輝煌被傳誦，他永遠兩手一攤自嘲：「天曉得，那時不過為了賺點稿費養家。」這樣的張永祥，山東老家開磨坊，小學畢業後留在家裡推磨：「最大的願望，是在煙台街上擺個地攤賣大餅，庸庸碌碌過一生。」潛臺詞：「名編劇？哼！誰料到！」

仰望崗上戲劇、新聞、音樂、美術……聚合星叢，透過一幕幕全景幻燈，逐漸浮現廣袤的崗上文學星圖，多少光年的故事折射，斯人

不遠，是永念恆念的，關於復興崗過去、現在、未來，或者二戰一心從軍最後走上作家之路的福克納名句可以詮解：「過去從未消亡，它甚至從未過去，它一直存活於我們的記憶深處。」

2023 年 10 月，美華文藝季年度「海外文學‧電影‧創意」研討會在洛杉磯舉辦，華視節目部退休後回歸家庭的張永祥多次與會，以師之名，蘇偉貞受邀發表論文「張永祥的電影運動：動人的故事，《養鴨人家》說起」，行走起坐師父退休後生活的城市，一切如在。於是，在師父家撥了電話給聯副退休後移居加拿大的王瘂弦（張永祥趙琦彬總這樣戲稱這 2 期好樣的學弟），多時未見，居然有點緊張地回到聯副時期：「主任，我是偉貞。」那頭熟悉的瘂弦語錄且笑且提醒：「怎麼還主任哪？」「報告，教官，是。」那一刻，重返復興崗，而這次，師徒仨在同一象限。

【作者小檔案】

| 蘇偉貞 | 政戰學校23期影劇系，香港大學中文所博士。兼備學者及作家身分，1979年以〈陪他一段〉崛起文壇，1985年軍聞社退伍後進入聯合報，現職國立成功大學中文系特聘教授。創作有《陪他一段》、《沉默之島》、《時光隊伍》等。論文集有《長鏡頭下的張愛玲》、《不安、厭世勞我退隱：易文及同代南來文人》。

張永祥　臺灣影視界　編劇泰斗

文·圖／程富陽

復興崗一期校友張永祥「創作贈書活動」合
影，贈書活動舞臺背幕，以張永祥獲頒「金
馬獎終生成就獎」照片為底。

我有明珠一顆，久被塵勞關鎖。
今朝塵盡光生，照破山河萬朵。

　　　　　　　　——宋·荼陵鬱〈悟道詩〉

　　論及臺灣影視界的「編劇泰斗」張永祥，且從三年前一場活動談起。
　　2022年11月18日下午2時，在臺北市立美術館的B2視聽中心，
有一場別開生面的贈書典藏活動。贈書活動內容，是國內第五十三屆
「金馬獎終身成就獎」得主張永祥遺孀任芝蘭，代表這位甫逝週年的臺
灣影視界名劇作家，自費將其生前編寫的舞臺劇《陌巷之春》、《蕉樂

園》、《和平旅社》與電影劇《秋決》集結成冊，捐贈予臺灣各大專院校相關科系及圖書館典藏，希冀將其一生熱愛創作戲劇的精神傳承後進學子，並以此紀念先生仙逝一週年。當天的北市美術館可說八方眾星雲集，名士薈萃，全都蒞此參加這場盛況空前的追悼及贈書大會。

終生為華人影視書寫歷史的「編劇家」

　　回顧這場追悼贈書紀念主角的影視編劇人，正是畢業於政工幹校影劇系第1期的前輩，他不但是中華民國於復興基地影視界獲獎最多的劇作家，其獲獎作品亦不僅侷限於臺灣，還囊括整個亞洲電影圈，甚至於1977年，即以《煙水寒》一劇拿下巴拿馬「最佳外語片編劇獎」；而所謂：「吾養寒煙還家香，汪源小秋揚春河。」其所標誌的《吾土吾民》、《養鴨人家》、《寒流》、《煙水寒》、《還君明珠雙淚垂》、《家在臺北》、《香花與毒草》、《汪洋中的一條船》、《源》、《小城故事》、《秋決》、《揚子江風雲》、《春望》與《河山春曉》，正是其一生撰寫包含話劇、廣播劇、電視劇及電影劇本高達160幾部中，最廣為人知曉的劇作。其中獲得「亞太影展」5次、「金鐘獎」2次、「金馬獎」5次「最佳編劇獎」，而1976年撰寫三臺聯播電視劇《寒流》，更一舉榮膺第二屆的戲劇類「國家文藝獎」，並於2016年獲頒「金馬獎」的「終身成就獎」。在臺灣影視界，這些成就迄今仍是一項無人能打破的天花板，可說是一位傾其終生之力為華人影視書寫歷史的傑出「編劇匠」。

　　張永祥先生寫下電影輝煌年代，成就備受肯定，創作質精量豐，推動了逾半個世紀的臺灣電影產業發展，影響社會正向風氣至深且遠，先生曾任政治作戰學校影劇系系主任5年，中華電視臺節目部經理10幾年，作育英才無數，並於各編劇班及各場演講中傾囊傳授其理念、心得與經驗，提攜後進編劇人才，不遺餘力。昔日合作過的影視界明星包括：鄧美芳、張瓊姿、周丹薇、李立群、陳凱倫、程秀瑛和趙永馨等人，對這位編劇老師都推崇備至。導演兼演員丁強說：

「張永祥不僅是我心目中的老大，而且是電影圈的老大。」「金馬獎」影后歸亞蕾說：「他的為人處事實在值得大家學習。」著名的編劇小野則打趣當年剛入行，根本不懂劇本寫法，氣不過的李行導演拿給他參考的範本，就是張永祥的劇本，在他眼中，張永祥就是影視界的傳奇人物；而明星周丹薇更爆料，臺灣第一名導李行最喜歡張永祥，因為他幽默又有才，只要導演要改劇本，張永祥一定說「yes，ok」；而中華編劇協會前理事長蔡國榮曾撰文例舉孔子曾說過的：「微管仲，吾其被髮左衽矣！」以這句話，來描繪假如沒有張永祥，臺灣電影在1960至1980年代，恐怕難有那一番繁花勝景，足見他在當今影視界的地位與影響。

「化作春泥更護花」的美麗傳承

張永祥2021年10月7日晚間，在美國洛杉磯辭世，享耆壽92歲。而與張永祥結縭57載的夫人任芝蘭師母，夫妻鶼鰈情深，恩愛逾恆。任師母在先生逝後曾親撰〈愛你一生〉，文中描述與這位編劇天才結識70日後，就決定廝守終身。

張永祥與夫人琴瑟和鳴。

她回憶1965年的張永祥因身在軍職，婚前可說是個名符其實的窮光棍，不但只能先預支3個月的薪水籌辦婚事，喜宴還欠下5千元得由岳丈代付；更因結婚日選在上級核定日前舉行，還被記了兩支大過；不過，大編劇家卻一副「胸藏文墨虛若谷，腹有詩書氣自華」的模樣，勸她這個初為人妻的木蘭英雌不用緊張，並表示：「我娶老婆比什麼都重要，他們沒那個本事革我職。」果然，不但曾任政工幹校校長的王昇親來當他兩人的證婚人，婚後也立即奉令參加由三軍組成的「大專院校文

藝訪問團」，並聯袂出席了在復興崗舉辦的第一屆「國軍文藝大會」。

　　但正因這位臺灣編劇翹楚，具備深厚愛妻愛家的個性，讓他在退休後為了家庭祥和，去到他本不喜歡的美國定居；因此，他最感開心的事，就是在海外或返臺時，能和他的政工幹校老同學或後期老弟們見面聚聊。他常說：「政工幹校給了他重生的機會，使他有能力進入社會，讓他終身感謝。」這種吃果子拜樹頭的精神，讓與他相處的友人與學生，總浮泛一股猶若摯親，如沐春風的感覺。而他的夫人任芝蘭女士，在他逝後的幾年裡，也經常到他墓前念劇本給他聽，最後更決定自費鉅資將他的部分劇作，編製印書，贈送各大專院校、圖書館典藏，讓那千里的孤墳淒涼，得以幽夢還鄉，讓她對先生的思念，能夠轉化為「化作春泥更護花」的美麗傳承。

「永載仁風　惠我嘉祥」喻不朽典範

　　承辦那次盛大贈書典藏活動，係畢業於政校17期影劇系，也是目前中華民國廣播電視節目製作商業同業公會的汪威江理事長；而聯合主辦的中華民國團結自強協會郭年昆理事長，中華民國節目內容製作產業發展協會鄧長富理事長，中華民國政戰影劇系系友會王彼得理事長，中華民國電影攝影協會張展理事長，復興崗文教基金會李天鐸董事長，中華電影製作協會劉益東理事長，中華編劇協會蔡國榮前理事長，臺灣電影文創產業發展協會陳志寬榮譽理事長，與臺灣電影製作發展協會吳高雄理事長等人，泰半都是出身政校先後期的各系學長弟，正清楚展露我復興崗子弟向來所遵循的承先啟後的革命志節。而此項活動揭用「永載仁風惠我嘉祥」八字，在在彰顯這位劇作家對臺灣影視界的不朽典範。

　　那場針對悼念這位編劇家的贈書典藏活動，可說是近年來的影視盛會，更透露幾分哲人日遠，典型在夙昔的懷念與傳承意涵。活動在廣播名人陳凱倫的主持下，首先由高義泰及小百合周玥綺，演唱張永祥昔日編劇作品包含《煙水寒》、《海鷗飛處》、《原鄉人》與《小城故事》等四首膾炙人口的經典歌曲，以揭序幕。會中並播放劇作家的

VCR特輯，理事長汪威江也代表聯合主辦單位召集人致詞，並由團結自強協會理事長郭年昆簡釋「文化與傳承」精義，趙怡博士略述「張永祥先生行誼」，瓊瑤故事籌備人陳煒智評論「張永祥先生創作瓊瑤電影劇本的特色與影響」，視聽文化中心董事長藍祖蔚闡敘「張永祥先生在臺灣電影史的地位」；中華民國電影事業發展基金會董事長朱延平，也以貴賓身分致詞，而任芝蘭師母則分贈由世新大學陳清河校長，及國家圖書館曾淑賢館長代表接受的典藏贈書儀式。最後更由時任國防大學政戰學院院長陳中吉，頒贈由任芝蘭師母代表張永祥接受政戰學校建校70週年首位受頒的「終身成就獎」。

　　張永祥在臺灣影視界的卓越成就，算得上是20世紀60年代至80年代的奇蹟，他在1949年原是山東流亡學生，從大陸一路逃到澎湖，並在當時風聲鶴唳，社會充斥都是匪諜的氛圍下，被迫簽下「匪諜自白書」以保命，沒想到1965年他編寫的《養鴨人家》在亞洲影展奪得最佳編劇，卻在出國領獎時被告知限制出境，讓他頗感人生的坎坷與無奈，但他的坦然自若，讓他得以清者自清。而在他編劇事業剛起飛之際，幸運地碰到相知相惜且相愛的妻子任芝蘭，兩人之間那種「曾經滄海難為水，除卻巫山不是雲。取次花叢懶回顧，半緣修道半緣君。」的摯情，令人稱羨，也讓他得以無後顧之憂，以左右開弓的架勢，成為臺灣當時最速產的一名編劇家；無論是中華電視臺播出的家喻戶曉《包青天》，還是改編瓊瑤小說的《六個夢》、《心有千千結》、《浪花》、《我心深處》、《我是一片雲》與《彩雲飛》等紛紛搬上銀幕的作品，觀眾的反響熱烈，票房大賣，一反當時大學生原只熱中看洋片的現象，掀起了一股社會競相觀賞國產電影的熱潮。

「揮手自茲去蕭蕭班馬鳴」的生命送別

　　在張永祥眾多編劇的作品裡，他與導演李行都最喜歡《秋決》這部戲，劇中由武家麒飾演書生，對著由歐威飾演即將面臨死刑的裴剛那段話：「人生都免不了要死的！早死晚死是由天作主，由不得你！

可是死要死得心安理得，光明磊落。這是由你作主！由不得天！」這段話，正呼應了這位劇作家對死亡的態度。

當2021年10月於美國加州，這位才氣縱橫的編劇家在得知生命已將熄滅時，他勸家人坦然以對，決定停止一切治療，選擇返家休養。在家人溫馨的陪侍下，他正如《秋決》劇中那位書生所言，坦然選擇光明磊落，心安理得的姿態，走完他人生的最後一哩路。

一代「編劇泰斗」張永祥走了，但他卻留下典藏多年、極其豐富的劇作；他夫人任芝蘭仍在為他傳播福音；他的朋友、學生、觀眾還在緬懷追思他的為人與作品。他的生命一如宋·茶陵鬱〈悟道詩〉中所言：「我有明珠一顆，久被塵勞關鎖。今朝塵盡光生，照破山河萬朵。」顯然張永祥這位復興崗人，其一生光輝所締造如珍珠的編劇作品，並沒有消逝，只是一時被時間的驟逝掩蓋而已；當未來更多的學子在各圖書館發現與研究他的精闢作品時，那顆潔亮的珍珠，就會恢復本來光澤，足以照破山河。或許，這就是生命的傳承與真善美的永恆輪迴；而對認識這位出身於政戰傑出編劇家的所有朋友而言，此刻他們內心興泛的，雖仍不免有幾分「昔人已乘黃鶴去，此地空餘黃鶴樓」的幽思之情，但相信更是一幕「哲人日已遠，典型在夙昔」的閃耀餘暉，及一份深凜於心的「揮手自茲去，蕭蕭班馬鳴」的暫時送別之情而已！

【作者小檔案】

| 程富陽 | 政戰學校30期新聞系，約旦陸、戰院，穆塔爾軍事教育研究所，國防大學國際戰略研究所，曾任國防大學共教中心主任；著有《中東情勢暨國防安全》、合著《政戰風雲路》專書及《富陽隨筆》1～7冊，2023年國防大學政戰學院傑出校友。

吳東權　文傑英風　飄逸跌宕外

文‧圖／專訪組

長安市上醉春風，
亂插繁花滿帽紅。
看盡人間興廢事，
不曾富貴不曾窮。

　　　　——宋‧陸遊〈一壺歌〉

吳東權老師（左2）與專訪人
員合影

　　一派仙風道骨及朱顏鶴髮的美髯，復興崗政校1期學長，被人泛稱「東老」的吳東權老師，這首宋‧陸遊的〈一壺歌〉，無論內容或意境，對今年適逢喜壽之年的「東老」，無疑是其百年迭宕起伏的一生歷史憑記；也是一闋適當而貼切的生命之歌。

曲折人生歷經滄桑　幼讀私塾奠基國學

　　只不過，出生於1928年大陸福建莆田的他，卻是因緣聚會的落在1946年，17歲之際，和表哥兩人搭乘著運貨的帆船，冒越臺灣海峽那九死一生的黑海溝，再漂流到梧棲港登陸後，最終始千迴百轉踏上的那塊土地上——臺北北投。

　　當他在臺北站穩腳跟之後，即以18少年之齡，任職臺灣省政府「日產處理委員會」一員，得目睹當年戰敗，日籍軍民被遣返日本的淒涼景象，及1947年2月27日於「天馬茶房」前，純因一樁查緝私

菸行動而引發臺灣族群動亂的「二二八事件」，先是外省籍被本省籍百姓追毆傷亡，連他自身都從其間死裡逃生，而後因社會失控導致部隊介入濫行捕抓肇事者，終釀成令人震驚的歷史事件。

而後於1950年進入政工幹校新聞系，及至畢業服務部隊20年，期間更是歷經驚險，吃遍苦頭，在歷次臺海戰役中，他不但躬逢其盛，從大陳、馬祖，到金門、澎湖，都印下他的足跡；更由陸軍而空軍、電臺而軍報，都留下心血。在他跨界軍民職務期間的半世紀裡頭，更涉足傳播界五大領域包括：「通訊社」的軍聞社通訊員，「報紙」的《青年戰士報》副刊主編，雜誌社的《女青年》、《文藝月刊》雜誌社長，「廣播」的空軍廣播電臺，「電視」的中視新聞部經理，「電影」的中製廠與中影公司等單位，且都締造了佳績，實可謂驗證了「長安市上醉春風，看盡人間興廢事」的曲折人生。

1928年，適逢中國東三省歸附中央，國民革命軍統一全國之際，在當時冬至大如年的節氣中，一位嬰兒正呱呱墜地於福建省莆田縣延壽鄉的白杜村。先話說當年莆田延壽鄉隔蘭村有一位鄉紳林少洲，飽讀經籍，半耕半讀，育有三子，取名林壽瀾、林壽年、林壽宗。老大林壽瀾，依鄉例18歲往福州商行當學徒時，結識同在當學徒的同鄉白杜村青年吳阿鐘，交情極深，不幸在兩年後，吳阿鍾突罹惡疾，臨終時以寡母與弱妹吳鶯寶相託，林壽瀾很重情義，慨然允諾；兩年後，吳鶯寶18歲時，林壽瀾遂娶之為妻，終生照顧其母女，因吳家無後，子嗣遂加冠吳姓，以繼香煙，列籍吳氏族譜。婚後兩年，在延壽鄉白杜村裡生下的這個男嬰，就隨母姓，取名吳東權。

7歲時，其父任職廣西柳州，他遂與母親、弟弟同赴廣西。當他在廣西讀小學時，適逢日本軍閥悍然掀起盧溝橋事變，挾其武力優勢，企圖鯨吞中國，父親受迫轉入川黔大後方，從事抗戰建國工作，他則被送返莆田故鄉，並得以接續幼時曾隨祖父林少洲，在梧桐鎮祠堂私塾所學孝經、幼學瓊林、大學、中庸、左傳等古典傳統文學，並在重返莆田就讀礪青中學時，仍於假日到私塾去接受祖父調教寫毛筆

字、做對句、學吟詩、讀經書等中國傳統文化薰染，而奠定其一生渾厚的國學基礎。

二次從軍始如願　心戰廣播立大功

　　1945年，恰逢蔣委員長發出「一寸山河一寸血，十萬青年十萬軍」的號召，「東老」無懼年少，在申請表格上自添加上一歲，以符合18歲的報名資格，可惜仍以身體瘦弱被淘汰，讓他人生第一次的從軍夢，不得其門而入。直至他來到臺灣兩年後的1950年，當時他白天在省府財政廳任事，維持生計，夜間則考入臺北商職夜間部就讀，充實學識；但當他代表單位至臺北中山堂聆聽復行視事的蔣中正的一番「一年準備、二年反攻、三年掃蕩、五年成功」演說後，頓感熱血澎湃，激情難熄，從軍之心再度油然而生。正好當時的國防部政治部主任蔣經國，為強化三軍政工制度，創立政工幹部學校，並發出第1期招生啟事，他遂義無反顧地踏入他生命中第二次的從軍夢。

　　時任他服務機構的財政廳廳長嚴家淦，特在他的辭呈上批了「停薪留職一個月」七個字，以待他回心轉意時，可隨時返部任職。只是這位當年22歲的年輕人，已鐵了心，一意報效國家，遂欣然至復興崗報到，換上軍裝，接受嚴苛的入伍訓練，不再回頭了。

　　當時幹校第1任校長是空軍少將胡偉克，曾赴德國留學，教導學生們如何作戰；教育長韋德茂、教育處長賴琳、訓導處長王昇，辦公室主任白萬祥，出身戰地幹部訓練團。胡校長之後為王永樹校長，王昇接教育長，隨後再接第3任校長，與同學們之間互動甚深，在政工幹校的兩年學生生活，他認為對自己在認知上產生巨大轉變，自此更知道什麼是國家？什麼是前途？也從此改變了自己人生的際遇與發展。

　　「東老」提及第1期畢業前夕，可以選填分發工作單位的志願；當時，他想著畢業後要何去何從？想到老家就在福建莆田，對閩南地區很熟悉，如果身為連指導員，反攻大陸可以帶部隊登陸作戰，輕車熟路。因此，他直接填報「金門」為第一志願，於是畢業分發陸軍

第18軍，原軍長高魁元中將，轄下第17師駐防馬祖、第19師駐防金門，他報到時正逢尹俊中將接任軍長，軍部設在宜蘭員山，他也就進了軍部的軍報社，幹起他生平首次的記者生涯。

回憶過往歲月，不論在任何職務及單位工作，他總能不經意的創造許多功績。在空軍電臺工作12年，每天撰寫心戰稿「對中共空軍談話」，當年反共義士劉承司在1962年3月3日駕駛米格15從浙江路橋直飛臺灣桃園，接受訪問時就說：「是聽到空軍廣播電臺的廣播，才會駕機起義來歸的。」以致時任空總部政戰主任梁孝煌中將直接交查，是誰在寫稿子？經回報後，發現吳某人在此職位上已經做了12年，於是就立刻把他調到空軍總部政二處擔任少校心戰官。

爾後，空軍即由他負責陪同駕機來歸的反共義士們，分赴各單位巡迴演講，包括劉承司、邵希彥、高佑宗、范園焱等人。這些人的人生際遇不同，李顯斌赴陸返鄉探親被捕，病死獄中；邵希彥赴美留學、定居；高佑宗最老實，廉保生在飛機落地時身亡，時為1965年間，日後其家屬在兩岸開放交流後，曾經來臺探視其墓塚，這些都成為他在空軍電臺一段難以抹滅的心戰歲月。

說起1951年考進政工幹校1期新聞系的學生，可謂人才濟濟；當時入學班上96人，畢業94人，無論是在「八二三戰役」中戰地料羅灣採訪殉職的徐摶九，曾任臺灣日報社長的謝天衢，政校外文研究所第一任所長的祝振華，擔任多國外交領事的張秀實，任華府郵報副社長的洪士範，遼金元史專家趙振績，受聘韓國任教的王甦，新聞系主任戴華山，中華日報主筆謝海濤，金門正氣中華報社長王秉權，臺灣日報副總編輯倪嘉濤，考試院考試委員的張定成，代表該期畢業致詞的旅美華僑華文第，及日後著作等身的吳東權等，都為復興崗及國家社會添抹一道閃爍的時代光芒。

合作無間互為伯樂　共創影視光輝文化

「東老」曾有三個時段，在職場上與較年長的幹校研究班2期梅

長齡合作，彼此之間可謂合作無間，互為伯樂。兩人第一次合作是1965年，國防部正在提倡「電化教育」，要進行很多軍教紀錄片的製作（片）工作，而梅長齡刻正擔任國防部中國電影製片廠的廠長，到任後發現無人才可用。梅廠長很有眼光。他說：「製片廠要拓展、加強宣傳軍教影片製作，沒有適當的人才，無以為繼。」國防部就同意他，利用三個月的調整期，選拔優秀的理想人才來充實所需人力；吳東權自然是第一批被遴選至中國製片廠當編導的人才。果不其然，「東老」以其編寫長才，製成《惡夢初醒》、《緹縈救父》、《揚子江風雲》等一系列好片，讓中製廠的每位員工好幾年都挺著身子走路。

1972年，國民黨所屬的中央電影公司，為挽救其瀕臨倒閉的營運危機，乃著由梅長齡接任總經理，而當時正在軍中播音總隊任職被「計畫培養」的吳東權上校，也因為再度被梅總「相中」，不得不自軍中退伍轉任中影公司製片部。鑑於伯樂之情，「東老」決定自上校階退伍，雖不無遺憾之處，但卻締造爾後一系列如《英烈千秋》（1974年）、《梅花》（1975年）、《八百壯士》（1976年）、《筧橋英烈傳》（1977年）、《黃埔軍魂》（1978年）等叫好又叫座的愛國影片，不僅票房屢創新高，佳績連連，甚至改變了當時整個電影文化的生態。

說起文藝創作，「東老」更繼1961年出版第一部中篇小說《玉骨冰心》後，陸續推出長篇小說《碧血黃沙》（1967年）、《一剪梅》（1972年）；散文《又見筧橋》（1977年）、《人言小品》（1978年）；傳記小說《浩氣英風：史堅如傳》（1983年）、《高志航傳》（1993年）、《陸皓東傳》（1994年）等數十部膾炙人口的文藝作品，並先後獲得「國軍新文藝金像獎」、「中國文藝協會文藝獎章」、「中山文藝創作獎」等殊榮。

最後一段光輝紀錄，則在1978年，俟梅長齡轉任「中國電視公司」總經理後，再度邀他出任新聞部經理，並為中視刷下許多高收視率的創舉。除於1978年籌播製作新聞性〈60分鐘〉節目，開創國際新聞議題先鋒，備受矚目外，又如1982年，赴香港購置版權播放的

《楚留香》，可說是風靡全臺，讓當時「三臺」的另兩臺華視、臺視，為之側目。

而與「東老」幹校同期的其他傑出人才，如影劇系的張永祥、趙琦彬；藝術系牟崇松的山水、鄧雪峰的花鳥、陳慶熇的油畫與金哲夫的水彩、李闡（果耳）的漫畫等五大名家；而音樂系則有1期鄧鎮湘（鄧夏）、2期左宏元、3期駱明道及6期黃瑩等人。正由於政工幹校的人才輩出，不僅在臺灣的影視界發光發熱，文藝出版與媒體傳播，更是出現百花齊放，百家爭鳴景象，為那個時代的臺灣文化注入一股強而有力的社會新風潮與文藝新氣息。

絕處逢生終看淡　歷史記取不糾結

然而，上述這些猶若「亂插繁花滿帽紅」的外在聲譽，並沒有讓「東老」志得意滿，渾然忘我，反而是一本初衷地賡續用文字寫下他對生命深邃體驗的精彩故事，縱使自職場退休後，他仍始終搖著筆桿，勤耕不輟。自1993年起，更寫下一系列的「銀髮文學」，如《退休生涯規劃》、《銀髮魅力》、《越老活得越好》、《開創美好退休生活》、《越長壽越快樂》、《銀髮歲月情趣多》、《行前準備》，及至2021年，他又以93鮐背之年，完成他生平的第63本專書《老是這樣》，以其幽默風趣又挾帶幾分無奈兼自如灑脫的筆觸，寫出關注於老年人的生活文章，已為所有銀髮族提供了一分溫馨可感的藍圖，更形塑出「行到水窮處，坐看雲起時」的老人實境人生。其實，這一切都跟他平生數次遭逢瀕臨死亡絕境，最終卻能絕處逢生的奇妙際遇有關。

回顧這段境遇，「東老」淡然闡述其一生數次經歷大難不死的經驗：如1945年分別在廣西柳州、四川重慶，都遭遇過日軍飛機大轟炸，他和父母親、弟弟躲在江邊的防空洞裡，房子都炸毀了，人卻幸運沒被炸死；1946年，搭乘帆船到臺灣，經過臺灣海峽黑水溝時遇颱風，遭致船難而亡的人，可說不計其數，但他也逃過一劫。來臺不久，就遇到「二二八事件」，卻幸運被好心的旅館老闆娘及時藏匿於

密室，而免遭惡徒抓尋毆打，否則結局難測。1958年於「金門砲戰」期間，他在金門跑新聞，亦曾遭中共砲彈襲擊，砲彈離他們所乘的3/4吉普車，僅在咫尺附近，但也安然無恙。經過這些歷劫逢生，讓他建立了笑看人生百態的超然心態，凡事但求順勢而為，這種態度既讓他結識許多好友，也令他於無意間得罪了一些朋友，但他都一笑置之，認為正所謂：「流光容易把人拋，紅了櫻桃，綠了芭蕉。」大道多歧，人生實難，但求無愧於心爾。

基此，已近期頤之年的「東老」，在19年前即親手預寫了「遺作」──〈我已畢業雲遊去也〉。其中所講述的，正是其從小親自體驗過的八年抗日戰爭、「二二八事件」、國共內戰、金門砲戰，及跨越兩個世紀，離別家鄉五十年，一生被歷史遺忘的一段真實人生。對這些過去的歷史，他認為自當記取，但卻不宜過度想念、追究；因為若此，則「南京大屠殺」怎麼說？幾十萬人無辜被殺掉！再往前推，滿清入關以後，「揚州十日」、「嘉定三屠」怎麼辦？過去的歷史顯示，改朝換代都是這樣子的。西元1896年日軍據臺期間，從臺灣頭殺到臺灣尾，怎不見臺灣民眾吭氣、抗議呢？治亂世，用重典，「二二八事件」的暴民在全臺亂闖，到處打、砸、搶、殺，社會不能平靜下來，一片風聲鶴唳，人人自危。軍隊上岸維持社會秩序，不採取一些非常手段，怎麼可以平亂呢？

再如2019年6月，發生在香港的「反送中」遊行運動，把香港社會搞得亂七八糟，若沒有一個規矩可以遵行，老百姓的日常生活怎麼辦？現場若無公安、員警維持社會秩序，如何能平靜下來？面對遊行示威，到處放火、丟石頭、打砸破壞，難道就讓社會一直混亂下去？以此相對照於2014年發生在臺灣的「太陽花運動」，及發生在2024年5月23日，臺灣的立法院國會再度遭妄稱公民「青鳥運動」的民眾包圍事件，政府的態度本都應抱持法治至上的態度，但事實卻不盡然，讓人對臺灣的民主頗泛憂心。

勇於面對迭宕年代　回顧既往前瞻未來

　　處於每個朝代裡，都有其必須面對的潮起潮落的衝擊，至於如何面對？端看如何自處？顯然「東老」身處的那一世代，都屬勇於面對顛沛流離的迭宕年代，並再締造輝煌共存的時光。

　　如今，臺海兩岸人民能過幾十年的平靜生活，他覺得是種幸運，亦值得珍惜；只是對時下臺灣的執政者，以「反中、去中」為名，不斷在政治上製造矛盾，文化上進行切割，既為臺灣百姓帶來戰爭恐懼，也為中國文化帶來臍斷仇視，他深不以為智，因為文化始終是無法切割及拋離的；都說中華民族正處於百年不遇的「大鵬一日同風起，扶搖直上九萬里」的偉大時代，但兩岸現況卻讓人憂心不已。

　　在整個專訪中，「東老」讓我們深切感悟到那個風歇猶能簸卻滄溟水的激昂年代，他們已然走過；至於今日生活在臺灣的年輕人，是否能夠展現出一副「後生猶可畏」的氣概年華？是否能夠激盪重現那股「丈夫未可輕年少」的豪邁時代？對於我們的最後這項提問，「東老」臉龐似乎透露幾分憐憫惋惜之情！也許，這位迭宕風雲，文壇一傑的政戰前輩，其內心對於生活在這個世代的臺灣人仍有期盼，那就是他們得先要勇於回顧既往，智於前瞻未來，才能真正擁有屬於自己那份「蝸牛角上爭何事？石火光中寄此身；隨富隨貧且歡樂，不開口笑是癡人」的世局吧！（吳東權著作一覽表：參考文獻二，如附錄）

（作者：王漢國、程富陽、祁志榮）

隱地 「雲壓輕雷殷地聲」的爾雅世界

文・圖／專訪組

殷其雷，在南山之陽。
何斯違斯，莫敢或遑？
振振君子，歸哉歸哉！
殷其雷，在南山之側。
何斯違斯，莫敢遑息？
振振君子，歸哉歸哉！
殷其雷，在南山之下。
何斯違斯，莫或遑處？
振振君子，歸哉歸哉！

——《詩經》

隱地與夫人林貴真結婚20年合影。

驚聞雷聲隆隆　但見繁花滿枝

　　自2023年的1月起，聞名華語世界的「爾雅出版社」隱地先生，繼之前出版《日記三書》吹皺文壇一波春池後，再以86高齡之姿，揮筆寫下《雷聲隆隆》、《雷聲再響》、《雷聲近還遠》與《冬雷震震》四冊日記系列大作，為臺灣沉寂已久的出版界，再起一道夕幕彩虹，仍覺霞光凜凜。

　　95歲詩人作家張騰蛟，讀了第1冊《雷聲隆隆》後，指此書是一束「力的發揮」；同是作者師出同門的政校14期王漢國將軍，在第2

冊《雷聲再響》裡，則以一篇〈不老旅人的心聲〉為題，描繪閱者傾讀該書內心波瀾：「……在逝水流年般的歲月裡，隨著隱地先生的筆下，有不少藝文界的風雲人物躍然紙上，跨過了世紀、越過了時空，遂勾起人們無限回憶和遐思。那是因為他們的思想、文采和作品，都曾經引領風騷，各擅勝場，而成為一個又一個時代的座標。」詩人焦桐在讀了第3冊《雷聲近還遠》後則說：「作者文中流利的書文，漫談的藝文掌故，令人感受筆下的人情和良心。」

詩人席慕容與作家高全之在系列四書的最後一冊《冬雷震震》裡，分別以〈要多微笑，也可以悲傷〉及〈抬頭看星星〉兩篇序文，寫出：「……作者從最低潮的生命階段轉身進入文學的領域，現在回頭看過去，宛如神話。」與「這位文壇長者謙和，沒有倚老賣老。這本書冷靜如智者，率真如少年。」此等同為文學作家的心聲，表述對作者在文壇逾半世紀奇蹟似的影響和其一貫的直率個性。而近年來，以《狼煙未燼》掀起文史界熱潮的蔡榮根先生，在給隱地此系列大作的回函提到：「深感您寫的不僅是個人日記，也是一部您推動且親身參與其中的臺灣現代文學史，筆下文壇今昔，不僅讓人讀來興趣盎然，也可作為任何愛好文學，又闇於進入其門之人的導覽。」

著名作家張曉風說：「現在，很少人『寫』文章，絕大部分是『打』文章。當下文壇只剩幾個人在堅守陣地了。」隱地當然是其中一個重量級的人物；作家木心則送他「十句話」，最後的一句是：「偉大的藝術常是裸體的，雕塑如此，文學何嘗不是如此？」他對隱地此系列的坦誠撰文，擲地有聲，顯然恍若聽聞隆隆雷聲；難怪作家陳義芝要引《詩經・國風・召南》中那段：「殷其雷，……何斯違斯，莫敢或遑？……振振君子，歸哉歸哉！」的寓意，來暗喻正陷身於速食網絡時代的上個世代文人，對那個曾經擁有輝煌出版文學時代的懷念與冀盼！而文壇巨擘白先勇更致書隱地，說到：「……由衷的佩服你，在我們這把年紀，你簡直像一顆老樹，繁花滿枝。」

2000 年，隱地（後排中）《漲潮日》榮獲《聯合報》
讀書人版「最佳書獎」；由中研院院士許倬雲（後排左
三）頒獎，白先勇（後排左一）亦參加觀禮。

「領航者」與「守門人」的爾雅文學

　　隱地的本名是柯青華，但「隱地」這名諱，猶如孕育及伴隨臺灣
文學逾半世紀的老友，因此認識他的朋友，總還是習慣親切的喚叫他
一聲「隱地」。1947年他隨父親來臺，早在就讀育英中學時，便開始
寫作，後考入政工幹校第9期新聞系，畢業後即先後為《自由青年》
寫專欄，且陸續主編《青溪雜誌》、《新文藝月刊》、《書評書目雜誌》
等，1975年更成立「爾雅出版社」；自此即為文學之路努力不懈，並
陸續發起編輯、出版「年度小說選」、「年度詩選」、「年度文學批評
選」等叢書。其個人作品以散文為主，1960年代開始寫小說，爾後
亦有傳記、日記等作品問世；1984年出版《心的掙扎》、1987年出版
《人啊人》與1989年出版的《眾生》，合稱「人性三書」系列，特別

是《心的掙扎》銷路超過10萬冊，奠定了其文壇地位。1997年「五四文藝節」隱地榮獲中國文藝協會頒發的「文藝出版獎」，2000年獲得「年度詩獎」，更以《漲潮日》一書，膺獲聯合報「讀書人2000年最佳書獎」。

　　爾雅早期出版許多經典書籍，如王鼎鈞的《開放的人生》、洪醒夫《黑面慶仔》、琦君《三更有夢書當枕》、林海音《城南舊事》、余秋雨《新文化苦旅》及白先勇《臺北人》等文學作品，即使不是文學愛好者，也都曾聽過這些書。有人說1970年代算得上是臺灣文學出版最美好的年代，其中又以1968年林海音的「純文學」；1972年姚宜瑛的「大地」；1975年柯青華（隱地）的「爾雅」；1976年瘂弦、楊牧、葉步榮、沈燕士合組的「洪範」及1978年蔡文甫的「九歌」，並稱「文學五小」。當時文壇流行的兩句話：「文章發表要上《聯合報》、《中國時報》，出書則要找五小。」迄今，「爾雅」更已印行將近1千冊文學書，始終固守純文學的園地，「爾雅」彷彿就等同我們那個年代人的共同文學記憶。訪談中，隱地先生說到：「我們會一直圍繞著文學這顆星，不管它曾經光燦奪目或如今黯淡無光。」因為，這是出自他對文學的信仰與使命感。

　　隱地既是天生的文學人，也是臺灣文壇新人的重要催生者，更是他們那一代讓昔日臺灣媒體滲入文學濃鬱氣息的主要推手；當時無論是《聯合報》的副刊主編林海音，還是《中央日報》副刊主編孫如陵，亦或是後來《中國時報》的副刊總編高信疆，他們都是讓紙媒體百花齊放時代，猶能注入文學氣息的「領航者」；也是令那個充斥媒體百家爭鳴時代，尚能抵抗邪魔歪道橫流及假新聞以自由之名氾濫的「守門人」。

　　隱地先生總不諱言他是出身政工幹校的一位復興崗人；縱使他對學生時代嚴格的軍事教育並不鍾情，但幾十年後再重新回顧往昔，他自認能讓他養成自律生活習慣，讓他身體能頂住繁重的工作壓力，讓

他思考能處逆境衝擊猶能保持一份冷靜客觀分析，當年軍校時期賦予的軍事教育訓練與磨練，可說是一項潛移默化的內在助力。

隱地（前排右一）與文壇友人合影，攝於林海音家客廳，前排右二起：齊邦媛、瘂弦、張橋橋夫婦、季季、汪玲、林海音，後排右起：羅青夫婦、白先勇、何凡、殷張蘭熙、殷允芃及一外籍友人。

「軍中文藝」曾是臺灣文學的啓蒙者

隱地認為當年的軍中文藝，對上世紀50年後的臺灣文學，有一股推波助瀾的力量。當時1949年創刊的《軍中文摘》隸屬「國防部總政治部」，原本只是一份「純粹為軍人服務，為軍人打算的新型刊物」，並不對外發行，可以說當時的軍中文藝，還談不上文學；但從1954年元月起，《軍中文摘》改名《軍中文藝》，同時變更編輯方

針，接受投稿，提出要「開闢軍人自己的創作園地」，擴大內容後設有文藝理論、小說、散文、詩歌、戲劇、書評、戰士園地、漫畫等欄目，大量採用軍中作家作品；1956年又改名《革命文藝》，「要使軍中文藝的力量和社會文藝的力量交流互注，以擴大革命事業的陣容」，擴大對外發行，並進一步影響社會與思潮。此後「國軍新文藝運動」或「戰鬥文藝」的風起雲湧，勢不可遏；之後，於1960年代更受臺大顏元叔教授從西方引進的「中西比較文學風」影響，而讓軍中文學深受啟迪而擴大作品的深度與視野；當時所謂文壇「三劍客」，即指服役於軍中的小說家朱西甯、司馬中原與段彩華。

而國防部早自1954年起創辦「軍中文藝獎金」，即設有散文、詩、小說、歌曲、戲劇等五大類，歷屆得獎人不計其數，如張騰蛟（魯蛟）榮獲第一屆短詩首獎，羊令野（本名黃仲琮）得過首屆散文獎，瘂弦以新詩《火把火把喲》及《祖國萬歲》分別得到二屆與三屆的詩歌獎。田原長篇小說《愛與仇》於第三屆奪魁；而大批由軍中文藝獎項出身的文壇新秀，也紛紛被派到公私部門擔任文藝教育或編輯工作。如羊令野後來任「國軍詩歌隊首任隊長」，也曾主編青年戰士報「詩隊伍」多年；田原曾主持國防部「黎明文化事業公司」；瘂弦主編《幼獅文藝》之外，也曾是「聯合副刊」知名資深主編，軍中文藝深入民間文壇與社會的，可謂比比皆是。無論是著名作家吳東權（1期）、編劇家張永祥（1期）、音樂家左宏元（2期）、新聞評論家張作錦（3期）、詩人王慶麟（瘂弦，2期）、畫家李奇茂（5期）、作家張騰蛟（魯蛟，政戰研究班）、評論家桑品載（7期）、出版家柯青華（隱地，9期）及後來嶄露頭角的眷村文學作家蘇偉貞（23期）等人，都曾經是影響臺灣文學思潮，或者目前仍在文壇中，努力讓這股文學雷聲能越傳越遠的人物。

描繪時代滄桑歲月的《離亂之歌》

2023年11月22日，一部由沈春池文教基金會籌製多時的紀錄片

《離亂之歌》，正式在臺上映。這部由導演齊怡、劉佩怡及紀錄片受訪者包括媒體人王健壯，作家張曉風、桑品載、隱地、向明、蘇偉貞、陳義芝等7位文學家，以口述散文、詩詞或書信的方式回望1949年中國人因戰亂而渡海的世代，並訴說當時遷臺一、二代所遭遇的傷痛，讓更多人重新認識那一段遷臺歷史。

這部《離亂之歌》，既是一個強烈的時代印記，也是歷史的重要轉折。百萬軍民離鄉背井，從倉皇走避，落地生根，終至埋骨臺灣，「怎曉得戰爭的終點，竟是漂泊離亂的起點。」他們把一生的故事，全都留給了臺灣，而那也是一整個渡海世代的共同記憶。這部紀錄片把7個人的故事全部打散，之後再揉合；隱地說：「1949年那場中國人大災難，成了一首戰火交響曲。」這其中竟有三位出身於軍旅。

隱地說，我們周遭有太多感人的故事，到處都有走過故事風霜的人，到處都有要將這些故事寫成書給很多人看，並藉此感染許多時代人心的波動，如《見證時代：王昇近身參謀王耀華訪談及回憶錄》一書，就很精彩。王耀華當年因受「孫立人事件」影響，本是娃娃兵中的一員而被解散，之後被分發到「政工幹校教導大隊」，後來更考到幹校九期新聞系就讀。當年王昇校長一律要求學生在例假抽背國文後始能放假，不想王耀華一口氣背完《禮運大同篇》，竟因而改變了自己的命運。從此，王化公一直把他帶在身邊，從辦公室的侍從官和參謀，到遠赴巴拉圭。隱地對這位同班同學特別有感，還曾建議拍攝《離亂之歌》的導演齊怡，能單獨把他的離亂故事也拍下來，片名可定《從山東到臺灣》；王耀華曾對隱地說：「活著，就是勝利！」

至於幹校7期桑品載的「幼年兵」，更是一段戰爭悲欣交集的時代獨特故事。隱地在專訪中，緩緩闡述桑品載在1949年的那段離亂之歌。當時局勢大亂，大家都在逃難，桑的姐姐彼時19歲，大家都說她是美女，而桑在浙江舟山定海的老家，正駐紮著國民政府部隊的一個「連部」，20幾歲的蕭姓連長看上了桑品載的姐姐，獲得桑家祖母的點頭同意，在舟山群島撤退時，帶著這位未婚妻同行，但祖母要

求連長同時帶上12歲的兒子一同去臺灣，蕭連長答應了。但上了軍艦後，卻因船上的人太多，尚未有正式眷屬身分的桑品載姐姐被迫下船，蕭連長到了基隆，只能將這位未能帶來臺灣的未婚妻弟弟棄置於基隆碼頭，讓他整整兩個月，獨自流浪街頭，夜裡他就睡在基隆中正堂（現為基隆文化中心）門外的一張水泥椅子上；白天他就去菜市場撿拾被人丟棄的菜根、菜葉果腹，直到有天碰到一位士兵，將他帶入軍營。從此，他由一位娃娃兵轉讀政工幹校，而後成為一位媒體政論家。爾雅出版社曾在2001年為他出版一本《岸與岸》的傳記，這本書的扉頁上，有這麼一行字：「獻給：這個時代和這個時代裡受苦的人。」的確，那個時代有著太多如齊邦媛老師《巨河流》，與作家龍應台《大江大海》中的滄桑歲月與故事。

「去中國化」正是國安危機的破口

　　隱地先生對於2023年12月，北一女老師區桂芝在「蔡英文政府教育政策總體檢」記者會上，直言痛陳《108課綱》的荒謬時，也在雷聲日記系列叢書中，指陳新課綱的文章及去中國化，已成一種「國安破口」。他極贊同區桂芝女士所言：新課綱刪掉柳宗元《始得西山宴遊記》，讓學生喪失在生命遭受挫折中如何省思重生的重要範文；刪掉范仲淹《岳陽樓記》，使學生對「先天下之憂而憂，後天下之樂而樂」的遠大宏願，一夕幻滅；刪除《臺灣通史序》，則讓學生忘記臺灣人自己的祖先、民族精神與文化香火；刪掉顧炎武的《廉恥》，更讓學生不知「士大夫之無恥，是謂國恥」的意識。

　　對於《108課綱》的「中國史」，不但改穿「中國與東亞史」的新裝進入國中的課堂，在「略古詳今」的原則下，當前所有中華民國的國、高中生，都已正式駛入陶淵明《桃花源記》中的世界而「不知有漢？」對於在這本新歷史課綱的教育下，臺灣未來的一代，不僅看不到漢唐盛世，連三國亂世也都將無疾而終；不僅不知「對酒當歌，人生幾何？」是哪位梟雄壯語？什麼「釃酒臨江，橫槊賦詩。」遙指

的又是何方神聖？唐代駱賓王那句：「試看今日之域中，竟是誰家之天下？」又是劍指雌與雄？什麼「為張睢陽齒，為顏常山舌。」到底講得又是哪位仁兄的牙齒與舌頭？甚至連「大風起兮雲飛揚」及「鴻門宴」的主人是誰？這一切對於臺灣的青年新世代，都將是一無所悉的「干卿底事」。對這一切，隱地先生感同身受，心有戚戚；難怪，他在雷聲系列書中，要感慨萬分的例舉由中國文教基金會和《聯合報》每年合辦的臺灣關鍵字，在2023年選出的代表字為「缺」，來譬喻當今臺灣的教育亂象。

「隱」於市不染，「地」之德有成

　　儘管隱地先生面對當今的出版環境，表示實難樂觀，而對網路速食文化日益張狂侵襲及傳統紙本書的漸趨沒落，更泛有一股深沉無力的憂慮，但他卻從未放棄文學及寫作，誠如他自己所言：「即使偶有倦怠，但只要好好睡一覺，第二天精神又來了。」對這位資深的出版家而言，自身寫作及挖掘更多文學創作人的興趣一直都在，他常自詡：「只要坐在爾雅辦公室，給我一張桌子，我仍然是一個勇敢面對現實的出版人！」隱地一生，走過逆境的軍事洗禮，也經歷過參與推動文學盛世的高峰，他如今更希望所處的第二個故鄉「臺北」，能有自己的一座「臺北文學館」，讓它接攬他們那代人對文學充滿熱情與實踐的歷程與作品，畢竟文化是不能斷絕的。

　　隱地在2023年這部《雷聲日記系列》的後記〈還我清風明月〉一文中寫到：「……天啊！老，原來是一部連續劇，一旦啟動，每日的劇情都會有新發展，好消息少，壞消息多，看來，『老』，顯然是一部悲劇。而我始終反其道，就是想把『老』，演成一部喜劇。」對於這位出身政工幹校的復興崗新聞人，他的一生文學面向是多元的，他對臺灣的文學影響也是深遠的，但他的寫作精神卻依舊是年輕的。此誠如他的作家好友曹介質，在隱地70歲時所贈送他的一幅對聯所言：

隱於市　在淄不染，

地之德　生物有成。

　　顯然就是這樣專於追求一件他熱衷且認為對於社會有益的事物，令其不悔戮力終生，毫無怨懟，且對個人的榮辱，能「隱」於鬧市而不染塵，能潛於「地」而讓萬物自然滋長，而終能浮現如明朝劉基筆下那幅「雲壓輕雷殷地聲」的爾雅世界。或許，隱地一生專注推動臺灣文學的這段歷程，不但是我們復興崗子弟應引以為豪及值得銘記在心的典範，也更是一章應深入記錄與傳頌的時代故事。

（作者：王漢國、程富陽、祁志榮）

張騰蛟　時代詩聲裡「筆與槍的對話」

文・圖／專訪組

2016.12.24-25桃園大溪WESTIN笠復威尼斯汀度假飯店，張騰蛟老師（左起第五位）全家福照。

蹄聲答答，嘶聲陣陣，
自唐宋元明一路響了下來
沒有執鞭者，沒有馭馬人
不必停步，不必盤韁
就這樣一路答答下去，
就這樣一路嘶嘶下去
一直答答進時間的深處，
一直嘶嘶上永恆的高原
　　──〈唐・三彩陶馬〉

　　這是一位遊於藝的詩人和散文家（隱地言）張騰蛟（筆名魯蛟）先生，在2005年所發表的詩作品──《唐・三彩陶馬》。距離作者於1954年發表第一首新詩《迎春花》，已逾半世紀，而迄今又過了快接近20載；但再回顧低吟這首短詩，那文中「蹄聲答答，嘶聲陣陣」的馬蹄嘶鳴，卻恍見那尊被置於展覽玻璃盒龕內的唐・三彩陶馬，竟破龕而出，猶似一副胡馬依北風，蕭蕭班馬鳴的模樣，孤獨承載著千年歷史的重物，穿梭過無盡時空的旅程，沿路從唐宋元明，而踽踽獨行至今日。

詩人、散文家、傳記作家集於一身

作者把「蹄聲答答」隱身於時間的漫漫長河，潛潛而行，用「嘶聲陣陣」吹奏中國最悲壯的文化長旅；一路昂揚向前，縱使沒有執鞭者，即使少了馭馬人，但他仍堅信，只要步伐不停，勿需套繩盤轡，這馬的身影終將在時間的某處經緯，再行緩緩踏出；它的嘶聲亦必將於未來某一軸點，重鳴於高原之巔。作者用最精簡的文字，將歷史的滄桑，文化的淬煉，與內在衷心的冀盼，融會一體，不僅揭露詩人心中埋藏一股深邃的生命底蘊，更彰顯其內在世界飄盪著一顆炙熱的靈魂。

既是詩人，也是散文家，更寫過三本名人傳記的張騰蛟，於中國戰亂年代的 1930 年 8 月 16 日，出生於山東省高密縣，由於沒有機會接受完整的正統教育，故僅靠酷愛文學的父親自幼私塾及恆以自修，來充實學歷之不足。魯蛟在訪談中特別提到，他的家鄉雖然只是一個普通農村，但是附近的城鄉，卻是人傑地靈俊秀輩出，書香四溢，筆墨生輝的好地方；遠的不說，南宋時就有一位太學士——大詞家李清照之夫婿趙明誠；之後則有清朝重臣劉統勛和劉墉（羅鍋）父子、晚清和民初的著名作家王統照和臧克家，以及 2012 年「以幻覺現實主義融合了民間故事、歷史與當代」而榮獲「諾貝爾文學獎」的莫言。這些人物距離他幼時居住的村子，遠的有 30 公里，近的只有 4 公里；而在臺灣，還有王叔銘、姜貴和孫震等諸位，也都是山東省高密縣附近的人。

此等對家鄉歷史知識人物的憧憬，讓魯蛟先生在 1947 年他 18 歲時，縱使一度落魄到只能在市集上以叫賣糖果維生，但他仍利用閒暇即猛讀書報雜誌，以增加自身的學識涵養。1949 年 12 月他隨軍抵達高雄港，初任職軍中多項職缺，後來並在國防部總政治作戰部二處經辦文宣工作，直至 1975 年 10 月，以上校外職停役服務於行政院新聞局，歷任編審、專門委員、幫辦、副處長、處長、主任秘書等職，歷時近 20 年。

作家一生公餘外，都投入了文學。1954年開始發表新詩、童話和小品，1956年參加了臺灣第一個新詩的流派──紀弦所創的「現代派」，並於1960年出版了現代詩集《海外詩抄》。後來的創作範圍擴大到散文、小說、童話、評論與傳記文學，結集出版的共有《菩薩船上》、《一串浪花》、《向陽門第》、《鄉景》、《海的耳朵》、《我愛山林我愛原野》、《張騰蛟自選集》、《繽紛季》、《鄉野小集》、《芬芳事》、《原野之歌》、《青青大地》、《走在風景裡》、《墨廬雜記》、《綠野飛花》、《溪頭的竹子》、《王正廷傳》、《蔣作賓傳》、《葉公超傳》、以及詩集《時間之流》、《舞蹈》、書緣小品《書註》、散文集《結交一塊山野》、中英文對照《魯蛟短詩選》和新的散文集《筆花》等數十部專書，另有書摘《一年五季》及主編的《行政院新聞局史》。

愛詩人、嗜山者，信仰和平的倡議家

魯蛟不但是一個愛國詩人，也是一位嗜山者，更是一名信仰和平的倡議家，這從他於2010年2月出版詩集《舞蹈》的序中自述，即可得知。詩人說：「……漫長的文學歲月裡，我的寫作範圍是寬散而蕪雜的，有時會對某一或是某些文類無力兼顧而暫時離棄，卻從來沒有和詩切線斷緣，即使醉心散文的那些年歲裡；詩，仍然是佇留在我的生活中，遊走於我的筆墨間。」詩人又說，長期的不放棄詩，是因為他要用詩，宣示自己活著的理由。用詩，呼喚一些失去或將失去的東西。用詩，解說黑白，鑑定真理。用詩，創造身心的健康。用詩，探測人獸之間的距離。

再高一點，就可以與雲握手
再高一點，就可以跟虹挽臂
再高一點啊，就可以把手中的盞盞燈火
撒進星群，讓它們在浩瀚的天河裡
同泅同泳，共閃共爍 ──〈詠樓之一〉
這首舞蹈詩集裡的〈詠樓之一〉，讓人浮想〈觀滄海〉中那：「水

何澹澹，山島竦峙。樹木叢生，百草豐茂。秋風蕭瑟，洪波湧起。日月之行，若出其中；星漢燦爛，若出其裡。幸甚至哉，歌以詠志。」的豪情逸志；不過，古代三國的權臣曹操，只是借文學的造詣，遙指其內心對政治企圖的冀求；現代中華民國的魯蛟先生，卻純粹用簡斂浪漫的詩心，召喚人們共舞文藝的氣息。而文集另一首幽默風趣又音韻十足的〈恆春〉，也常被人拿出來討論，其詩中展露的青春俏皮，一點都不輸當下的嘻哈時尚，且猶勝婉約柔和的韻味。

春天起身要走，被陳達一把拉住

陳達起身要走，被琴音一把拉住

琴音起身要走，被春天一把拉住　　──〈恆春〉

這位多重身分的作家，在訪談中，屢屢談到他對山的偏愛；他說：「我不能沒有山，山是我生活的重心，山，給了我太多的啟示與靈感。」在魯蛟散文選《筆花》中有一篇〈讀山〉中也提到：「讀它們的容顏，讀它們的生活，讀它們的歷史，讀它們是用什麼樣的一種步子走出了洪荒。」而文章中那段詩情，更恍若讓人置身於山的世界。

我是常常去讀山的，遠遠的讀其蒼茫，

近近的讀其清幽；粗讀其豪放，

細讀其深沉。　　──〈讀山〉

這段文字讓人理解詩人何以具備善於捕捉大自然聲音與形象的能力，而讓山與他成為一對摯友，他們相互凝望，攜手漫步，偕聽山林串串蟬聲，齊聞山澗淙淙溪水，共凜山中淅瀝雨聲，同行山路蒼茫清幽，那種生活的情趣，似乎並不亞於陶淵明於桃花源中吟唱「既窈窕以尋壑，亦崎嶇而經丘。木欣欣以向榮，泉涓涓而始流。善萬物之得時，感吾生之行休。」的樂趣。

但顯然，詩人更不僅止於是一位樂觀的「愛山者」，他也是一位悲天憫人的和平主義者，這或許跟他幼年經歷殘酷的戰爭有關；在他的詩作中，評論戰爭有關的內容，竟超過三分之一強，這對於長年寫詩的作家，並不多見。雖然情衷於戰爭新詩的人，總讓人不免想起也

是作家朋友，更是當代詩人前驅瘂弦那首〈金門之歌〉的剛烈氣息：「如同我們擦亮一枝步槍我們擦亮這新的日子／慓悍而粗壯／我們將走進歷史的盛夏／在鋼盔中煮熟哲學／自鐵絲網裡採摘真理／堅定如一顆準星／燃燒如一條彈道／我們等待戰鬥如同等待一個女人／一個節日。」

但若說瘂弦這首讓人猶若聆聽唐朝詩人白居易那：「銀瓶乍破水漿迸，鐵騎突出刀槍鳴。」的弦音；則魯蛟在〈詠兵篇〉詩句中那：「戰壕是生活中的大動脈／碉堡是你們溫暖的家／前半輩子都在執干戈／後半生坐在時間上嚼寂寞／我的讚言和頌語／乃是來自肺腑的深處／每一個行句／都可以刻在你的碑上／或是寫進你的歷史。」就更透幾分白居易〈琵琶行〉中那：「東船西舫悄無言，唯見江心秋月白。」的幽然情愫，其詩中對戰地同袍的深邃憐憫，及詩人對戰火兵鋒所造成生命驟逝的遺憾與追悼，可說在他的詩中表露無遺。

戰爭站在遠方，槍砲們不斷的吶喊著

他把耳朵塞了起來，兩隻眼睛緊緊的盯著

藍天上的那群鴿子。 ──〈渴〉

這首〈渴〉描繪的，是人類對戰爭的厭惡與對和平冀盼的無望；而《舞蹈》詩集那首〈詩之眼〉，則如此寫著：「用詩的眼睛看戰爭／那是一場一場的死亡遊戲！戰來戰去戰去戰來／只能戰掉一些生命／沒有真正的贏家。」更是對政客的愚蠢與戰爭殘酷提出嚴厲的控訴。直至2023年12月，他仍以95高齡，投稿《聯合報》，寫下〈夢幻〉：「滾滾的洪流啊／別再忙著到處去氾濫了／請保留一點力量／去淹滅那些熊熊的戰火。」及〈戰地偶感〉：「夜裡／槍砲們雖然暫時入睡／遠方的爹娘／卻仍然紅著眼睛／未眠。」兩則小詩，表露詩人對「俄烏」及「以巴」兩場戰爭所製造的人類災難感到痛心與無奈。

筆與槍結合的文學年代

作家魯蛟在長達70年的寫作歷程中，除了一般的著述以外，更

曾經在《臺灣新生報》、《自由時報》等刊物寫過五個文藝性專欄，和友人創辦《桂冠詩刊》，他也出席過第二、第五、第十五及第二十三屆世界詩人大會，擔任過中國文藝協會和中華民國新詩學會的理監事和常務理事，國家電影資料館的首屆理事。有近3百多篇各類作品被收入或轉載於臺灣、大陸、香港及外國的2百餘種詩集選、專集及報刊中。其散文多次被選入兩岸三地國文課本及教師手冊；另有其他散文作品入選高職及五專國文課本，並於2004年8月首度入選「大學國文」；詩人曾榮獲「國軍文藝金像獎」、「中國文藝協會文藝獎章」、「文化復興金筆獎」、「文化建設詩教獎」；1992年及2003年被列名於北京人民文學出版社出版之《臺港澳暨海外華文新詩大辭典》，其後又陸續入選大陸出版之多種《辭典》。

2003年7月，魯蛟曾在《文訊雜誌》上發表過一篇〈筆與槍結合的年代〉專文，對早期軍中文藝及文藝刊物之興起與發展，做了極為詳實而深入的報導。其中有一段比喻國軍文藝與一般文藝不同的話，十分貼切。他說：「它（國軍文藝）是在槍砲與盔甲間流動，在戰壕與碉堡中浮泳，在官兵的身心上昇華，在處處的柳營裡放射光芒。」曾司掌國軍官兵思想教育多年的政戰14期將軍王漢國教授，曾在一篇〈詩人詩心與詩情〉文章中，談到詩人這種筆與槍結合的文學，對激發身處戰爭威脅下的官兵，使其瞭然小我個人生命態度與大我國族命運是相結合，使國軍對「為何而戰，為誰而戰」的信念更加認同與堅定，甚有助益。

作家回憶當年軍職服務時，對時任總政治作戰部副主任執行官王昇推動國軍的「新文藝運動」，印象頗為深刻與讚賞，當時的田原上校、朱青海（朱西甯）中校、王國琛先生及繆綸先生，都是協助主任王昇推動此項文藝運動的大將。他認為只有具備文藝內涵的戰士，才有胸懷悲天憫人的大志；舉凡其一生寫作期間，與軍方及軍中文藝思想，可說關係密切。譬如他在1954年發表的第一首新詩〈迎春花〉，就是在軍中刊物《中興報》的副刊發表的；1965年作家以36歲英

姿，接編了陸軍總部《精忠日報》的副刊，並參與方塊《松柏集》之編寫，當年更應邀參加第一屆「國軍文藝大會」，並以朗誦詩《門》，獲頒第一屆「國軍文藝金像獎」的短詩第1名；1967年在軍中刊物《忠勤報》副刊闢文化藝術專欄（墨廬雜記），為期2年餘；1978年出版《張騰蛟自選集》，即獲選購為國軍連隊書箱優良刊物；1979年在《軍民一家》月刊闢（芬芳事）專欄，以小品方式介紹人間善事善行；除為「國軍定期刊物」撰寫專欄及審查工作近30年外，並應邀為「國軍文藝金像獎」擔任評審達26次之多。

在他的觀察中，「國軍新文藝運動」，除了軍中文藝質量更加提昇，更重要的是「社會文藝」與「軍中文藝」的匯流與融合；讓社會文藝界人士和軍中文藝工作者，成為朋友，成為師生，使社會文藝的力量成為軍中文藝的養分；讓兩個不同血統的「文藝領域」漸漸接近、重疊，成為一體。他曾與早年軍中的文藝工作者田原、朱西甯、李奇茂、蕭白、段彩華、吳東權、趙琦彬、姜穆、桑品載、盧克彰、舒暢等人，組團與社會文團舉行座談，讓軍中文藝脫離神秘與封閉，而向充滿人生自由藝術價值的追求，及結合筆與槍的文學思辨邁進。

曠野獨行筆耕不輟的政戰前輩

魯蛟在86歲時，曾在〈正字訣〉這首詩作闡述自己：「讀書大半生／只讀懂一個正字／伊是字族中的菁英／其靈魂聖潔如星月／我為孩子們啟蒙時／都拿它來當課本／現在祂是我家的庭規／將來祂就是我留下的遺產／也是我的遺言。」他一生筆耕不輟，用優美的散文篇章提昇生活的意義；用精練創新的詩篇浮現對人性價值的探討，他追求的是淨化人生的正道；而這些豐碩的果實，卻是他於40年代，以他父親所教授的注音符號，利用戰備餘暇窩在他駐防金門的碉堡裡，作「苦讀字典800天」的愚笨之舉所啟迪而至的。

他說：「父親的心願是我走向文學曠野的路徑，行腳其上，去追求我的夢想，也是一步步的，實踐他老人家的夢想；而他對我的一

切，卻全然不知。直到他去世前的某一天，在一本舊書裡看到了我的名字（北京人民文學出版社1979年12月出版的《臺灣散文選》），他終於知道，這個將近40年沒有音訊的孩子，還活著。」如今，在魯蛟眾多的作品中，有〈諦聽〉、〈溪頭的竹子〉、〈那默默的一群〉、〈讀山〉、〈南方澳〉、〈北濱的農野〉、〈漁者陳〉、〈農者林〉、〈工者廖〉及〈與山為鄰〉等十篇散文，在兩岸三地先後被選入中等以上學校13個不同版本的國文（大陸稱「語文」，香港叫「中國語文」）課本或教材；也許，這是他足以告慰先父在天之靈的唯一成果。

年屆鮐背之年的魯老與師娘兩人，早已習慣過著簡食清淡的日子；只如今每天，他仍會看看報，寫寫詩文，翻翻舊作，偶爾外出漫步於住家附近遠遠遙望他曾數十年踏旅的山徑；他仍沒離開他鍾情的「詩」，他仍沒忘情他摯愛的「山」，他也還沒忘懷他曾經歷與筆繪過那個《筆與槍對話》的時代。他曾說：「稿紙是田畦，筆是犁耙，我是耕者。」至於作家的創作是否有所傳承接替？詩人曾抒寫過的時代潮流是否迴音如響？也許，他並非那麼在意；但或許此刻，這位曾是帶動國軍文藝風潮主將之一的作家，其所在意的，只是誠如他於詩作中所寫如後這句意涵深刻的話罷了！

不斷的思索是讓生活不至提前乾裂；
不停的吟唱是要生命避免過早萎枯。 ——〈獨行獨吟〉

（作者：王漢國、程富陽、祁志榮）

張騰蛟【我與政戰工作】

在我27年的軍旅生涯中，雖然都一直配戴著「陸軍步科」的階章，卻與政戰工作結緣很早，很深，也很有感情，並且也在政戰單位工作了6年。大致情形如下：

軍職單位期間：

1950年曾以少尉排長的身分，派往新竹山崎接受為期一周軍或師級主辦的「政戰講習」。1941～1951年間，曾經分別短期以少尉排長代理過連幹事，及中尉副連長代理過指導員。1951～1961年代有「國軍政士」之舉，曾經因政治大考成績優異而被錄取為「國軍政士代表」。1961～1963年，曾經在陸總的「圓山營區」擔任「隨營補習教育」的政治課教官。1964～1965年，擔任陸總《精忠日報》副刊主編，全力推動新文藝運動的文宣。

1969～1975年於總政治作戰部二處服務長達6年時間，正式成為一個「政戰人員」；在職期間，參加過新文藝運動，撰寫文宣公報、文宣文稿——包括宣傳指示和政治指示，以及政治課本中有關「倫理」和「孝道」的課文。1971年於總政治作戰部二處服務期間完成如下任務：

主編《SHORT STORIES BY SERVICE MEN OF THE REPUBLIC OF CHINA》。

在廖祖述副主任督導下，主編「國軍政戰會議」特刊（負責社論和一般文稿之撰寫）。在白萬祥副主任督導下，協調「郵總」發行「陸軍官校50周年」紀念郵票。1973年7月1日～1974年6月30日，接受「政戰學校函授深造班」教育，成為個人重要的政戰學歷。

1975年10月，外職停役轉赴行政院新聞局服務，與政戰工作的關連：

一、擔任「國軍定期刊物」審查工作近30年。（四種刊物輪流審查一、二稿）

二、應邀在包含《勝利之光》的〈靜觀散記〉、《國魂》的〈社會關懷站〉、《莒光日》等軍中刊物、電視節目撰寫專欄、專稿，也為《吾愛吾家》寫應急文章。

三、接受《復興崗報》專訪，並應邀擔任「國軍文藝金像獎」評審達26次。

（以上【我與政戰工作】資料為張騰蛟老師親筆補註）

賴世雄　英文教父　積健為雄　春常在

文‧圖／專訪組

咬定青山不放鬆，
立根原在破岩中。
千磨萬擊還堅勁，
任爾東西南北風。
——清代鄭板橋〈竹石〉

畢業於復興崗政校16期新聞系的賴世雄其一生學習英文，經歷跌宕起伏過程，堅定意志，毅力不搖，終底達到非凡的成就，正如清代鄭板橋寫的這首〈竹石〉，自喻本身有一副不怕任何打擊的硬骨頭精神，猶若竹子抓住青山，絲毫也不放鬆，它的根牢牢地紮在岩石縫中，縱使經歷千百摧折和打擊，無論遭受是酷暑的東南風，還是嚴冬的西北風，它都依然堅韌屹立挺拔。

從意氣沉淪到脫胎換骨　千磨百煉締傳奇

「賴世雄」這三個字，堪稱80年代後話說世界的英語傳奇。被評為「英語學習的風雲人物」、「中國英語十大名師之一」、「英語廣播第一人」，以獨特人格魅力在兩岸的廣播、電視，甚至從20世紀的印刷雜誌出書模式，跨越到21世紀的網路語音世界，都一再征服與拯救在華語世界中原本對英文放棄的學子；他以奇特的賴式英語旋風，開

啟華人世界一股英語學習的新浪潮，更點燃中國兩岸億萬人的英語夢，為華人英語教育，創造極其燦爛的一頁；但大眾卻鮮少瞭解這成功勝利的背後，其所付出的代價，正如鄭板橋這首〈竹石〉詩中的詞句，揭示其堅毅不拔，絕不放棄而終能有成的關鍵。

因為任誰也無法置信，於上世紀60年代的大學聯招中，在英文這項科目，僅以個位數七分的成績，不但令一位望子成龍的空軍士官長父親，深感痛心疾首，也讓聯考成績過低而感羞愧的這位青少年，竟在經過政戰學校四年的軍事磨練後，能猶若打通體內的任督二脈，脫胎換骨般成為日後眾人口中所稱的「英文教父」。當然，凡事都非可一蹴而就，總是需經過千磨百煉方成能鋼，他的故事宛若一則勵志範本，堪值大家細細品味而深凜其中成功奧妙。

「西點軍校」撼心志　「蝴蝶效應」漫人生

當1966年初夏，賴世雄初入軍校就讀時，軍中那套凡事嚴格規範的體制，與他個人奔放的個性可說是格格不入，他甚至痛苦的寫信請求父親將他領出去；但當時政校12期的輔導員林亦堂告訴他，只要找到一件自己喜歡的事情而專注去學習，就會突破那種重壓於身心的桎梏。這個提醒，讓他似乎有所領悟；而就在那刻，一項讓他立志專注於終身學習及改變未來命運的機緣，正悄悄向他走來，那就是當他就讀政戰學校後的兩個月，美國西點軍校學生代表團來學校參訪。

該團八名西點軍校生參訪了校部本科（政治系），卻得不到任何學生能用英文與他們交流的回應；於是他們來到新聞系館參觀，當他們從四年級、三年級，一直走到二年級，最後來到一年級的教室時，翻譯官如同之前提出希盼同學們能用英語與這些西點軍校生互動；一時間，大家卻個個面面相覷，無所適從，正當翻譯官有些失望，想帶西點軍校學生離去時，只見班上的曹近曦同學卻緩緩站了起來，不慌不忙，口才便給的與這些西點學生暢聊了起來。當這場參訪交流結束時，對於新聞系上竟能有如此流利口語英文的同學，翻譯官頓感欣慰，西點軍校生熱切讚賞，系上的同學們更是舉眾譁然，而賴世雄則

猶若被醍醐灌頂般的震撼到，他內心如此吶喊著：「我一定也要成為一個能說上一口流利英語老師的人。」

　　這樁「西點軍校事件」，猶如蝴蝶效應般的發酵，讓這位本差於開口說英語的軍校生，一頭栽進了學習英文的天地。他請教曹同學學習英文之道，這位日後成為他終身摯友的同學告訴他，得放下往昔錯誤的學習模式，從頭學習，而且要放下自我，從「不要臉」開始；他深受同學這番話的啟迪。從此為了學好英文，他每晚跑到校區內的豬圈，一人扮演每頭豬的不同角色，自我訓練口語對話，並對著豬群們大聲朗讀英文；他利用星期假日跑到天母的美軍眷舍，逐戶敲門詢問可否無償為他們洗車，只求與他們有訓練口語表達的機會；他獨自闖入當時位於天母一路（現在的中山北路七段）圓環附近的聖安娜天主教堂，請牧師讓他入會學習英文；他利用休假空檔時間，流連在政戰學校及中山北路樂馬飯店之間，在街上厚著臉皮，「不要臉」地攔住過往的美軍軍人，跟他們交流英語；即使他與「山友」張家述、孔繁定（國防部前軍事發言人）、韓國柱（《青年日報》故副總編輯）幾位同學，在利用固定例假登山時，仍手執一份《英文中國郵報》，以便隨時跟大家作英文見字拆字的遊戲。他像著魔式的用全心力學英文，不放棄任何一丁點學習的機會，真可說到了「任爾東西南北風，全當英文一陣風」的忘我境界。

金門打坑道　不忘初心　美國釣大魚　只為家用

　　學校畢業後，他在鳳山步校受訓3個月即分發金門，當上帶著部隊打坑道的戰地軍官，當晚上回到碉堡時，他想起李白〈月下獨酌〉：「舉杯邀明月，對影成三人」的詩，他雖無法炮製詩中的浪漫畫意，卻始終以堅持一股無法忘情英文世界的信念，激發他漏夜傾讀英文書籍，硬把狹窄暗黑的碉堡，想像成一幅「舉書邀燈火，暢讀成三人」的幻境。他甚至為了採購英文教材而報名參加可以有一次返臺機會的跳傘複訓，這種克服困境、精進苦讀的精神，讓他於1972年底以第一名成績考進外語學校（即今日隸屬國防大學的國防語文中

心），兩年後，又以第一名畢業。他在外語學校受教並結識了主任教官馬心志老師、臺大外文系李本題老師，及外語學校8期張為麟老師與趙來奎老師，他們不但都成為賴世雄的終身摯友，也成為他後來事業的重要諮詢顧問。

1975年，他留任外語學校擔任教官期間，適逢時任行政院長蔣經國也蒞此進修英文；直到多年後，他才知道行政院長辦公室在1975年底，曾電徵他去擔任蔣經國的英文秘書；只是那一刻，他已飄洋過海到美國讀書去了；但他竟學得蔣經國那口帶有濃厚寧波口音的國語，並成為他日後唯妙唯肖的模仿生活餘興。2023年由復興崗文教基金會與復興崗校友會共同籌辦的「第五屆緬懷紀念經國先生音樂會」中，賴世雄就曾即興登場模仿蔣經國的口吻，向擠滿了臺北大安森林公園音樂臺前的上千老榮民們問候，並激獲現場觀眾最熱烈的掌聲與笑聲。

為摯愛　中斷博士進修　賴氏英語　創兩岸奇蹟

1976年，賴世雄以在校成績及633分的託福成績（滿分是677分），申請美國大學的研究所，並進入美國大眾傳播研究所排名第一的明尼蘇達大學，在一年半內就以全A的成績取得大眾傳播與英語教學雙碩士學位，又順利進入博士班就讀。這期間，他為了可將每個月300美元的零用金節省下大半，以寄回臺灣補貼家用，他不但住最便宜的rooming house（學生公寓），且經常約同學到學校附近的密西西比河釣魚，他雖最喜歡pike（梭魚）、bulldog fish（牛頭魚）的美味，但他卻最樂釣到大到必須雙手環抱的carp（鯉魚），因為這就意味他可僅靠這些巨型魚獲，就可省下一週的吃飯費用；只是這種拿魚當飯吃的日子，卻讓他日後遇到再美味的鮮魚，也都只能退避三舍。

值得一提的是，在他就讀明尼蘇達大學博士班期間，適遭逢美國卡特總統政府與中國大陸建交事件，當時臺灣在美留學生可謂群情激憤，便請賴世雄以他見長的英文素養，修書一封逕寄總統辦公室卡特

本人，以表達臺灣全體留美學生的抗議，而這封抗議書，最後竟然還獲得卡特總統辦公室的禮貌卡片回覆，也算是為當時的愛國留美學生舒了一口悶氣。但就在那一刻，他收到朋友告知他太太陳愉嫻女士病重的消息，重情重義的他，毅然決定中止進修中的博士學業，返臺照顧病妻，此舉雖令許多師友深覺惋惜，但他還是選擇回國，因為中國文化裡那股「我欲與君相知，長命無絕衰。山無陵，江水為竭，冬雷震震，夏雨雪，天地合，乃敢與君絕！」的摯愛信守，是他對愛妻的永遠無悔信念。

從此，賴世雄無怨無悔照顧妻子每週三次的洗腎生涯，直至37年後的2016年9月18日，與他結縭44載的妻子過世為止；但當時為了支付高昂的醫藥費，他只能在軍中服務10年後選擇退伍，而於1980年加入了薪酬極豐的補教行業，並以賴氏英語「絕子絕孫」法，在補教業掀起一股全民學英文的風潮。

所謂「絕子絕孫法」，指的是從一個英文字，去尋求與它所有相關聯的字根、詞彙，甚至文章，讓學習者一通百通。

更在1988年7月發行《常春藤英語雜誌》創刊號，首創針對大學聯考及託福考試，結合廣播所發行的英語雜誌，頓時成為臺灣許多高校指定的英文課外教材，雜誌發行一年，就擠進金石堂暢銷雜誌前20名，一度還衝上雜誌排行榜第2名；之後更外溢至中國大陸地區，於1993年取得大陸國臺辦發出的001號公文，獲准在中央人民廣播電臺從事英語教學節目主講，涵蓋面達大陸四億人口。

更因廣播使其知名度迅速擴展，包括北京大學、清華大學、遼寧大學、瀋陽外語學院等知名學府，都找他建立了英語教學合作關係，他更將廣播教學節目所使用的教材《美國英語教程》（賴世雄美語從頭學系列前身）這套書，加以推廣，在短時間內即成為大陸內地的暢銷書，迄今20多年仍熱賣長紅。

2003年在大陸《中國圖書商報》英語專輯內的一篇〈英語學習的風雲人物〉報導中，賴世雄被列為大陸當代「英語學習的風雲人

物」排行榜第5名，而前4名幾乎都是大陸德高望重的語文學家，如許國璋教授（1915～1994年），北京外國語大學薄冰教授（1921～2013年），大陸英語語法泰斗張道真教授（1926～2009年），及北京新東方集團創辦人俞敏洪校長（出生於1962年）；連居於第六名的大陸「瘋狂英語」創始人李陽老師（出生於1969年），都當面跟賴世雄說，他本人就是聽他的英語廣播而起家的，可見賴氏英文，對大陸全民學習英文影響之深。

扶貧專案為翻轉教育　心海蘊藏熱忱與專業

基此，自2017年起，賴世雄更以「互聯網＋教育扶貧」方案，推動「翻轉教育」與「雙師課堂」新走向，為大陸西南部的雲南、貴州、四川偏遠地區注入新的教育資源，提升教學成效，並以一元一冊英文書的價格，幫助偏鄉學生學習英文；更接受明師國際教育的邀請，從臺北到大陸各省，親作現場教學觀摩活動和精彩講座，乃至受邀擔任全大陸英語演講總決賽評審委員，他的英文鐵粉，遍佈未及幼兒園的小孩到80幾歲的耄耋之年；其實，他更想的是把大陸熱切學英文的狀況，讓所有臺灣民眾知道。他說：「這是我的責任與良心，我要把大陸如何學英文的熱情披露給所有的臺灣學子知道，讓他們有motivation動機，並產生driving force驅動力，而讓大家有diving ambition強烈的抱負。

對賴世雄而言，《常春藤》集團的未來，是以臺灣為基地，放眼大陸，以幫助華人學好英文為己任，當別人問及這位年逾75的英語教父何時休息時？他回答：「我的字典裡，沒有『退休』二字，在我有生之年，我會堅守崗位，一直做到不能做為止。」

2018年7月，《常春藤》成立屆滿30週年慶，特選於8月11日在臺北擴大舉辦了一場「常春藤30，感謝有你」的活動，他邀請了許多長年以來陪伴《常春藤》成長茁壯，且經常給予支持與愛護的鐵粉讀者們前來參加，並在配合此慶接受《漢聲電臺》、《美麗日報》、《今

週刊》與其它媒體的專訪時，特別說道：「會以『常春藤』為事業體命名，是希望從自己手中印製的出版品，達到美國『常春藤名校聯盟』的水準，可以為讀者提供最完善、專業的永續服務，日新又新，永遠常春。」

《常春藤英語》自開創迄今36年，其在全臺灣已擁有三百多間聯盟分校，而大陸更是開枝散葉般的如繁花遍地，但《常春藤英語》往前邁進的腳步並沒有稍緩；自2024年起，更與全球視訊與教育科技解決方案領導品牌ViewSonic，共同宣佈推出專為國小階段設計的英語互動數位教材，旨在透過遊戲化、系統化的教學模式，提升學習效果，為華人的國小學童帶來引人入勝的英語學習體驗；此等向下紮根的推廣英語計劃，就是賴世雄內心念茲在茲的英文教學夢想；因為在他的心海裡，永遠蘊藏著熱忱與專業（PASSION & PROFESSIONALISM），不甘平凡，永不放棄。

保持行動的忙碌人生　超越自我的積極躍動

當專訪人員詢問，他能否以其一生學習英文的經驗，總結兩句話，來作為他提醒未來肯致力於學習英文的年輕學子及復興崗的學弟妹們時，他不加思索的揮筆寫了如下兩句話：

Always keep yourself busy！

Be always on the ball！

沒錯，賴世雄要告訴大家的，正是揭示：「生活總要隨時保持著行動忙碌狀態，因為生命最美麗的風景，永遠是在不可一目觸及的幽徑路上。」只有堅定自己永不停止的前進步伐，才可以窺探到無限的未來，而生命更需如一顆球般的永遠保持在跳動中，正所謂「滾石不生苔」，只有抱定積極樂觀的生命態度，才能攀登高峰，超越自我，開創新局。

（作者：李天鐸、程富陽）

歷數金門的軍人作家

文‧圖／林野

　　1988年，我在美國進修時擔任臺灣同學會總幹事，清點移交老生留下的書籍，驀然發現一本《孤獨城的獨白》，那是我1969年讀過的64開，「現代潮出版社」印的口袋書，作者為孟浪（謝白雲）。

　　讀大學時對軍人作家殊有好感，50、60年代的詩人，只要曾經在金門服役的，都是我崇拜的偶像。他們見證過大時代的悲劇，作品有獨特的風格，字裡行間除了愛國情操，也深藏鄉愁，對國軍的久訓不戰感到厭倦，在壓抑的日常不得不以晦澀的方式發抒心中的苦悶，這類的作品我總是再三咀嚼，尋求不同的解讀。

　　離開遙遠的家鄉和童年，在戰爭中輸掉青春，沒有學歷，倖存於慘烈的古寧頭戰役、鋪天蓋地的「八二三砲戰」。1974年讀大二時存下零用錢買了一套《中國現代文學大系》，不知翻閱過多少遍。想像他們在潮濕的碉堡裡喝著高粱酒，在黑暗中談詩，軍人作家有莫運端（洛夫）、宓世森（辛鬱）、伍鳴皋（大荒）、管運龍（管管）、呂松林（沙牧）、阮慶濂（阮囊）、提曰品（菩提）、羅顯烆（商禽）、沉甸（張拓蕪）、伊川（文曉村）等，他們都在金門渡過戒嚴的歲月。

　　洛夫為政工幹校2期（瘂弦的同學），只有他升到中校，其餘的是行伍出身的士官或尉級軍官。他們在戰地完成軍旅生涯的投影，包括辛鬱的《軍曹手記》（1960年），沙牧的《雪地》（1963年），商禽的《夢或者黎明》（1969年），管管的《荒蕪之臉》（1972年），大荒的《存愁》（1973年），菩提的《知風草》（1976年）。阮囊謙稱「阮囊羞澀」，向來不打算出版個人詩集，他的《蜉蝣如是說》是在2021年經詩友向明整理後付印。

　　沉甸以前寫詩，出版過詩集《五月狩》（1962年），後來中風半

癱以張拓蕪的本名寫《代馬輸卒手記》系列的散文，成為大兵文學的代表性作家。文曉村服役於東堡溝營區時與金門作家林媽肴、陳長慶為友，過從甚密，創辦過《葡萄園詩刊》（1962年），出版過詩集《第八根琴弦》（1973年），寫詩曾經使他在軍中惹上「大麻煩」，長詩作品卻獲得「國軍新文藝金像獎」。

　　我仍然記得那些生命淬煉出來的詩句。洛夫在大武山坑道完成《石室之死亡》，如此地描繪戰爭：「棺材以虎虎的步子踢翻滿街的燈火，這真是一種奇怪的威風」。管管在〈弟弟之國〉如此地形容烽火的顛沛：「陀螺的臉被一鞭一鞭的抽著，漂泊、漂泊，像一筆一筆的顏真卿」；大荒在〈流浪的鑼聲〉記錄流浪的命運：「猛然一擊，負痛從鑼面拋出，鑼聲發現自己是失去居所的蝸牛，赤身而臥」。

　　沙牧在大膽島戰役結束後（1950年），如此地憑弔戰死的士兵，他寫著：「砲聲總會停止的，而現在我們必須擁抱戰爭，媽媽不要哭；樹葉還未落盡，今年的秋裝不用剪裁了，媽媽不要哭；沒有名字的小墳長滿了野

上左起：商禽、辛鬱 下左起：文曉村、阮囊。

草，雲的棉絮已夠禦寒了啊，媽媽不要哭」。這是國軍歌頌的大捷，然而多少孩子長眠在孤島荒墳，永遠回不了家看媽媽。

金門的軍人作家必須提到公孫嬿（查顯琳）將軍，我在《中央日報》和《中華日報》經常讀到他的大作。他曾就讀北平輔仁大學經濟系，日寇侵犯華北時轉往大後方，報考中央陸軍軍校20期（砲科），來臺後兩度駐防金門，「九三砲戰」時（1954年）在榜林擔任砲兵營副營長。日後歷任駐菲律賓、伊朗、美國大使館武官，中美斷交前膺任各國推舉的駐美武官團團長。返臺後升任情報學校少將校長，作品以金門為題材的小說為主。

北醫的學生時期，曾經邀請住在吳興街的洛夫和大荒，來校參加北極星詩社的活動，也迎來在軍中廣播電臺服務的管管來說笑，我買的詩集都有他們的簽名，也保存幾封他們的書信。1980年軍校研究所畢業前經介紹加入「國軍散文隊」，是國防部總政戰部成立的戰鬥文藝隊伍之一。我回校當講師時，學生大隊部的上校副指揮官孫煒是散文隊的前任隊長，早期在《正氣中華報》副刊當主編。

我取得軍人作家的身分後，得過「空軍文藝競賽」的金、銀鷹獎，相對於那些以生命筆耕的前輩們，感到汗顏渺小。1984年隨國軍文藝訪問團初抵金門，在山外復興路的「美加美」餐廳，結識當地的文友楊樹清和林怡種，回臺後收到寄來的一頁《金門日報》副刊，開始和同筆名的烈嶼作家林媽看通信。2019年1月31日，第一篇文章〈浯洲手記〉跨海刊登在它的副刊。

《金門日報》創刊於1965年10月31日，前身為《正氣中華報》，因為在金門地區發行，臺灣看不到，知名度雖不及《青年戰士報》，但一開始就有《料羅灣副刊》，由政工幹校畢業的謝白雲執編，官拜少校。政工幹校4期畢業的繆綸（魯軍）在報社社長任內引進彩色印刷技術，他不僅出版過《大兵與我》和《硝煙集》，也以「玉翎燕」為筆名寫武俠小說，在國防部高升少將，退伍後在輔導會主管《榮光週刊》。

近年我認識的金門作家博文（顏恩威）曾經擔任過該報的主編，他在臺灣住過一段時間，就讀世界新專廣電科，後來另創《金門前鋒報》，讜論犀利。1973年，在金防部政五處任職的鄉土文學家陳長慶和林媽肴、黃振良等合作創辦《金門文藝》，是戰地政務時期第一本被核准出版的文藝雜誌，存續迄今。

　　在十萬駐軍的年代，舒舒（陳長慶）結束11年的軍中雇員生涯，在復興路口開了一間歷史最久的「長春書店」，提供戰地的精神食糧。近年出版一本重份量的《金門特約茶室》，榮獲國史館「臺灣文獻大獎」。由此觀之，金門雖氣候乾旱，但有風有雨，並非文化沙漠。

　　自從退休後，家裡放不下的書大多捐給圖書館，但留下已絕版的軍人作家遺作，因為那是金門文學的地景，是鐵蒺藜和軌條砦外的鄉愁，是孤島官兵的寂寞依託。

【作者小檔案】

|溫德生|（林野）：1949年出生，廣東新興人，空軍上校退役，美國肯塔基大學哲學博士，任教大學12年，今己退休，投入文史寫作，著有《肯塔基異鄉人》、《肯塔基老家鄉》、《北城舊事》。今為《金門前鋒報》，《望春風電子報》專欄作家。

書劍新聞

青年日報

軍聞社
Military News Agency

漢聲
FM106.5 AM1116/684

專業 知識 力量
STRENGTH THROUGH TRUTH

軍聞先鋒 創新卓越

秉春秋之筆　明善惡之辨　如竹不折　如劍不阿
穹宇曠無極　正音揚漢聲　獎獎相連　廣植民心

——編者按

全方位守護中華民國的復興崗新聞人

文‧圖／趙立年

翻開中華民國新聞史，復興崗政戰學校新聞系，有著舉足輕重的地位。它，是政府播遷來臺後，最先成立的傳播專業系所，除有時代意義及深具歷史傳承外，更肩負著揭開風雨世代真相，承擔繼往開來締創新猷的重大責任。

數十年來，一批批從這裡畢業的學生，奮勇前進；有的是文武兼備，在國軍部隊各階層執行鞏固團結、文宣作戰的任務；有的是以筆代槍，在國家社會的各個單位擔任振聾發聵，為民喉舌的角色。

他們個個以身為復興崗培養的新聞尖兵為榮，更以新聞系標榜的「秉春秋之筆、明善惡之辨」為畢生志業。筆者忝為其中一員，於1961年投入復興崗新聞系的行列，迄今已逾一甲子；撫今追昔，舉目所見，一群又一群，一代又一代的準新聞從業人員，投入這個與時俱進、責深任重的領域，以決心和行動踐履「用正義和真理之筆，帶給世界無限的熱和光」的系訓。

徐搏九典範長存　後繼者奉為標竿

復興崗新聞人，一直默默的在各行各業耕耘、接受嚴酷的考驗並發光發熱，全方位守護中華民國的精神，備受國人尊敬與讚許。大家都知道，當1958年「八二三戰役」激烈交鋒之時，新聞系徐搏九學長為報導戰訊，冒死搭乘登陸艇搶灘料羅灣而英勇犧牲的往事。

誠如美國《時代雜誌》所說：「戰地記者，就是一群聚集在正常人都試圖逃離之處的人。」他，政戰1期徐搏九，盡忠職守、赴死不辭；他的「雷霆筆鋒」塑造了新聞記者「站在最前線」的無畏形象和「我死則國生」的道德勇氣。

這位點燃愛國熱情火種的肇始者、這位堅守新聞職志的實踐者，是復興崗新聞人心目中永遠的偶像與標竿。

經國方略承重擔　學優則教蔚傳統

數十年來在這種理念的驅使下，一群群術德兼具的畢業生懷抱著熱情與理想，從復興崗的大門，挺身邁步國軍部隊及社會的各角落，奉獻所學。

遙想當年，在謝然之主任創系之初，即立下宏旨明義：「復興崗新聞系乃經國方略重要之一環，倘無法投注非常的教育資源與心力，則無以成就劃時代的新聞事業。」於是大刀闊斧，銳意革新，培育新秀。

在然之主任的精誠感召下，一時名師碩彥、飽學之士諸如：徐佳士、曾虛白、胡一貫、劉光炎、李瞻、王洪鈞、漆高儒、林大椿、黃逿需、余夢燕、陳恩成……慕名響應、蜂擁而至。而在他們的薰陶下，師承教誨的代代學生，術業有專攻之後，成為母校生生不息的教育工作者；諸如：李思炎、洪士範、祝振華、戴華山、蔣金龍、劉偉勳、朱喚武、劉建鷗、劉濟民、陳德、徐蕙萍、樓榕嬌、黃新生、劉新白、潘玲娟、張梅雨、謝奇任、傅文成……等諸位老師，均為各期別造就的頂尖人選，這種「學而優則教」的傳承，已然成為復興崗新聞人的「人本基因」和「傳統鐵律」。

有「經營之神——臺灣新聞界艾科卡」之譽的石永貴（曾任《新生報》、《中央日報》社長；臺視、中視總經理），就曾說過：「弟曾經同時擔任多所新聞院校教職，但以幹校新聞教室（男女合班）最用心聽課。」弟聞言感動不已，並向謝師（註：謝然之）等前輩提及，大家咸有同感。」如斯所言，足見政校新聞系學生用功之勤、用心之誠、用力之深。

濟大事人才為本　「心廬」成智庫先驅

眾所皆知，中心思想的奠立是成就經國大業的根本。當年黃埔軍

校師生就是憑藉著「三民主義」的中心思想，眾志成城，以寡擊眾，所向披靡完成了中國的統一大業。而其後，在戡亂復國的進程中，由於逐步喪失了革命精神，致而在兩岸對峙的情勢下，衍生不知「為何而戰？」、「為誰而戰？」的窘境和危機。

有念及此，眾多的新聞人投入了「心廬」的熔爐，接受試煉；諸如：究天人之際的哲學理論，見證中西之學的政經制度，探古今之變的史學實例，明敵我之情的鬥爭藝術……等等學門，復興崗的優秀學子，在此廣泛厚基涉獵及浸潤深度培育。風雲際會之下，無數才學之士滙聚一堂，在宛如「華山論劍」的「無涯學海」賽場中，各展才華、集思廣益、精銳盡出。

其中翹楚猶如：張悅雄、許良雄、戈西麟、馬永坤……等新聞專業人才先後投入陣仗。他們在心理作戰的領域中，無論藉由空飄海漂或透過廣播文稿，俱將有形的戰略、戰術涵養和無形的親情慰藉召喚，都運用的淋漓盡致，充分發揮了「紙彈勝砲彈」以及「運籌帷幄，決勝千里之外」的多重文宣效果，在「沒有煙硝的戰爭」中，可謂貢獻宏偉、影響深遠。

軍聞社屢創佳績　兩報兩刊領風騷

抗戰時期，一張「上海南站日軍空襲下的兒童」照片，呈現一位滿身是血的幼兒坐在鐵軌上嚎啕大哭的影像，被公認為是近代攝影史上最偉大的新聞報導；這張經典傑作，曾吸引了全球1.3億人的目光。作者王小亭是誰？大家可能不認識，但這張引起中國全民同仇敵愾，喚起「中華魂」的照片，卻引爆當時國人抗日的共鳴和博得世人的關注！

在歷史的長河中、人類的血淚紀錄裡，絕不會忘記這位令人敬佩的新聞事件締造者與傳播者。而軍聞社正是我國軍事記者的搖籃，它所培育出來的新聞人，就是要踵武前賢，不降其志，為歷史留下永不磨滅的紀錄。

有為者亦若是！軍聞社記者的努力，無負期望，讓國人刮目相看；一張1968年10月30日，先總統蔣公在鳳山校閱三軍的照片，奉核定由專機親送臺北發稿，立即登上次日中外各報的頭條新聞，既鼓舞了軍民的士氣，也奠立了復興基地發展的基礎。這一張歷史性的照片，專機護送，激勵民心，可謂空前絕後！

　　與復興崗系出同源的軍聞社，人才輩出、士氣如虹，自1946年7月7日創社發稿迄今，一直在新聞領域推陳出新，展佈新猷；它在歷任社長的領導擘劃暨全體員工同仁的殫精竭慮下，追隨著時代的腳步，科技的進步，始終站在「國防最前哨」，為「全民國防」擔任紀錄者與見證者的雙重角色。

　　軍聞社也是我國電視史上「最長壽節目」的締造者，其製作的《國防線上》電視專輯，一甲子以還，迄今仍檔上長青，深受歡迎。回顧當年，它開播《人道關懷訪異域》節目，特指派趙立年、周曉輝兩位記者，親往泰棉邊區的難民營，採訪中南半島人民遭受共產波布政權肆虐、屠殺的實況，藉而提醒國際社會的人道關懷，並揭發共產主義荼毒人類的罪行；此行，兩位記者以其所見所聞，合撰《浩劫餘生》一書，並同獲「中山文藝獎」。

　　它開播〈國際參與不缺席〉單元，再續派趙立年與周曉輝，冒險犯難深入險境，不遠千里遠赴中南美洲九國巡迴採訪，驗證復興崗「遠朋班」的教育績效，並伺機採訪各國肆應共黨滲透陰謀的對策，讓國人瞭解風情各異、政情迭變的友邦政經形勢。此行，兩位記者再度合撰《褪色的樂團》著作，並各獲頒贈「干城甲種二等獎章」一座。

　　它開播〈五湖四海慰僑胞〉單元，讓海軍官校每年的遠洋特訓，均透過隨艦採訪，鼓舞士氣、宣揚國威；它開播〈白日青天振軍威〉單元，報導遨遊天際捍衛領空，空軍健兒的神威；軍聞社同仁並親身登機寫真報導實況，無論F-100超級軍刀戰鬥機（王偉華・蔣天鐸）；F-104星式雙座戰鬥機（許盛隆）；都透過鬼斧神工般的攝影技巧，將神鷹英姿、健兒戰志，如實呈現國人眼前。

在復國建國的進程中，有兩句口號深炙人心，那就是：「三分軍事、七分政治」和「三民主義統一中國」。而那個時候的《青年戰士報》（《青年日報》前身，社長唐樹祥、張家驤）和《臺灣日報》（前任社長謝天衢、接任張家驤），正是相輔相成宣揚這兩句政治號召最鮮明的代表；渠等一專業一綜合，一鼓舞軍中袍澤士氣，一反映社會多元輿情；兩報在文宣作戰的領域中，分進合擊，成效若合符節。

另外，為加強火力、兩報又添薪加火，《青報》增辦《青年週刊》（總編輯趙立年、執行主編歐陽瑞）；《臺報》新闢《大眾週刊》（社長兼總編輯林文雄）。兩報兩刊，既競爭又合作，發揮了文宣加乘效果、廣植了國家統合戰力。

公民營均列翹楚　影視界皆佔鰲頭

在50年代報紙限張時期，黨公營媒體「資源充沛享優勢」，民營則賴「創新求變謀生存」。在這種競爭的情況下，復興崗新聞人憑藉著苦幹實幹的精神，許多優秀人才被多方網羅，並委以重任得展鴻圖。

一如曾考入政工幹校3期新聞組，後來在聯合報逐步升遷歷任要職，以載道、明道之文字；以思鄉、愛國、濟世之情懷，月旦人物，針砭時弊，大公至正，名聞於世，並獲頒「總統文化獎」暨「二等景星勳章」的資深報人張作錦，就是新聞界難得的奇葩。

《遠見》、《天下文化》事業群創辦人高希均，在評論張作錦的回憶錄《姑念該生》一書的序言中，就盛讚他是「臺灣半世紀新聞事件變化中，站在第一線的見證人和號角手。」誠可謂一言九鼎，絕非虛言。此外，在黨公營媒體事業中，亦有不遑多讓的傑出經營者及從業人員投入，例如：葉建麗職司文工會總幹事兼掌《臺灣新生報》；唐盼盼先後接任中央社、中央日報社長、中廣總經理；其夫人趙鏡涓亦任警察廣播電臺總臺長多年。

當影視傳播成為今日科技新寵兒之際，復興崗新聞人樂在參與，不落人後，頭角崢嶸。在「老三臺」時期的華視，由於天時地利人和

的優勢，更是他們馳騁揮灑的戰場。那時候的華視新聞部，在主任曾文偉的領軍下，除了部本部設立了採訪、攝影、製作、編譯等單位外，並特別結合由軍聞社提供的記者群，組成了一支綿密的地方新聞網。

軍聞社也特地成立電視新聞部因應此新局，除了前已敘及的定期製作並供應「國防線上」影片外，特在各地廣設特派記者負責採訪事宜。在電視新聞部主任（前有馮國寧、後為趙立年）的統籌下，有基隆的盧成束，新竹的陸寶琳，臺中的李立啟、鄧子麟、張興中、李紀岡，及臺南的黃粵雄、柯國強，高雄的明強、段昌宇、翁柏齡……等先後加入，在這些基層新聞同仁的努力下，華視的地方網絡善盡了提供民間輿情與促進城鄉發展的功能。

此外，王家驤總經理曾掌管臺視，睥睨業界；胡雪珠總經理曾綜理中視，領袖群倫；渠等皆是有目共睹的管理長才。

各行各業扎根基　政軍民間俱表率

政治是管理眾人之事，而眾人之事千頭萬緒，須各種精英人才投入綜理與服務。復興崗新聞系人才濟濟，在政府各階層、社會各角落，扮演著形形色色的角色，無不向下扎根、向上結果，豐碩的成果，令人矚目。且讓我們盤點一下：

國際知名歌星楊燕，知名作家吳東權、柯青華（隱地）、張作丞（古橋）、徐喚民（雨僧）；《常春藤英語》集團負責人賴世雄；名攝影記者劉偉勳，主播何啟聖，電視名嘴康仁俊；在美國經營有線電視蔣天鐸、林英國，曾膺選國軍英雄的周曉輝，駐外大使秘書王耀華；曾任青年日報、軍聞社社長或新中國出版社的則有張家驤、劉恩祥、羅卓君、李元平、陳霽、孔繁定、黃穗生、蕭筧民、王明我、翁柏齡、陳兆玠、程益群、曹小鵬、徐金模、張執中、田文輝、李福來、王智平、孫立方、謝忠杰等復興崗新聞人。

另有拍攝十大建設攝影專題獲「國家文藝獎」的陳霽，「國家建

設獎」得主李元平,「國家文藝獎」得主楊鴻博,「中山文藝獎」得主趙立年、周曉輝;好人好事代表江光芬;「師鐸獎」得主鍾八重;高考典試委員劉建鷗,新聞局國內處長張秀實、黃新生,臺灣省新聞處副處長何維倫,被譽為最會溝通的軍事發言人吳奇為,曾任中華民國外交記者聯誼會會長的楊思超,帶動國內超跑風氣達人鄒雙喜,創立「安德列食物銀行」的中華安德列協會執行長羅紹和,桃園縣新聞處副處長謝興華,新竹市新聞處處長李猶龍,及復興崗新聞系友會理事長林亦堂。

而雖非畢業自新聞系卻能在新聞媒體及影視界展露崢嶸的,則有政治系16期陳志寬,其公務任職曾擔任行政院電影處處長;而政治系的17期朱文明,亦曾任職高雄市新聞處副處長(代理處長)職及市政府參事,並為高雄市承辦過盛大的電影金馬獎典禮。矢勤矢勇、一心一德,這些孜孜矻矻的復興崗新聞人,在各行各業各擅勝場,為個人贏得錦標歸,為社會做出了大貢獻。

哲人雖遠榜樣在　青勝於藍永傳承

1994年3月,服役於軍聞社的少校新聞官高政巖,奉派前往湖口基地拍攝軍校招生影片時,與其他兩位同僚於指揮4輛M-48A3戰車操演時,為求逼真卻遭戰車輾過而不幸殉職。

勇哉高政巖!執行任務而鞠躬盡瘁以身殉職,與以筆代槍戰死沙場魂斷臺海的徐搏九,前後輝映,萬世流芳;其它諸如積勞成疾,為國捐軀,齎志以歿者所在多有;這些凋謝的先進故人、學長學弟,誠為令人永遠懷念的國軍楷模,政戰之光、新聞鬥士也!

時代在變,潮流在變,但復興崗新聞人不變的是「永遠的堅持和不斷的創新」。透過新一輩的學習努力與奉獻,不僅為國軍注入新活力,新動能;更在全球性的活動中屢次名揚國際,讓世界認識中華民國國軍的軟實力。

現任國防部軍事發言人孫立方少將,曾赴美接受「美國國防資訊

學校」（DINFOS）軍官班訓練，由於表現優異，新近入選該校「名人堂」，成為國軍史上首位列入該名銜的發言人，更是國軍唯一受過該訓練學程的發言人。

軍聞社新聞官黃劭恩上尉，以作品《Behind the Flight》榮獲「法國PX3國際攝影比賽新聞類金獎」。軍聞社陳軍均少校創作的三軍四校畢業歌曲，榮獲「倫敦國際創意大賽」獎項，另以UH-60M黑鷹直升機飛越大臺北低空獲「Olympus全國攝影大賽『自然風景金獎』」，又以《On the way》獲「IPA攝影獎」。

軍聞社（林澤延）中校，以《The Moment of Flame》獲「BIFA布達佩斯國際攝影大賽銀牌獎」。《青年日報》新聞官劉程均少校、謝沛宸上尉，在「MIFA莫斯科國際攝影大賽」中囊括「戰爭類（Conflict）」金、銀、銅三項大獎。

英雄出少年，後繼慶有人；新生代的復興崗新聞人，交出了一張漂亮的成績單，也為世代傳承簽署了一張保證書。世局混沌，國事蜩螗；保國安民的責任壓在大家的肩膀上，復興崗新聞人，任重而道遠。

復興崗政工幹部學校創校大家長王昇上將，在〈復興崗頌〉歌詞中揭櫫：「……我們在復興崗上……談什麼富貴，問什麼行藏？……一旦雷聲動處，龍虎必飛揚，……」。壯哉斯語，諄諄其誨，情真意切。

「不忘初心，方得始終」；願復興崗新聞人三復斯言，行之！勉之！
「繼志承烈，我武維揚」；願復興崗新聞人堅此百忍，履之！踐之！

↑新聞局長趙怡（左）訪問臺灣新聞報社長趙立年。

←青年日報60周年，趙立年（第2排左立者）與馬英九總統、國防部長高華柱、國安會秘書長胡為真合影。

【作者小檔案】

| 趙立年 | 政戰學校11期新聞系，曾任陸軍干城報記者、軍聞社記者、採訪主任、電視新聞部主任、總編輯；華視省政記者；青年日報總編輯、臺灣日報副社長兼總編輯、臺灣新聞報發行人兼社長、臺灣新生報發行人兼社長；曾膺選國防大學政戰學院傑出校友。

青報　轉骨電腦　霹靂驚弦

文‧圖／喬振中

大勢如潮，浩浩蕩蕩，大道如砥，行者無疆！

那些開放的年代，開放的思潮、金潮、拚潮，錦繡臺灣繁榮！

電腦科技王者崛起，捲起千層大浪，奔騰在觀望與改弦之間！

是依循報業時代？自絆，擱淺望千帆？

抑或是：轉型時代報業……潮平兩岸闊，風正一帆懸……

報史　走到轉折的拐點

回首前瞻的1952年，經國先生於總政治部主任任內，創立了《青年戰士報》後，草創的那些年代，曾多次召見當時的主力幹部，談他辦報的理念、願景、人才、走向企業化經營等等，經國先生一路走來，均以深深的關愛，默默的扮演推手，他的前瞻遠見，身影不遠……

從小報到一大張再到三大張，報紙的年輪，刻劃了青報人點點滴滴日以繼夜的心血，1984年，蔣經國總統核定，《青年戰士報》易名《青年日報》，那四個字，是尋遍蔣公墨寶，組成的！就是期許能走入社會，走向企業化經營！

歷史的座標定位1987年，政府解除報禁，終結言論限制，開啟了報紙被逼續命的掙扎，一時之間報紙衝上檯面，百家爭鳴，搶話語權，搶發行量，搶市佔率，搶廣告錢，風起開放，雲湧春秋！

開放即是大轉折，開放即是被逼續命的掙扎，各報主事者，無不想方設法突圍，大型超前部署，奮力一搏，放膽衝！

1987年，是拐點，也是前瞻!?

解禁即意味著，報紙倍數的擴張，3大張的報紙要變成6大張，

甚至10大張……20大張……內容要增加多少？內容要增加，編採人員又要增加多少？鉛字檢排員工又要增加多少？報紙要變成6大張，印刷機又要增加多少？製版作業又要增加多少？派送到家戶人員又要增加多少？

這一串串的問號，人流、金流、物流、逼得報紙運營走向續命的拐點！

商場上的市佔率，決定影響力，也決定存活的命運！

大潮流排山倒海　拚轉型刻不容緩

如說是前世，中國傳統的報紙，當時文字是從上到下直排，標題亦是，都是鉛字排版，鉛字檢排架，罕見字不算，九千六百多字為常用字，僅有5種字體，多種字形，用乘法即知，鉛字檢排架密密麻麻，在報館印務處有如一道小長城！

如果一個鉛字，是一個單兵，組合了100個鉛字，就是一個連，如此類推，每天報紙上了就是十幾萬雄兵！

報禁解除，編採人員的稿件，3大張的報紙，每天約10萬字，6大張的報紙每天約20萬字，數十萬字要在鉛字檢排的長城上遊走，可想而知，訓練有素的員工要增加多少了！

印刷機單位的增加，製版作業的增加，派送到家戶人員的增加，新聞人才的增加，金流考驗口袋的深淺，深淺定奪續命的活存，不言可喻！

面臨淘沙的大浪，各報無不摩拳擦掌超前部署，《青年日報》要突圍，科技必須登場，設備要改弦更張，必須立即採購；人才孔亟，更是刻不容緩！讓傳統作業與新式作業要相互並行，怎麼整合？怎麼推動？知者、不知者，都一頭霧水？

1987年8月，瞭解大環境困境的政戰部主任許歷農上將超前部署，與繆綸社長研討後，決定走兩步棋突圍：首先將報社電腦化，必須在12月底完成；同步由總政戰部及時從各軍種調派政戰學校新

聞系畢業的男女軍官共20名，集結到青年日報編輯部，快速實務訓練，熟習編採工作，投入風起雲湧的開放競爭中！

作業突圍大轉型，電腦化是不二的選擇，密密麻麻鉛字檢排長城，鑄字房必須廢除！改成電腦打字排版！這也是全國各大報的共同選擇！

問題來了……

32年前，電腦化需要的設備、人才、技術，放眼望去，國內並無前例，各報也躊躇不前、相互觀望……但是，面對報禁開放時間的追趕，各報摩拳擦掌，必須在1987年底完成，才能不被反淘汰！

原本沒日的生活，也就是開始沒有夜了！

1987年9月初，繆綸社長突然找我，我本以為是編務上的事，他第一句話就說：報社要轉骨進電腦化，你準備一下去日本！回來後，3個月必須要完成！必須……是客氣的命令，更是嚴肅的任務！

錯愕的我，頓時一頭霧水，自己只是一個小小的編輯組副主任，完全不懂電腦？而且還是日本系統啊？報社那麼多學長，為何是我？怎麼做？我主編的要聞版，要怎麼辦？怎麼做……？

問號又是一串串？

任務當前，不由分說，帶著一大堆探解方的問號，啟程到了日本，一頭栽進朝日新聞，神奈川報社，寫研電腦公司，從電腦造字到作業系統，從上游編程到下游印刷，從人才訓練到人才運用……逐條逐條記錄，足足寫了一大疊筆記，帶回來！

瞭解了設備作業模式，但如何將這一套作業系統、電腦設備、結合報社原本已數十年的作業習慣，在每日出報不能耽誤的壓力下，快速訓練同仁進入這一套系統，中間的過度又如何處理？整合一句話，談何容易！千頭萬緒，傷腦傷身！

要把不可能變可能，事涉編務、財務、印務等等，繁雜無序，一段段密集的考察，壓力外還是壓力！

左圖：鑄字房、打樣機、鉛字檢排架小長城，走入歷史！右圖：轉型成電腦化的清爽空間後，木蘭村同學也紛紛來參觀！

回國後，全社召開說明會，我將在日本報業電腦化所見所知所聞所錄，及執行計劃一一說明，但因無人見過，與根深柢固的舊觀念牴觸，說了一下午，大家都問號滿天飛……毫無共鳴！

詰問、質疑、不願變革、竊竊私語聲，此起彼落，一片看衰！想看笑話的人，多了去了，此後，謠言四起！……

3個月　穿著衣服改衣服　陣痛連連

既然受命，不懂電腦的我，盲裡忙，只好，打帶跑！在知識面前低頭！

首先每日早上9時前，就進電腦公司學習，讓自己搞懂他的內涵！

下午安排原本的檢字員訓練為打字員，在那約有9個keyboard大小中文鍵盤上，每天能打出上萬字來，再一一測驗過關！

晚上，還要坐上編輯台，一篇篇審閱各個記者發來的新聞稿，下標題編輯成版面！半夜，再審查調整隔日的推動進度！

這些傷腦筋的事情，整整循環3個月，讓原本每日晝夜顛倒的報紙生活，分不清：是晝還是夜了！有家沒空歸，報社為家，每日睡不

足4小時，也就開始沒夜了！

　　原鉛排的工廠，檢字員整晚需站著檢字，遷就固定的鉛字架，人需左右橫移，鉛字的味道濃又傷身，一不小心就沾染一身黑墨，洗都難！

　　密密麻麻鉛字檢排架：這道小長城，是革故的重頭戲，要搬移騰出空間，又不能耽誤搶出報的原型作業！

　　新舊作業交替，晚上，檢字員檢鉛字排版出報，第2天下午，又要做新鍵盤打字訓練，要保住工作就要苦訓練，蠟燭兩頭燒，怨在心，也無奈！

　　因為另招新人也是要訓練，不如直接訓練原來檢字員！既可維持他們的收入，也有歸屬感！

　　帶著希望，徹底的翻整裝修成現代化的工作間，走進寬敞亮眼無鉛味又無需站著檢字的舒適空間！當然就刻不容緩！工程上的陣痛接踵，一波又一波……

中場叫停　不是休息　是顛簸

　　轉骨改弦正如火如荼的進行時，社內、社外謠言四起，說：報業電腦化，即便是聯合報、中國時報都還沒有成功，只是想藉機裁員？何況主事的喬振中只是新聞系畢業，也沒有任何電腦背景，更沒有經驗，青報絕不會成功!?

　　謠言誤射，處處可聞，終於在10月爆發，那一夜，繆綸社長想看看電腦化新的進度，來到檢排區，正在檢排的員工突然集結，包圍社長，擔憂不能歸位電腦化、怕失去工作的員工，七嘴八舌激烈的表達意見，類似群眾運動，整個現場沸騰，始終不讓社長離開，社長被困，氣定神閒的說：請員工派代表將意見表達出來，我們來設法解決你們的困惑與困難，哄哄鬧鬧一小時後，這才讓社長離開！

　　這段時間，每晚都要面見許歷農上將的繆綸社長，立即報告，許上將知道後指示：好好安排勞工們……電腦化後的工作。

當天半夜三點，繆綸社長突然打電話給正在傷腦筋的我，充分授權：要我想出解決之道！話裡滿是憂，但語出堅定，讓所有人在新制度裡安排適當位子工作！又是一次客氣的命令，不客氣的任務！

　　第3天我約見檢排員工代表，相互討論之後，知道他們的困惑與困難。

　　我告知員工改革是大勢所趨，如不成功，6大張報紙，檢排架要增一倍，員工也要增一倍，成本太高，我們並無退路！

　　報社高昂經費買的電腦，即是在現有的人力上，先投資未來的成本，檢字員轉換成打字員，只要檢排的員工能通過訓練考核，即可續留報社，還可習得新的技術變成一技之長！況且福利依舊，並非裁員！那些只是謠言，千萬別信！

　　這場危機！終於在溝通保證下才化險為夷！員工們也按照規劃的腳步續行！青報的版面，在抗變情緒中，一版一版全部納入系統！3個月未到，這一波電腦檢排改革完成！當時的謠言也不攻自破！

　　電腦化期間，許歷農上將到報社慰勉祝賀大家的努力與辛勞！

　　12月底，郝柏村總長、楊亭雲上將率領眾位將軍，親臨視導，

刻骨銘心的摯愛

左圖：郝柏村總長（右2）及楊亭雲將軍視導電腦化（右）繆綸社長當場一一說明。右圖：許歷農上將（左）至報社為同仁加油打氣。

從輸入到輸出到貼版，他要求工作人員現場操作，步驟一一核實，各項設備的功能，訓練的過程，繆綸一一解說，郝柏村總長滿意而回！

風險去了，成本少了，報社科技奠基！政戰部也舉辦了慶功頒獎會，發給了我一張我未到場的國防部獎狀，因為當天我如釋重負，竟然睡過了頭！繆綸社長知道了原由，事後補頒給了我！

轉型歡愉了未來，但這一段陣痛：沒睡著過，也沒睡醒過，正如繆綸社長寫的：刻骨銘心的摯愛！

在報禁開放前，有許多搶進辦報的新聞人，手上只有記者編輯，但無中下游作業設備，青報完成第一波電腦化改革後，他們紛紛到青報接洽代編、代製、代印，如當時的世界論壇報、財訊快報，貿易快訊等等，報社的財源也稍舒緩，如此持續到了1992年！

報禁開放後的4年，大小型報如雨後春筍，地方報紙遍地都是，報業歷經人員的增血，發行的各出奇招，印刷業搶增業務地盤，版圖的成本日益抬高，逼的不得不重新盤整！

科技的突飛猛進，也把報業羅盤的指針調整了新方向，來化解高

左圖：王昇將軍（左）關懷電腦化，陳霽社長親為解說！右圖：青報電腦化時，編採人員認真學習的場景！

昂成本支出！

這一波力道很強，記者編輯不只是編採走在第一線，更要親自操

作電腦，直接以磁碟片與報社主機連線！

以前是電腦檢排員幫忙檢字，現在要自己打字，編輯改稿下標題組版也要自己打字，原來的打字員、組版員又將變成回憶！

科技指針　指向報業全彩編印　避無可避

這兩波電腦化，報社與國防部資訊單位評估後，決定採購了iPhone發明者喬布斯開發的新穎圖形使用者介面NEXT電腦，此時新任社長陳霽又突然找我，並要我主事，推動此次第2波改革！

開弓沒有回頭箭，過程中，因第一次轉骨定位，印務處的謠言終止了，這一次，雖有異聲，但因第一波的經驗，雖訓練出共識，陣痛依然！為維持正常出報，第2波電腦化又一次交替作業，也同樣的同步訓練記者輸入法，訓練編輯在電腦上直接改稿組版，並重新改造作業環境，這一次輪到編輯部大翻轉‧大變動！

編採人員如遊牧族，採訪組先移至其他樓層如資料室，編輯部全面施工大翻轉，全部採用高架地板，以便管線在地板下，不妨礙進出動線！施工在左邊時，編輯們即移到右邊，逐日更換座位，寫稿打字訓練要求非常嚴格，正如當時的記者，如今已是大學教授的何啟聖，說的：當時要求大易輸入法每分鐘要達百字以上，才算合格，氣到不行；當然主事的我，就集同仁怨氣於一身了！但如今的他，寫稿行雲流水，傲笑同儕！當時的氣與現在的讚，事隔多年相見時，當場對我一次吐完！其他後來又紛轉各個媒體的當年記者們，也都有所怨讚！

1992年，新環境在顛簸的怨氣中，青報完成了第2波電腦化，青報也走在當時報業電腦化的前沿；我的白髮也讓編採同仁笑了！

兩波電腦化完成後，記者‧編輯到印務，流程大幅簡化，工作多元變化，鍵盤取代了爬格子，文稿直接輸入取代鉛排；編輯直接電腦組版，版面的挪移方便容易，取代了昔日的拼板師傅；圖片的製作功能，取代了人工分色；報紙的版面頁頁靈活生動！報紙，黑白多彩色少的時代退位，搖身一變為全彩的時代，美文美圖彩版面！

1993年初，政大傳播學院院長臧國仁，突然來電邀請，與聯合報編輯主任易行同台，講述報業電腦化的經驗分享，與會的都是各報的主事推動人，那一場座談，提問交換心得裡，讓我感受到報業電腦化給各報壓力的沉重，如出一轍！

而來青報參觀電腦化的報館同業，各報總編輯及印務主管的詢問，也著實讓我忙了一陣子！

台大新研所一位博士研究生，也以此為論文到訪，後也成書，當面贈書向我致謝！我也與有榮焉！

電腦化後，清新多彩的青年日報一直都受到矚目，1994年元旦，總統府秘書長吳伯雄破天荒邀請17位報館總編輯，偕同李登輝總統訪視各縣市，一同從北向南，一路隨行採訪！

當時既無網路也無手機傳稿，那三天兩夜的行程，白天訪談，晚上發稿，一路上，為搶出報時間，現場寫稿也來不及，大多以電話打回總社報稿，由記者接力，時間緊迫，分秒必爭，忙的難以言喻，所幸電腦化完成，報稿一段段及時打字，接龍編版，總算趕上截稿時間！

由於電腦化簡化流程，作業快速，編輯部也得心應手地陸續出版了：《壯哉黃埔》、《寧靜革命》……等專書，並頻頻喜獲金橋獎……等！

擔任生活版主編的木蘭村－姜捷訪撰的：《狩獵離島紀行－相依於海》，更榮獲金鼎獎；穿著海軍中校戎裝上臺領獎的她，一展軍校風采，當時的新聞局局長胡志強，頒獎時，更是隆重讚譽，說：姜捷，她是我夫人邵曉玲的學妹喔！

當初，許歷農主任調來青報的這20位年輕生力軍，在往後的青報歷練的發展中，也紛在報社、軍聞社、軍事發言人室位居要職！

當時，也有議題：縮併本島外島所有軍報和刊物，由青報電腦化代編、代製、代印，以便成本效益最大化！並曾指派梁立凱學長與我前往金門日報考察可行性，但當日尚義機場大霧，枯坐松山機場，等

到宣佈當日班機取消，未能成行，且牽涉複雜，事關重大，終未成事！幾年後，僅有新中國出版社的三刊併入！

1996年我卸下軍職，揮別文化大樓，獨行於民間！應大成報之邀，轉換跑道，除管理編輯部編務外，又續以Adobe InDesign推動大成報電腦化！並編寫了大成報史一書。後又至其他雜誌，主持編務，電腦科技也一路相依相伴！

從無到有，送舊迎新，那些曾經，文化大樓的夜，30年過去了。

回首挑燈時，月明無緣見，冬枕笑秋眠，華髮笑早生，風雨幾番；三月猶三年，天問無欲剛，沉沙無折戟，樓高明亮處，幸步庭前！

舊人也如走馬燈，但青報編輯部至今仍如科技營盤，依然敞亮！如今，電腦飆速走近量子，網速飛騰，電腦科技的算力、大數據、雲端、互聯網、AI盛行，手機早已是生活日常，工作日常；新聞網路化後，電媒已成顯學！報紙生態天翻地覆，信息，已沒有隔夜空間！

時代，要有領航者，也要有跟隨者，更要有創造者！未來，數位化更是無處不在，要想跟上時代，只有打碎自己，不斷從新再來！

夜語翦燭西窗　星星相知相惜

電腦化後的十餘年裡，繆綸每每與我談及此，依然語多：刻骨銘心！

事隔多年，那天，天南地北，聊的正歡……

我問他：如果電腦化……轉骨，骨折……沒成呢？

玉翎燕的他，俠爽說：險也不險，不險也險……俠客行俠心，快意不留行！

銀鞍照白馬，颯沓如流星，我倆相對，哈哈豪笑！

這幅屯憂多年的笑裡，可以聞到，許歷農上將和繆綸社長，當時的肩頭壓力，就不是三言兩語……千萬……兩字可以說的清，道的明……

1987年11月，許歷農上將奉命調職任輔導會主委，隔年秋，繆綸

屆齡退伍，立即被調去華欣文化，主持榮光周報，當然也續兼文膽！

2012年繆綸羽化，成立治喪委員會，許歷農上將擔任榮譽主委，國防部長高華柱任主委，我任總幹事，27期新聞系黃開森少將奉命幫辦，當天，副總統吳敦義及三軍總部政戰主任率員依序祭悼，八位將軍覆蓋國旗和黨旗……

當日，95高齡的許老爹，整個上午，從頭到尾，默默坐在首位，他那份漓淚的不捨，看在眼裡，心疼不已，背影告訴我，他多麼婉惜繆綸，他們……星星……相惜……

【作者小檔案】

| 喬振中 | 政戰學校22期　新聞系，曾任：空軍總部新聞官、軍聞社記者、青年日報總編輯、大成報社務顧問總編審、啟思出版社主編、話題月刊顧問、貿易快

訊、國際商情總編審、警友月刊總編輯、美國國際日報臺灣區總編輯、外貿協會、台北師專、銘傳大學講座、現職GLOBALinks總編輯．

廣播蛻變年代　復興崗人盡顯風騷

文‧圖／賀鐵君

　　廣播是很奇妙的電子訊號，不見其影、不聞其味，解繹電波，聲悅如天籟，幻漫耳際，卻動畫入腦在心，傳聲無遠弗屆，天涯有知音。穹宇傳聲百年，軍中媒體沒缺席，話盡民國歲月滄桑；軍中、空軍、光華、復興、甚或組織改制前的中央電臺，在遞嬗時空裡，扮演不同角色，執行國家交付任務。

　　頻道為國家重要通訊資財之一，運用之妙，純乎用心，就軍事用途；二次世界大戰的美日、英德等國、互為針對性廣播的攻防作為最為典範，因之渠於情報傳遞、軍心民氣鼓舞……具無遠弗屆奇效，於是各國依樣畫葫蘆廣泛運用，手段不一、精進勝卷，至今不殆。

戢之無形　勝在無極　軍中廣播　展翅穹宇

　　戒嚴時期，海峽兩岸視如敵對，雙方互為覬覦有利戰機，空中無影戰火分秒交熾，互有戰果。縱或解嚴後，兩岸交流，貌似平靜卻有暗濤；各唱各的調、琵琶別抱，相爭手段巧妙。

　　當年寶島偏安，電臺三十餘不多，但分臺頻率卻配佈涵蓋全臺；心防電臺位在都會人口密集區，以同頻蓋「匪播」，防範竊音擾亂社會，心戰電臺在海岸地，以強波「穿幕」敵後，宣傳寶島自由民主，爭取大陸軍民心。

　　廣播「戢之無形、勝在無極」的穿透威力，讓它在穹宇縱橫無阻，穿隙入耳透心。國軍媒體要執行此任務，運用之巧就會迥異一般，在通俗「音樂與說詞」基調中，要無影「船過留痕」，既討喜悅耳聽眾，且要百聽不厭，達到宣揚國策與喉舌輿論使命。它的屬性；恪遵媒體中性、超黨派，是守護國家忠誠的宣行者。

鑑此，「軍中電臺」於1942年重慶開播以來，即秉持國軍賦予使命，以「軍中之聲」臺呼在烽火狼煙大地傳聲，迭經時代變遷、任務興替，盡職守護國家始終如一。時光遞嬗，歲月常春，軍中電臺適時以三軍官兵為主體的美聲和韻節目，豐潤了媒體孤寂與色彩單調的國人生活。

　　1987年解嚴，劃開了兩個截然不同廣播世代；前者肅慎管制已銷，後者民主環境浪蕩，媒體回歸主流價值；悅耳聽眾與行銷服務。然新頻釋出，電臺增生爆量，空中百花齊放，耳聆熱鬧喧嚷，聲韻卻不如往昔泱泱。

　　軍中電臺亦步亦趨跟上潮流，更名「漢聲」演繹新時代，一體兩銜、建制於1949年的「國防部軍中播音總隊」，是電臺的骨血、靈魂，正逢血脈賁張精壯期，遊刃於大時代變遷，風姿綽約，漢聲人走路有風。

　　解嚴後的漢聲、到2001年降編的總隊，前後15年間是廣播蛻變年代，大環境在「黨政軍退出媒體」的肅殺大纛下，由亂而治、從變而奠、化繁為簡，成就今日公民營電臺定位態勢。復興崗媒體人躬逢其盛，斯時演繹蛻變風采，在興革屏息脈動中，揮灑智慧與青春熱情。

解嚴憲政　漢聲揚威　攻守一體　與時俱進

　　解嚴後，環境頃變，電臺新舊雜陳，言論多元無序，行銷營生門道幻變。漢聲，承軍中電臺數十年基底，早已騰雲空域，如今鬆綁束縛，更見羽翼豐碩，心高力足效鴻鵠，展翅翱翔無垠穹宇。值此競榮時期，漢聲興革堅守「變與不變」原則，興辦基礎是1952年「政戰學校」的創立與教育成果，讓媒體人奉校訓為圭臬，在職崗上辛勤耕耘，將「可變」的視為成長蛻變，把「不變」的經營成砥柱磐石。

　　溯源綠茵復興崗，校園內兩座高塔格外突出；紅磚砌成似紅塔的堡壘，位居地理中樞，是復興崗人精神象徵，有前賢堅毅不屈骨性與後人盡效的武德。塔內置有簡易播音設備，名謂「晨光電臺」，每日對

內有線廣播（擴音），號音定時生活起居，與早中晚五時段簡語播音，由學子細語「綠崗」生活，聲韻悅耳、吐詞款款，溫馨人子勵學心。

另有一高60公尺、紅白漆相間鐵塔，位在校區西北角隅，以中波頻率、臺呼「復興崗廣播電臺」，每日常態定時播音。臺址在新聞學系館內，提供學子專業學程實習外，更為業界人才蘊育所，是廣播人的初啼搖籃。這些俱備武德精神與專業知識的學子們，「學以致用」進入媒體，循序歷練職務，成為經營舵手、輿論靈魂、和「秉春秋之筆，明善惡之辨」的砥柱。

時空解繹，回到解嚴後的社會，憲政體制全然歸位，斂束已久、習以為常的秩序驟放，似卸了箍筋木桶，片散底塌，亂象叢生。此時國家轉型，需凝聚新象；族群融通需祥和、社會散體要新網組、弱勢群體有溫馨照護、暗流力量要疏流自束……。這一浩大「引泛水入渠」工程，全民望之、切之，斯時復興崗媒體人擔起責任，履盡社會建設的喉舌與輿論力量。

漢聲在這階段揭櫫宗旨，興革奠基永續發展：

一、媒體定位

不揚棄舊包袱，賡續執行國軍廣播媒體任務，作好官兵與眷屬資訊服務，再由舊創新節目內涵，擁抱社會群眾，不譁眾取寵爭高聲量，靜觀橫局，以多元資訊服務溫馨人心。微波無形，具象在閱聽人肯定，行政院新聞局「廣播金鐘獎」與文建會「文化建設獎」甄優，近百大小電臺競榮爭譽，漢聲得獎傲視群倫，且多以教育文化、社會服務、兒童與戲劇節目掄元。

這些節目，不從流蜚語聲量，執著為文化紮根與社會群體祥和，勞績備受業界推崇。最難得1990年金鐘獎，電臺囊括九項佔獎額二分之一，而漢聲劇場《醒世戲文》乙齣廣播劇，獨攬編劇、導播、配音與節目四項，創廣播史上團體與節目得獎雙高峰紀錄。

由斯觀豹，叫好叫座節目，永遠是漢聲人自詡的社會責任，不偏執站隊擾嚷靡靡聲量，以優質節目悅耳聽眾，自擁媒體雍容大度。

二、磨碼戰備

　　好的節目需要健全設備相輔相成，穹蒼悅耳，在機務人員的專業與日常維護，稍有一瞬疏之，前功盡棄。電臺前瞻業界，領先播控自動與資訊化，將「訓之日常、用之萬一」的「戰備」任務，臻於完美、近乎苛求，不容「意外」一秒的間斷與誤差。

　　1999年「921大地震」瞬間，驗收戰備成果，凌晨1時47分芮氏7.3地震在南投釋放能量，全島電力輸送中斷，闃暗世界靜默，僅餘漢聲未歇，啟動備援電力傳聲震訊，安撫惶惶民心。常日廣播工程如是經營，況乎戰備實務，戰機間不容髮，防患瞬不逾秒！

三、攻守一體

　　廣播軍媒多立，各自執行任務，有限資源備多力分，個體力絀難盡全，形同資源浪費且效益重疊，有乘數未足缺憾。1999年「漢聲」

併入「空軍」與「光華」兩臺後，播音範圍跨越海峽深入大陸腹地，成為唯一「攻守一體」的大型綜合電臺，節目製播；大陸文傳攻心，本島資訊服務。

　　不同臺呼「收聽漢聲品味人生、收聽光華掌握人生」規劃出的節目內涵，因地殊而生效益，巧為攻防

《醒世戲文》廣播劇針砭「輿論殺人」之亂，不僅可示為當下媒體人束斂言行的警惕，亦足奉為公民教育的傳世經典。

「矛與盾」運用，一體收「破與立」之功。而管理資源的集中與節約，相對提高經營效益，更臻事半功倍。漢聲與時俱進，揚聲浩瀚兩岸穹蒼，似寒溪卵化鮭魚，在渡險犯難、涉灘越渚後茁壯，循得水路入海巡遊大洋，剖其種性基因，源於寒溪清澈孕育，和秉賦浩洋天性。

浩瀚大洋　盡顯揚帆　廣播傳奇　各領風騷

浩瀚大洋，漢聲人盡顯揚帆長航工技藝能，各憑專業職掌分工，駕御艨艟乘風破浪，勇奪數十座金鐘獎，創往昔之盛、開後世之先，而摯愛專業、樂守一世的文職聘員，更是漢聲「鐵打營房」歷久不摧的房基砥柱。

電臺經營，在人的素質與作為，復興崗人骨性於大屯山下「跑馬場」的胼手胝足、和凌風勁寒的武德堅持；能屈身在解嚴後的洪流，卻不撓作中堅，昂首一代接一代，舖陳建軍練心使命與履盡社會責任。

躬逢其盛的復興崗人；漢聲總臺長劉煌、孔令輝、薛古文接力擔綱興革，業界友臺擔大任者；中廣公司總經理唐盼盼、警察廣播電臺總臺長趙鏡涓、高雄電臺臺長朱文明、漁業電臺臺長危恭沐、中央電臺臺長黃四川、正聲電臺副總經理郝士英……等，以睿智勇謀擘劃當下，宏規事業永續經營。

其中有段佳話，於役外另綻鋒芒的中廣唐總經理與警廣趙總臺長，俱為新聞系10期高才，班對結為連理，事業上各膺媒體一方霸主，分庭抗禮，內廚分工合作、伉儷情深。夫妻內室外庭的競合關係，外人難窺其巧妙，成就卻有目共睹、罕有，享譽媒體業界。他倆演繹綠崗四合小院的傳奇；將「家事、國事、天下事」繫於心、行於公的大為，引為復興崗新聞人典範。

傑出專業人，名鑴金鐘座者；製作人牟希宗、導播胡覺海、劇作家宋轅田（4座「金鐘獎」）、國家司儀袁光麟（6座「金鐘獎」）、新聞尖兵陳乃輝、音樂人滕安瑜，索廉偉、李小玲、宋修聖、呂明珊、曲廣德（「金橋獎」）、馬建成（「文建獎」）……等，風光走紅毯，妖

年度「廣播金鐘獎」典禮，是漢聲人風騷走紅毯的歡喜日。

嬌奪目。

其中領獎如探囊取物的袁光麟（影劇系22期），以厚實嗓音與節目創意，搶了新聞人自恃飯碗，不甘示弱的宋轅田（新聞系19期），以編劇巧思與文藝造詣，砸了影劇人鐵鍋，道上你來我往，互不相讓，私下兩人情同手足，是電臺「口粲蓮花、手出文采」的兩塊招牌。

業界金嗓名人不勝枚舉；徐健春、黃訓、佟紹宗、王慕航、陳宗岳、季芳蘭、張天倫、黃美好、王立言、馬廣嫻、張子為、謝若男、杜如茵、葛葆熏、季家平、達美新、李猶龍、范重光……等，悅耳節目風光當下，天涯有知音。

英姿颯爽無冕王　潮流不息待新人

新聞線上「無冕王」的新聞官、與「麥」後無聲的管理與企劃

人，在職崗上殫精竭慮，嚴守「秉春秋之筆、明善惡之辨」職份；清流闢嘵、捍衛忠誠，讓穹宇多元聲量不缺疏流與正音，祥和了社會，也燃點光明，默名同享榮典。

案頭寫文，伴聆「醒世戲文」廣播劇，氣勢磅礡，餘音嬝嬝，感動如昔。然低迴今日，人事泰半已非，心中有「大江東去，浪淘盡，千古風流人物」感觸。

2001年後總隊降編，電臺主體性迭二連三斲傷，骨血注流受限縮，專業活力不復往昔生動有勁，如同「復興崗」不再是學校的專有名詞，而是容天納地營區，駐地之一的「學院」相對就窘迫了。

實言這一切，意涵一個主流時代結束，蛻變是過渡的亮點、潮起浪頭的峰尖，斯時，復興崗人盛裝上陣，走過璀璨已無憾！現況如何，已無關個體本質卓越，而是政體換新制下，潮流走向的必然。

歲月不殆，潮流不息，節點上檢驗當代人作為並遺下印記，漢聲人；英姿颯爽、廣播人典範。再盱衡當下，穹宇雖擾嚷，漢地猶可愛待舉，數江上，赤壁旌旗，英雌豪傑換人奮發。走過璀璨年代，漢聲傳薪後勁；政戰局長陳育琳中將、食物銀行總經理羅紹和、媒體名人康仁俊、業精再續教育薪傳的李承中、宋修聖……等走出人生窠臼，在事業大道上另領風潮，擎旗鼓浪歲月長河，復興崗人盡顯風騷矣！

【作者小檔案】

| 賀鐵君 | 政戰學校23期新聞系，歷任《建國日報》總編輯、副社長，兼軍聞社澎湖特派員，播音總隊新聞官、隊長、組長、科長、副總隊長、總隊長。

影視英華

永載仁風
惠我嘉祥

劇作家張永祥先生創作贈書典藏活動

劇人趙琦彬

趙琦彬紀念文集編輯委員會

風雨生信心　充分顯示國人團結互助、寧靜奮發精神！
是國內三家電視台前所未有之大製作！

■ 廣告價格 ■
1. 30秒提供：54,000元
2. 10秒插播：18,000元
3. 佣金一律2成

編導演　文華采　掌藝鏡　演如真　劇劇動人心
影視戲　師斐炳　星傳香　時代情　風雨生信心

——編者按

復興崗影視江山的縮影

文‧圖／汪威江

　　政府遷臺初期百廢待舉、百業待興，而在經歷重大挫敗之後，隨之而來的必然是嚴峻的考驗，因之值此危急關鍵時刻，如何力求社會的安定，如何恢復各項生產能力可說是當務之急。先總統蔣中正檢視國共內戰軍事失利的主因為，軍隊失去信仰、將領缺乏氣節、軍中派系林立、紀律組織渙散，尤其是在思想統一，廉恥教化，營私舞弊，軍魂黨性方面更是敗絮其內，蕩然無存，因此經國先生在建軍整備伊始，即深思如何健全政工制度，做為奠定整軍建軍之基礎，又復體察到政工工作任重道遠，需在政工教育上深耕，遂決定創設政工幹部學校。

　　在省思失敗過程中，不難發現其中一個因素，是軍隊經歷了漫長的戰爭後對思想精神的鬆弛，喪失了對主義的信仰、對領袖的服從、對國家的堅定、對責任的承擔、和對榮譽的珍視，同時，有鑑於大陸退守前新文藝受左傾思想影響，造成核心價值觀的混淆，帶來國家致命的災難，萬劫過後痛定思痛，瞭解到軍中文藝的重振，不但能加強官兵對主義的認知，對國家的忠誠，更可藉以恢復國人彼此之凝聚力與對國家的向心力，且對軍中政治教育，文化宣傳工作有推波助瀾的功能，也有助於創肇主流意識氛圍，提升官兵知識水準，更可做為國家重建道路上的精神武器，因此軍中文藝範疇中的新聞、影劇、美術、音樂，成為政工幹部學校教育體系中不可或缺的一環。

　　名師出高徒，政工幹部學校影劇系（戲劇組）成立即延攬了一時之選的名師，理論實務並重，計有王紹清、齊如山、李曼瑰、梁實秋、黃瓊玖、王壽康、鄧綏寧、唐紹華、顧毅、段淩、趙越、雷亨利、張英、張徹、王生善、崔小萍、潘直庵、房勉、申江、劉垠、俞

大綱、王平陵、張蒪麻以及爾後的王慰誠、姚一葦、劉碩夫等,皆為大師級人物,加上日後學而有成的張永祥、趙琦彬、貢敏、徐天榮、劉藝、蔣紹成、聶光炎、瘂弦(王慶麟)、沈毓立等,可謂師資陣容一流,教學功底紮實,培育出未來一代接一代傳承的革命藝術家,並以影劇藝術的感染力,長期在軍中及社會發揮影響,陶鑄了無形的精神戰力。

　　日據時代,初始對臺灣傳統戲劇活動,並未採取嚴格的限制和規範,因此歌仔戲、布袋戲、皮影戲、九甲戲尚能在民間普傳,1920年代受近代西方文藝影響,新戲開始萌芽,臺北有「星光劇團」的誕生,但因內容較深,藝術性較強,票價不便宜,不為一般民眾所能接受,因此僅止在文化及知識界流行,一般民眾還是以欣賞傳統戲曲為主,至日據晚期,總督府推行「皇民化運動」開始打壓本土劇,源於日本殖民統治教化下民眾的愚昧,加上被奴役的封建思想,臺灣的戲劇發展淪為沒有教化的性質,只剩做為節慶娛樂或宗教祭祀之用。

　　電影代表了現代化、文明化,進步的思想與先進的技術,1910年後,臺灣電影的播放市場逐漸興起,臺灣形成一個無能力製作發行,卻有電影消費習性的市場,這種不均衡的畸形發展,當然也跟總督府認為由臺灣人製作發行電影,會使電影宣傳教化民眾的工作受阻有關,因此實施了電影配給制,壟斷電影發行放映權,在此配銷型態下的臺灣電影產業,不但戲院的經營逐漸為日人所取,也致使臺灣失去了自製電影的能力。

　　綜上所述,政工幹部學校創立時,臺灣的戲劇與電影皆處於真空狀態,更遑論日後衍生的電視媒體,臺灣社會對影劇的認知也可說是一片空白,前來報考影劇系(戲劇組)的學生,多有軍中康樂隊背景或隨軍來臺的青年流亡學生,這些人或多或少參與過軍中劇團工作,抑或是自幼即對戲劇懷有夢想的一貫追求,他們雖然在校期間所學以舞臺文藝為主,並無機會涉獵電影、電視有關的技術與學術,在前無古人師法,不知劇本撰寫格式,不懂何謂分鏡處理下,憑藉修習戲劇

原理深厚功底，名師殷切調教指點，長官睿智支持鼓勵，透過自我摸索，勤學苦讀，潛心鑽研，勇於挑戰的文武雙修，內外兼養後，個個頭角崢嶸，身處時勢造英雄，英雄創時勢的特殊時代環境，造就出多人成為未來臺灣影視行業中的泰山北斗，構建出幹校影劇系在臺灣影視界擁有半壁江山的榮景。

　　經過大時代的洗禮，才能說出時代的故事與意義，有著對人間苦難深切的體驗，才能折射出在離鄉背井、顛沛流離中世事的磨勵，影劇系前期學長們咀嚼生活的苦，回憶兒時的香，反芻學習的甜，在編、導、演的創作作品的刻畫上，付出的努力令人耳目一新，他們為

政校一期趙琦彬編劇、導演，15期王彼得（右3）、17期汪威江（右2）、20期金超群（左2）聯袂演出的舞臺劇《歸去來兮》場景。

蒼白的臺灣影劇行業塗上了絢麗的色彩，對軍中與社會群體的影響產生出無價的碩果，他們無懼面對苦難的堅韌，心中想的是千秋萬世，要記錄下最有骨氣的中國，在滾滾時代的洪流中，他們堅守中華傳統的意志，展現出勇於創新的膽識，他們為幹校、為軍中文藝、為臺灣影視產業寫下一頁全新的歷史，塑立一座嶄新的里程碑。

大屯蒼蒼，淡海泱泱，前輩之風，山高水長，或許是任務的變遷，時代的不同認知，抑或是某些個人的成見，總之在經過九曲迴腸，風雨兼程的年代後，現今政戰工作尤其是軍中文藝有了不如既往的方向，暫時終止了影劇系多彩的光譜；但在文學的氣象中，在故事的海洋裡，政戰影劇系學長們昔日熠熠生輝的光榮成就，將永傳於後期學子。他們在困苦、無奈和黑暗中激起人們對光明的探求，他們義無反顧奮鬥向前的家國情懷，將永遠被接棒者記住！也必將成為日後鞭策每一代復興崗影劇人效法逐夢的指引。

（影劇風雲人物，參考文獻三，如附錄）

【作者小檔案】

| 汪威江 | 政戰學校17期影劇系，歷經藝工總隊、華視基本演員，演出包括三台聯播劇《寒流》、以及華視《牽手》等代表作，並製作《中國神話故事》等膾炙人口的節目；目前擔任中華民國廣播電視節目製作商業同業公會理事長，推動兩岸影視產業的合作與發展。

影‧視‧戲劇的先行者與接棒人

文‧圖╱邱冬媛

　　政戰影劇系是1951年經國先生創辦政工幹校之初，即設有的業科班戲劇組，1952年1月6日第1期在北投復興崗正式開學。初期教育學程為1年6個月，自1956年（第6期）起改為專科制的影劇科；1960年（第8期）起，隨學校改制為大學四年製成為影劇學系，1970年改銜為政治作戰學校，是臺灣第一個戲劇專業教育學府，肩負培養軍中文藝幹部的重責大任，也成為臺灣影視、戲劇人才的搖籃，帶動起臺灣早期文化建設的發展。

　　另於1981年至1997年曾設有「影劇專科班」；2002年影劇與美術、音樂合併成為藝術系；2004年藝術系曾奉部令停招，經多方努力、復於2005年7月調設為「應用藝術學系」（設美術、音樂、影劇專業領域），隔年復招；後配合國軍「精進案」之北部軍事院校調併，改制為國防大學政治作戰學院應用藝術學系至今。這是政戰影劇自政工幹校，走過草創播種、生根成長、茁壯改變、整合創新的階段歷程。

大師如椽　畫出影劇光輝年代

　　政戰影劇的創系主任是王紹清（1951～1957年），當時為了培育軍中文藝人才而延聘優秀師資，如：梁實秋、齊如山、李曼瑰、鄧綏寧、唐紹華、顧毅、段淩、雷亨利、張英、張徹、王生善、崔小萍、房勉、劉垠等人皆為一時之選；所授課程包括：戲劇概論、中國戲劇史、西洋戲劇史、希臘悲劇、舞臺語言、舞臺設計、舞臺燈光、編劇、導演、排演、表演、化妝等專業課程，都為臺灣的戲劇教育奠下基礎。

第1期的張永祥在生前回憶學校的學習，曾寫下「老師們對我的教誨，讓我們一生獲益頗深；國劇大師齊如山老師講『中國戲劇史』，如話家常、如數家珍；李曼瑰教授講『西洋戲劇史』，每週4小時從希臘悲劇、文藝復興、現代劇場、易蔔生到美國的尤金奧尼爾；莎士比亞戲劇權威的梁實秋教授講《哈姆雷特》、《威尼斯的商人》，對學生講解用國語，表演角色、臺詞，用英語加上動作、表情，一堂課講下來汗流浹背，窗外擠滿了別系的學生，對梁教授的教學精神欽佩又感動；導演課的兩位大導演張徹、張英，天馬行空，霸氣風流；『表演課』的崔小萍老師、『舞臺設計』的顧毅老師，理論奠基、表演教學認真，都是在臺灣桃李滿天下的權威。還有補學分時，姚一葦教授講『現代戲劇』，內容豐富，筆記最多。」第2期的王慶麟（瘂弦）則補充，「還有俞大綱、王平陵、張蔔麻……等老師都深具價值。」可見一時之選造就出時代碩彥。

　　1957至1962年的系主任是立法委員李曼瑰，有「中國莎士比亞」美稱，曾擔任「中華文藝獎金委員會」委員。積極推動多項戲劇運動，成立近十個戲劇組織，設立劇本創作基金，持續從事劇本創作和戲劇教育工作，培育出許多人才，被尊為「臺灣戰後劇場第一人」及「中國戲劇導師」，系上師生也以「曼老」稱之，在其任內完成了許多重要活動的演出，也讓幹校影劇成為推動臺灣戲劇發展的主力，令後輩學生感念在心。早期復興崗人文薈萃，政戰影劇所培育出來的學生，後來都成為影視戲劇界及文壇最重要推手或藝術家，包括趙琦彬、張永祥、張曾澤、張放、劉藝、劉伯祺、徐天榮、貢敏、瘂弦（王慶麟）、王瑞、李冷、聶光炎、宋項如、上官亮（陳萬里）、丁強、夏祖輝、唐冀、孫景階、張疆、崔福生、沈毓立、劉立立、朱磊、張暄、陸廣浩、趙玉崗……等人。政工幹校時期，業科班的戲劇組，延續著「文藝到軍中去、創造軍中文藝」及「兵演兵、兵寫兵」的口號，以影劇藝術的感染力，長期在軍中及社會的發揮影響，端正風氣、鼓舞士氣，陶鑄無形的精神戰力。

1962至1977年的系主任是劇作家及導演王慰誠，承繼前期優秀師資、引入西洋戲劇，延攬幹校傑出系友張永祥、瘂弦、貢敏、趙琦彬、徐天榮、聶光炎……返校任教，共同開創臺灣第一個演出莎劇的記錄——《哈姆雷特》，也在臺灣電視史上留下最早的戲劇演出紀錄。光啟社創辦人卜立輝神父曾記錄見證：「1962年2月14日，教育電視實驗臺開播，演出政工幹校影劇系的莎劇《哈姆雷特》，締造了臺灣電視史上首次戲劇演出紀錄。」而盛況空前、連演數十場、並獲得4座「金鼎獎」的《國父傳》，更是臺灣戲劇史上的重要印記，參演師生永誌難忘。第12期的曾憲槊仍記得《國父傳》時純手工的燈光讓青天白日緩緩升起的感動；第13期的王哲承，也還記得當年聶光炎教官（當年稱軍職老師為教官）在復興崗指導15期演出《羅密歐與茱麗葉》的匠心奇巧，及製作《仲夏夜之夢》佈景（文化大學演出）的魔幻之手。而此期間，正值臺灣影視開展，政戰影劇也適時輸出許多專業人才，參與開臺、開播、節目製作，成為催生臺灣影視事業發展的重要關鍵，尤以中製廠、中影、中視、華視為甚。

1977至1981年由張永祥接掌系務，他是幹校戲劇組第1期、臺灣

1964年，莎士比亞戲劇首次搬上臺灣舞臺，由政戰影劇首演。

中華民國各界慶祝莎士比亞誕生四百週年
敬請政工幹校影劇學系演出

台北話劇欣賞會
第二屆　第四次

莎士比亞名著

王子復仇記

中華民國五十三年四月廿三至廿九日

新台幣二元

演出執行人：李曼瑰
導　演：王慰誠
舞台設計：崔福生
舞台監督：唐　其

南海路國立國際藝術館
每晚七時半開演

一三戲劇藝術研究社印行

14

重要的劇作家、導演、製作人，也以更開放的態度，陸續聘進黃以功、汪其楣、景小佩、劉藝、徐一功、林清涼、陳梅靖，及中國電影製片廠的蘭觀生、曾憲篆、徐中尊等加入教學行列、豐富師資。第23期的知名作家蘇偉貞提及張永祥的「劇本習作」、王慶麟（瘂弦）的「藝術概論」、牛川海的「莎翁劇本選讀」，丁洪哲的「劇場實務」、沈毓立的「排演」，迄今都還印象深刻。

其後接續的是王永泉、龍靖康、徐中尊、許君健等系主任，都是軍職上校，除了延續政戰影劇傳統，也各有風格、在不同時期創造各類影劇風華。至1996年由牛川海教授接任，則開啟新的劇場嘗試、也

1965年影劇系盛大演出《國父傳》，並榮獲最佳演員、編劇、導演、舞臺設計等四座金鼎獎，左起為王慶麟（瘂弦）、徐天榮、王慰誠、聶光炎。

吸納更多專業師資，如：詹惠登、鍾寶善、簡立人、徐亞湘……等。

早期影劇人才輩出　傳承軍教開創藝文

　　早期的崗上劇人中，返回母校任教，都成為學弟妹的典範，他們結合專業所學及部隊實務經驗，分別教授戲劇概論（蔣紹成）、導演學（趙琦彬）、燈光、電影學（唐驥）、舞臺設計（聶光炎）、編劇學（徐天榮）、表演（沈毓立）等課程，是學長也是教官，接續造就一批批政戰影劇優秀人才，在軍中及社會大放異彩，如張德模、范家玲、杜滿生、邵曉玲、孟振中、佟紹宗、王彼得、吳錡、汪威江、王墨林、張曉華、金超群、袁光麟、劉筱平、蘇偉貞、劉美琴、李順慈等人，他們除了在戲劇、電影、電視圈有極優秀的表現，在社會及學術界均見突出。也因同為崗上劇人的傳承、他們情誼深厚，如：趙琦彬教官喜請同學到家中吃麵、喝的是高粱，這是很難想像的軍校師生關係及軍旅袍澤情誼。瘂弦曾說：「雖說一般友誼的船，說翻就翻，但幹校的友誼是不會翻的，幹校的同學總是共患難，像兄弟、像哥們；張永祥與趙琦彬兩位大學長，就都像我的兄長一樣，我們在學校吃的是青草，但擠出來的是奶水，讓我們感覺自己永遠都是復興崗人。」已故的導演兼演員丁強也說：「張永祥不僅是我心目中的老大，而且是電影圈的老大，我對他崇拜像追女朋友那樣。」

影劇年代展風華　細數風華逾甲子

　　1976年3月起，時值蔣公逝世週年，為倡議國人「莊敬自強，處變不驚」精神，並喚起青年加入革命陣營。政戰學校結合影劇系、美術系、音樂系等科系，區分北、中、南、東巡迴進行影展、劇展、美展、音樂會等活動，企望透過藝文表演宣傳軍事教育成果，並藉藝術寓教於樂來宣揚愛國精神。首屆「復興崗藝展」由影劇系帶頭，在「國軍文藝活動中心」由第22期演出《錦繡前程》（原名《鼎食之家》）；1977年「第二屆復興崗藝展」以第23期影劇系為主，則由副

校長陳祖耀領隊巡迴全省，演出了由貢敏編劇、許永代導演的《遊子吟》；1978年第三屆復興崗藝展由系主任張永祥編劇，巡迴全省演出《春風化雨》36場；1979年第四屆復興崗藝展，恰巧鄧小平訪問美國，因而演出《鄧匪訪美》（又名《飛向青天》）；並於國父紀念館演出《錦繡前程》，融合音樂、舞蹈、文學；第五屆復興崗藝展，影劇系是由第26期帶領學弟妹巡迴演出《國恩家慶》（又名《月團圓》）。第六屆復興崗藝展，則由第27期演出《歡樂滿蕉園》；第七屆復興崗藝展28、29期演出《假如我是真的》。

1981年11月，政戰學校奉總政戰部主任王昇指示，由影劇系主任張永祥製作大型歌劇《雙城復國記》，先於臺北市藝術節在國父紀念館演出，之後並巡迴至高雄文化中心表演。《雙城復國記》是根據戰國時代「田單復國」的史實，由張永祥編撰，碧果執筆，蔡伯武、李健合作譜曲，導演王波影、舞臺設計鄭正慶、燈光設計張曉華、技術指導林清涼，主要演員則是旅日男高音樂家吳文修、李宗球擔綱，其餘由畢業校友及在校師生擔任。整齣戲的幕後工作人員達250人，期間因張永祥主任退伍、由王永泉上校繼任，圓滿達成此一重大任務。

70年代起是臺灣小劇場蓬勃發展的時期，復興崗的戲劇運動也在「龍劇坊」誕生。此一小劇場係以廢棄攝影棚、儲藏室搭建，由第32期主導、帶學弟自建，取名為「龍劇坊」，乃是以當時龍靖康系主任之姓氏命名。「龍劇坊」成立後、在復興崗掀起一股劇場風，舉辦的「戲劇月」觀摩競演，更讓所有想演戲、想發表、想創作的影劇系正期、專科班學生搶破頭，甚至有其他科系的學生來票戲，使得龍劇坊幾乎每個週末都有戲劇演出輪番上陣。

除此，影劇系也支援影視演出，除了60～70年代的愛國電影，1991年中國電視公司的電視劇《長官好》，是臺灣電視史上首部由中國電影製片廠製作的八點檔電視劇，幾乎全由政戰影劇所主導。《長官好》由影劇系第22期席台昌製作、第24期劉美琴編劇、第32期王重正任副導演，演員有寇世勳、涂善妮、李興文……等，第27期的

陸秋雲也軋了女生連連長一角，第35期的助教邱冬媛在進修碩士前參與了前段拍攝，第37、38期則扮演入伍生連的幹部或同學。劇情敘述政治作戰學校的花木蘭（女學生）和長官之間愛情和友情的互動。由於場景以復興崗木蘭村居多，支援拍片任務是影劇系學生最好的實習。

1996年，在影劇系已任教20餘年的牛川海教授兼系主任。1997年全系在國立藝術學院的表演藝術中心，演出貢敏編劇的《子孫萬代》，佈景絕美、場面浩大；1998年為紀念戲劇大師姚一葦，巡迴臺北新舞臺、木柵國光劇場、高雄、臺東演出《紅鼻子》；1999年更從臺北、嘉義、高雄到澎湖，演出由小鎮改編的《北投故事》；2000年則是配合教育部「921災區青少年心靈重建運動」，兩部遊覽車奔赴南投縣十所國中演出《究竟誰是爹》，上下午趕場在組合屋或頹圮操場搭臺演出，雖是最辛苦的經驗，卻也最具價值。

2000年起國軍組織變革，影劇系也面臨危機挑戰。2004年停招後，接任影劇組組長的邱冬媛，慘澹經營、苦尋出路、追根究柢，

民國103年黃埔建軍90年，應用藝術系影劇組赴台中演出《軍人魂》，15期學姊邵曉玲（前排中）特來鼓勵學弟妹。

2005年初先是訂出「迎接抗戰勝利60週年」的主題,決定製作演出貢敏的《星星、月亮、太陽》,受限於影劇組學生只有20多人、只有甄選他系學同學加入演出,並由熊睦群老師負責導戲、帶領學生製作佈景,及陳韻文、林宏安老師、劉志偉助教的通力合作,終能在臺北「國軍文藝活動中心」及高雄鳳山「國父紀念館」隆重演出。同時間,邱冬媛接任藝術系系主任、持續在外打拼、爭取復招,演出更邀請許多國軍重要將領、立委,讓國人看見影劇系的人才濟濟和團結合作,燃起復系的希望,也讓之後應用藝術系的結合有了背後支持的力量。自此,也促成影劇系友聯絡通訊錄的建立,從泛黃的學籍資料、紀念冊及校友名單中,一一抄寫比對、拼湊,希望重整影劇系友的力量。

調設為「應用藝術學系」雖不得已,但創校之初即有的美術、音樂、影劇都保留下來了。復招的應用藝術學系第一屆是99年班,其畢業展演《戀・北投》就是美術、音樂、影劇的跨領域結合,此劇由邱冬媛製作指導,雖由影劇領域10位同學擔綱,但美術、音樂領域的同學也上臺演戲、下臺做佈景,共同完成演出;與當年演出《星星、月亮、太陽》時的「招兵買馬」似曾相似,也算是精神的延續。此後,則陸續開啟「中華民國政戰影劇系友會」的成立、《復興崗戲劇集》的出版。

是檣櫓灰飛煙滅或樽酒還酹江月?

國防大學應用藝術學系是一個新的時代,專任師資僅邱冬媛、吳佩芳、黃鬱婷,而從56期(99年班)建立範型,以《戀・北投》接續政戰學校時期的《北投故事》、繼承政戰影劇傳統;2011年將《與妻訣別書》帶進國防大學校本部演出;2012年邀請系友參演《世代傳承復興崗一甲子》;2013年演出《有個女孩・木蘭》;2014年慶祝建軍90的《軍人・魂》前進臺中;及後續參與的教育部偏鄉巡演,至2016年,應用藝術學系影劇組的足跡已探及臺北、高雄、臺中、臺東、馬祖等地。惟自2017年起,或許是時空改變、人事離退、人

力受限，已無大型展演或校外演出，且因應用藝術學系跨域整合的規劃縮減課程，並受疫情影響而取消演出。

在大環境的改變及分組招生的限制之下，政戰影劇嘗試跳脫鏡框式舞臺，110年班曾在北投中心新村演出沉浸式劇場《時光未央》；111年班運用系館空間、佈置為沉浸式劇場《你很特別》，可惜因疫情而取消演出；112年班復刻演出99年班的《木偶奇遇記》；113年班演出《Re/turn》、114年班演出《酒吧謀殺案》、115年班讀劇《蕉園樂》。此時，復興崗影劇館在羅揚、李語萱老師接棒帶領下，已不同以往，又將如何？

回顧逾70載的政校影劇系的劇場、影視先行者，猶如探索一齣「大江東去，浪淘盡，千古風流人物。」的歷史大戲，縱使那亂石穿空，驚濤拍岸的時代，已然一去不復；縱使那曾經的江山與豪傑都已

影劇系校友們，愛的傳承‧第一期張永祥夫人、汪威江與邱冬媛（左3.4.5）及王彼得、李語萱（左1.2）羅揚（右）。

如大江東去，為大浪淘盡；但在每個時代，每一期年班師生們卻猶如接棒者，仍持續在復興崗的歲月中，留下創造與學習的成果，並沒有似檣櫓灰飛煙滅，只是宛若一罈醇酒還酹江月而已，而他們留下的酒香餘韻，正是所有復興崗影劇人跨世紀的紀錄；這些，或終將成為崗上劇人的微小光點，匯聚、閃耀的歷史傳承；只不知是否有那麼一天，它們還會在遙遠的天際，再劃出一道道令人驚艷耀眼的光芒？

【作者小檔案】

邱冬媛　政戰學校35期影劇系、國立臺灣藝術大學藝術管理與文化政策研究所博士，以第一名成績畢業留校服務後，派任鳳山三軍七校首任女入伍生連連長，軍旅在復興崗歷練各階教職及系主任，編著有《抗戰時期的中國話劇》、《應用藝術與巧實力——國軍新文藝運動》、《崗上劇集》、《崗上劇事》及《軍藝影劇的微光》等書。

滌靈洗魂的 軍中懺情錄
——小劇場的蟄伏與萌發

文‧圖／王墨林

　　我在高中的時候寫過一篇讀者投書到《徵信新聞報》（後改名為《中國時報》），表達聯考對於只想唸影劇的我來說實在壓力太大，況且我天性缺乏競爭力，一點都不想做人上人，或出人頭地，就是不喜歡給自己這些壓力，只要碰到月考或期考，臨場都會想要上廁所，唯一解壓的方法，就是前一天要去看場電影。小學我幾乎都跟「放牛班」一起混，從初中到高中，我逃課得很厲害，因為留級或逃課太多被退學，就去換個更爛的學校唸，可以說我不喜歡學校這個東西，也說不出什麼原因。但是我卻很喜歡到書店裡面去看書，更喜歡蹺課偷偷去看電影，我並不是什麼叛逆，就喜歡一個人到處逛。年少的時候，覺得自己很可憐，活在一個不自由的學校、又不開放的家庭，有一種生活被壓抑的感覺。可是很諷刺的，我竟然進了軍校。

第21屆國家文藝劇場創作得主
王墨林。

拒絕聯考掙脫禁錮　投身政校鐘情影劇

　　當初我是為什麼會做這個決定呢？就因為政工幹校的影劇系吸引我，而且又想離開家。我爸爸是公務員，我媽媽每天在忙包豆腐、壓豆腐、滷豆腐乾，然後拿到菜市場去賣。他們知道我在校的成績不好，可是又很驚訝我能在雜誌上沒事就登出篇小說來，因此嚕囌不斷，好像生下我之目的就是為了能考上大學，可是我就是要拒絕聯考，所以我自己先做了這個投筆從戎的決定。父母也知道我喜歡電影，在高中時候，看了《今日世界》知道美國正流行拍8釐米的實驗電影，我要求父親也幫我買一部8釐米攝影機，他就在賊仔市買了二手的攝影機跟放映機給我，膠捲很貴，拍拍就擱到送人了。既然父母也沒明顯地表達反對我唸軍校，我想乾脆去申請保送，免得夜長夢多。

　　我們在鳳山步兵學校接受入伍訓練3個月，三軍院校都混合在一個連上，大家來自四面八方一下子就能認識好多人，覺得蠻新奇的。各種軍事操練對我都很有意思，部隊裡嚴格要求一個口令一個動作，從早上一起床就開始集體行動，直至晚點名、就寢都在值星官的哨聲下進行，半夜還會被叫醒起來站衛兵，每天的生活都處在緊張狀態之中，可是我幹得很起勁，因為每天三頓都幫你準備好，每天日程也都幫你控制好，你只要機械地跟著轉動就好，一群人也同時跟你一樣一起轉動。我感到自己不像活在意識一直在流動的現實世界之中。現實是當你漸漸跟同排的不同院校的人混熟了，大家開始天南地北地聊天打屁時，又有同舟共濟的患難之交情誼，這一切對我不只充滿新鮮感，更有現在的自己不屬於以前的自己那種疏隔性，現在的自己卻因與連隊這個集體的連結而存在，完全是以前在做「死老百姓」時所無法體會到的感覺。入伍教育結束，心想回到學校應該是一個不同的天地吧！

　　沒想到回學校我們一年級新生在學長制中，接受的是更嚴格的軍事訓練，因為我們是集體生活，寢室都是打通鋪，從早上聽到值星排

長吹哨起床開始，嗶嗶叭叭，早點名之後，該掃地的掃地，該整內務的整內務，一直忙到排隊進聯合餐廳吃早餐，然後回到教室坐下來，好不容易喘一口氣。哇！回到教室大家就開始喳喳呼呼大扯淡，想起來也蠻好玩的，還有人偷偷開小伙煮滷蛋、滷肉啊，哈哈哈，蠻瘋狂的！可是集體生活就是很緊張啊，然後中午又要集合唱軍歌、答數進餐廳，到了下午差不多三、四點，開始校內環境的勞動服務。

現在想起來每天有很多時間都是在集合，不是聽訓就是工作分配，反正像螺旋一直在打轉挺忙的，但是我自己還是蠻能適應的，覺得在這種規律性的集體生活之下，特別珍惜屬於自己學習的時間，也在被管理的時間夾縫之中能找到屬於自己的時間，就特別容易體會到一種自由奔放的心情。晚點名入寢以後，有人約一約跑到影劇館某個角落偷偷去抽煙，尤其到了三、四年級還有翻牆跑到北投夜市逛。除了集合移動，就是待在影劇館上課或做自己的事，這種集體生活對我蠻有意思的，當然也有來自管理上的壓力，但我覺得在集體之中有一種榮辱與共的陪伴意味，你就不會有被排除於眾人之外的感覺，我相信我的人格是在這個集體生活之中漸漸成長起來的。

名師指導汲取專業　大地震激發小劇場

我們在政工幹校影劇系上的課，對我日後在戲劇專業的發展有很大的影響，因為那些課程對我本來就是自己主動想吸取的專業知識，所以上課時我都很用心聽講。而且系上的老師即使以現在學院水準來說，都算得上名師吧。李曼瑰（戲劇概論）、姚一葦（戲劇理論）、張大夏（中國戲劇史）、王錫茝（西洋戲劇史）、瘂弦（美學）、趙琦彬（戲劇編導）、張永祥（電影編劇）、徐天榮（電影編導）等，他們給我們建立了很好的專業基礎。直到現在，我都養成一種臨場筆記的習慣，其實那就是在聽姚一葦老師的課時，對我們嚴格要求的。我們同班男女同學是只有10個人的小班制，老師與我們互動都很直接，尤其同學之間彼此感情也都很好，直到現在我們雖已垂垂老矣，還是經

常聚會或用line通訊聯絡。

那時影劇館設有一個小舞臺，我三年級（1970年）的時候，找了幾位學弟學妹幫他們導演一齣梅特林克的《闖入者》，當時由金超群飾演劇中行將就木的老者，他日後演出電視連續劇《包青天》而出名。沒想到演出完過兩天，系主任王慰誠把我叫到辦公室，狠狠罵了我一頓，還抓起茶杯作勢往我身上砸，他先指責我私自帶著學弟妹公開演出，為何事先不跟他報告？還說我心太大，學到一點皮毛就急著做導演，這是何等的自不量力……，是的，從那之後我再也未曾想過要做導演這件事，總有一點儆醒不要把導演工作看的容易。

1980年代中期的社會氛圍有如即將脫韁的野馬，以各種反體制名義煽動的社會運動四起，不少在小空間或咖啡館或地下室，甚而在街頭、海邊廢墟出現各式各樣年輕人所組織的小型劇團在做演出，一時這種非商業性的小劇場蔚然成風，充滿了自由、開放的前衛風格，當時報章雜誌報導時都稱之為「小劇場運動」。我在日本待了兩年剛回來，很快也捲進這場風起雲湧的文化風暴，開始跟著大家搞起小劇場演出，我的主要工作除了策劃、製作演出項目外，更重要是寫下不少小劇場的論述文章，日後也填補作為日後研究小劇場的資料。然而卻未曾想到要做導演工作，不知是不是那次被系主任罵到成了導演恐慌症呢？

還好到了「921大地震」的2000年，因有感而發在小劇場做了一齣《黑洞》的戲，療癒了當年被傷害到的導演恐慌症，信心由此一點一點而生，就開始一齣一齣做下去，直至現今已導演過20餘齣戲，在香港、上海、成都、釜山、首爾及東京等地都演出過我的戲，思緒遊盪至此，憶及已離開人間的王慰誠系主任，不得不對他老人家要說一聲謝謝您！

軍旅受益集體訓練　馬祖碉堡體驗人生

軍校四年的集體生活對我非常重要，平常不只是跟同期同學有來

王墨林執導之舞臺劇排練影像。

有往，在每天都會去的福利社，或在路上常碰到不少面善的各種學系的學長、學姊、學弟、學妹也不少，感覺上就好像大家都住在同一個眷村裡，只不過我們彼此是以敬禮或回禮替代了點頭、打招呼，這種熟稔之間又有點疏隔的關係真的好奇妙。眷村裡，人與人寒暄幾句就可以把臂言歡，在軍校卻必須把禮節放在第一位，否則就會被人嫌冒失無禮。以禮相待，似乎變為軍中人際關係的一種潤滑劑，以後下了部隊即使酒酣耳熱之際，這種有禮有節也是基本做人的要求。尤其暑訓的時候，同期同學差不多有一個月時間在一起傘訓、駕訓及通信訓練，因為都是屬於同期住在一起，有如出柵的羊群，講話、動作都沒有在顧忌的，無論用放開的心胸經歷跳傘的刺激，或以放開的膽子在馬路上大喇喇開著軍用大卡車，更像是在參加令人難以忘懷的夏令營。總結講起來在軍校四年，我似乎看見一個在寬闊路上行走的自我，被環境操練出來的人，才知道自己有多少能力撐得住，只要撐得過我就能上路了。

我畢業以後抽籤就抽到去馬祖，大家都說到外島怎麼樣，那時候情況確實也是，因為正是在冷戰最嚴峻的時刻。我們坐的船不是客運輪，是專跑馬祖的補給艦，我們自己在船艙裡找個地方躺了下來，吃點自己隨身帶的乾糧，佩戴著兩條槓的中尉軍人，讓人覺得有點可憐兮兮的樣子，但看到艦上隨處可見的三條槓或梅花朵朵，也就釋然。現在想起來，軍人練得最大的本事就是隨遇而安，師對抗演習夜行軍，墳頭、屋簷下都睡過，而且一覺穩睡到吹起床哨，只要撐得住，以後都是美好的回憶，在軍隊沒有人跟你談吃喝拉撒睡適應不適應的問題。真正的大考驗是報到以後，連長就直接把一個排交到你手上，以前高空跳傘是把命交在自己手中，現在是把一排人的命交在你手中，我能想到的，只是挺起腰面對眼前的現實。

我帶的那個排有一個班，守在福澳港海邊高地的一座新蓋好的四管機槍堡，看得見的是，在高地隆起一座孤零零的碉堡；看不見的是，走到地下給弟兄們住的坑道，我的排長室卻安排在坑道上面沒有比鄰的孤獨一間，不知道是不是上級有意在考驗帶兵官的勇氣，才做了這樣的安排。班長姓劉，是位個兒小小、臉上有些麻子的外省老兵，白天很少看到人，下午有時會帶些黃魚回來煮一煮，晚飯就端上來給弟兄吃，要不你就會看到他一個人面對漆黑的大海喝著酒，旁邊是一隻老黃狗陪著他。記得有一次他問我一個人住在上面怕不怕？我直話直說有點毛毛的，他竟然說，流水的官初來乍到這第一線，哪有不膽戰心驚的，所以他一晚上都會守在排長室附近，叫我不要太擔心。我才知道他白天都在補眠，當時聽劉班長這樣說，我還真感動到幾乎要掉淚。

荒謬演習刑場震撼　軍中懺情淨滌心靈

那年美國尼克森總統訪問北京，我們在馬祖的整個師都進入戰備狀態，我也奉命帶著一個排守在海岸線的戰壕，一天24小時吃喝拉撒睡只能都待在戰壕裡。到了吃飯的時間，連部就有人把便當送過

來，晚上氣溫下降，每人一張軍毯裹著保暖，這種有如戰爭片中的場景，雖在前線實況現場呈現，一週下來什麼屁事都不曾發生，竟成為我一生中最充滿荒謬感的記憶，只能說這是一場以假亂真的演習動員吧！但有些發生在軍中的事，卻是令我至今仍難以抹滅的記憶。記得我們的師從外島移防回臺灣駐守在嘉義中庄時，有一天營部下令連輔導長帶領數位士兵到師部集合，要在行刑的現場接受一場震撼教育，原來是一位充員士兵暴行犯上做了逃兵，我們目睹兩位憲兵夾著一位剃了光頭，顯得非常年輕的男孩往刑場走去，這時全場數百人都屏息以待。當他們越過阻礙了視線的高地看不見人影時，突然一聲槍響劃破凝結的空氣，我一霎那被掏空了似的呆住，我永遠忘不了那一聲刺穿我的心臟般的槍響。

被這樣的死亡氣息籠罩在我的軍中回憶，不同於我在軍中學習到用樂觀心態去適應各式各樣的挑戰，但死亡氣息也未曾從我的軍中回憶消失過。回憶的鏡頭，從有聲的場景移動到另一個無聲的場景。記得在金門服役，有一次我們的吉普車在路上看到一座小小的土地公廟，旁邊堆著一個一個骨灰甕，我問這些東西怎會曝露在外面？有人回答那些都是他們在金門當兵時，各種原因死去卻沒有家屬認領的骨灰甕。原來這個小小的島上，四處都有穿著軍服被流放的魂魄，他們的故事反映的是，臺灣曾有過一個冷戰戒嚴的年代。

書寫這些軍中回憶，讓我像在面對一場召喚亡魂的儀式，都已經被埋在地底如碳化了的骨骸，書寫像把這些骨骸挖掘出來，用遺忘的情感一塊一塊將之清洗乾淨，才發現在我的生命史上，四年的軍校生活加上十年的戎馬生涯，真是我一生中最值得珍藏的一段人生。不只充滿各式各樣的挑戰，當時只能以最坦然的心態去面對，那些足以改變你更深刻認識自己的挑戰，其實不是來自各式各樣的狀況，而是能夠讓在狀況中各種不同的人或環境，跟自己的情感連結起來是重要的，若以冷漠或放棄這種連結才是保護自己最致命的敵人。

王墨林 1987 策劃製作戶外劇場《拾月》。

【作者小檔案】

| 王墨林 | 政戰學校 17 期影劇系、2009 年臺北西區扶輪社頒發臺灣文化獎（藝術評論類）、2020 年第 20 屆國家文藝獎（戲劇類）、2022 年第 21 屆台新藝術獎（表演藝術獎）。著作：《導演與作品》、《中國的電影與戲劇》、《後昭和日本像》、《都市劇場與身體》、《臺灣身體論》；2022 年國防大學政戰學院傑出校友。

鄧雪峰教授作品：
萬紫千紅和平安祥

藝傳錦繡

藝心濟絕學　撥灑綠崗煙雲　戰藝輝煌
丹青照汗青　筆歌墨舞豐美　風采流芳
　　　　　　　　　——編者按

梁鼎銘昆仲　匠心育秀　復興崗美術

文·圖／鄭雅文

文藝獎章領獎後合影，右一為又銘師母、右二為又銘老師，左一為中銘師母、左二為中銘老師。

　　1949年，國民政府遷臺後，檢討敗因，乃致力於思想文化戰線之鞏固，推動以反共、戰鬥為標的之文藝運動，如成立中國文藝協會、發起文化清潔運動、戰鬥文藝、文藝到軍中去等運動。在政策的積極推動下，強調健康寫實的戰鬥美術，成為標的。而在北投復興崗的政工幹校，成立藝術學系，延聘各界名師蒞校任教，其中的靈魂人物，當推梁氏昆仲為首。

　　梁鼎銘來臺後，主持政戰學校藝術系，偕其弟又銘、中銘暨劉

獅、林克恭等藝術家共同為軍中藝術奠基，培養後起之秀，如陳慶熇、金哲夫、鄧國清、鄧雪峰、李奇茂、沈楨、林順雄等，成為臺灣美術界的一支獨秀。難得的是，復興崗的美術教學，向以「戰史畫」、「漫畫」與「水墨人物」最具代表性。

政戰學校美術系的成立

1951年，蔣經國依蔣中正總統「建國必先建軍，建軍必先健全政工幹部」之治軍理念，創建政工幹部學校。1970年，「總政治部」改名為「總政治作戰部」，學校亦奉令改為政治作戰學校。初期分為養成教育、召集教育、委託教育三部分。1957年3月，養成教育之本科班、業科班改為專科教育，分設政治、新聞、音樂、美術、影劇、體育六科，合稱專科部。3年後，專科部改制為大學教育，原6科改為6個學系，合稱學生班。

藝術學系成立於創校之初，初期為1年6個月之「美術組」，屬業科班。1957年升級為「美術科」，招考高中職及同等學歷的學生入學，修業期間延長至兩年。1959年初，著手將「二年專科制」教育改為「四年制大學教育」；1960年3月，經國防部核准、教育部同意，改二年專科制為四年制大學教育，學生畢業後由教育部授予學士學位。

政戰學校藝術的創作理路，長期一本「唯美」（藝術性）、「政教」（使命性）、「實用」（現實性）之精神內涵，樹立健康寫實畫風。創系之初，名為「美術組」，一切設備都非常簡陋，但在師資與課程方面皆比照大學標準。師資方面，肇造時期，由劉獅擔任第一屆系主任，延聘趙春翔、李仲生、莫大元、商家墊、關明德等人。1955年，劉獅請辭，學校改聘梁鼎銘接掌系務，他對國軍美術教育的規劃有其完整的見解及作為，在加強課程、遴聘師資、擴建教室、改進教學上，獻力甚多。尤以延聘虞君質、施翠峰、林克恭、張穀年、吳承燕、方向、郭明橋等藝壇名流擔任教席為著，並擴充設備為當時國內

美術教育中之翹楚。

1959年春，梁鼎銘因積勞成疾逝世，乃由梁又銘接掌系務，期間改制為四年制大學「藝術學系」。增聘傅狷夫、邵幼軒，分別擔任國畫山水、花鳥課程；施翠峰接替虞君質講授美學、藝術概論；劉其偉指導水彩，郭明橋指導繪畫美術設計。教育方針仍以「戰鬥藝術」的繪畫功能與使命為目標，強調落實水墨人物繪畫及「唯美、戰鬥、實用性」之美術教育。

政戰學校藝術系可說是臺灣早期少數的藝術教育學府之一，在當時擁有豐富的師資，其影響力之龐大，自不待言。現今校內的戰史館、復興崗藝廊典藏許多優秀作品，其時代價值與藝術表現，均可作為最佳之見證。

唯美、政教、實用之政戰美術

梁氏昆仲於大陸時期便已投入藝術訓練工作多年，來臺後進入政校任教，其教育目標與繪畫風格，對復興崗藝術發展影響深遠。其中由梁氏昆仲主導下的教學系統，相當重視「寫生」觀念，尤其對時裝人物的探索，亦獲一定績效。較之師大早期的保守作風，顯然更具時代意義。人物畫訓練，在政戰美術始終是重要的一環。

如美術科時代，即設有「水墨人物畫」一科，共計4學分，為其他美術院校所未見。授課方式強調寫生，平時均安排室內、外寫生訓練，因此，政校學生的人物畫均具有強烈的現實性，能具體反映時代的脈動。再者，聘請名師教導；梁鼎銘曾對學生說：「我要請臺灣最好的老師來教你們。」如藍蔭鼎的水彩、林克恭的油畫、傅狷夫的山水、胡克敏的花鳥等。

此外，梁師經常對學生耳提面命「透視」的重要性：「畫大幅的戰畫、歷史畫，首要為透視的準確」。因此在梁氏昆仲時期所培養出來的校友，長於人物畫者，為數頗眾；如李奇茂、司徒坤、鄭正慶、沈禎、陳學元、李闡、楊先民、何嘉雄、楊齊爐、唐健風、吳瑞麟、

江祖望等，彼等或駐校任教，或為專業畫家，大抵能於在校期間奠定良好基礎，再創個人獨特風貌。

梁又銘於1959年接掌系務後，延續「唯美、政教、實用」的創作理念，大力擴展水墨人物課程之訓練。水墨人物主張「墨分五彩」表現。1980年卸任後，仍一本老夫子精神認真教學，雖然年事已高，在課堂上示範畫作時，總提著畫筆自導自演，揣摩人物表情的神態，儼然已至忘我境界。

在鉛筆技法的訓練上，以梁中銘對學生的影響最大，如李奇茂、鄧雪峰、鄧國清、金哲夫、林順雄、沈禎、鄭正慶、楊先民等人，習以隨身攜帶一支鉛筆，藉此帶動了水彩的用線、用點，直接影響水彩畫的良窳。系上訓練最成功、最出色的，便是速寫、人物畫，強調在短時間內以簡筆，抓出神韻、完成作品，表現出個人的特色。梁中銘說過一句話：「軍中環境不好，你這支鉛筆可以補物質的不足，隨時都可以畫、練素描。」梁氏昆仲即使退休後仍經常到校為學生示範教學，對政校情感之深，溢於言表。

梁氏昆仲成長經歷與藝術風格形塑

政戰美術教育的體系，可說是由梁氏昆仲建立起來的，強調健康寫實的畫風，以發揚民族精神為傳承。梁氏昆仲特別喜歡畫〈桃園三結義〉、〈正氣歌〉等類作品，強調做人的義氣與品節。以梁鼎銘為例，他為人做事相當嚴謹，繪畫態度甚至取材皆是如此。他曾對學生說：「畫如其人，畫品不高，人品怎麼會高？」教導學生要以多讀書、欣賞名畫方式來訓練個人畫品。梁鼎銘為了到政戰學校任教，放棄了兩個優渥的職位，這不僅影響又銘、中銘，更影響了自己的兒女，乃至學生。

梁氏三兄弟中之又銘與中銘為孿生兄弟。1928年鼎銘獻身黃埔，引導八弟又銘、九弟中銘一同參與藝術報國之行列。

梁鼎銘生於1898年，其父梁傑公擔任軍職，時值國家多事之秋，

自幼即不斷遷徙。1925年，曾主編宣傳先聲《革命畫報》。其後，三姐雪清和兩位孿生弟弟又銘、中銘，亦相繼投效革命行列。早年任美術設計，享有優厚待遇相當不易，然而他卻放棄安逸的工作，從上海遠涉廣州獻身革命，這種民族精神在他們的歷史繪畫上表露無遺。

自加入革命至1948年間，為革命繪畫及生活奔波於桂、湘、黔、川、滇、蘇諸省。政府遷臺後，擔任《中央日報》主筆、中國美術協會籌備委員及各類展覽、文藝協會委員等要職，在當時的藝壇相當活躍。從象牙塔裡的美術走到十字街頭，由於大陸赤化至臺灣發展，從時代的變遷過程，可知其生命歷程正是時代裡政治與藝術交融的寫照。

1951年夏天，梁鼎銘應聘為盟軍總部心戰部顧問，指導盟軍心理作戰，設計對匪心戰傳單。次年返國後，繼續任藝術系主任，期間參與多項國內外的藝術活動。1959年3月1日，正當他聚精會神繪製〈古寧頭大捷〉戰畫時，因腦溢血於是日晚11時逝世。身後除自建於木柵淡水河畔租地上的數椽瓦屋外，可說是毫無遺產。

梁又銘與梁中銘相繼來臺後，因鑑於臺灣同胞大都受日本教育，看不懂中文報紙，因此試以圖畫來報導新聞時事，辦了《圖畫時報》。這個做法，獲得當時《中央日報》社長馬星野的大力推崇，並聘請他們擔任《中央日報》漫畫主筆，出版漫畫半月刊。而梁又銘的〈土包子下江南〉、〈莫醫生〉、〈花木蘭〉、〈匪區寫真-拍案驚奇〉、〈天堂與地獄〉與梁中銘的〈新西遊記〉、時事漫畫等，在當時獲得極其熱烈迴響。甚至連梁又銘的「愛國獎券」圖案也是一大特色。

1978年，黎明文化公司總經理田原將梁中銘近20年速寫之作品，遴選成冊為《中銘素描粹編》出版，題跋如下：「1965年以後，因業務關係，常與中銘先生連袂至軍中及大專院校訪問，足跡遍及臺灣各縣市及金馬外島最前哨。每日清晨或黃昏，總見中銘先生執著畫筆畫冊，捕捉美景寫生，據中銘先生告以：渠之寫生猶如本人之每日必記日記，數十年如一日，已成習慣。」繪畫速寫成了生活重要部

分，所以他的速寫技巧雖自西洋出發，但特著意於中國趣味之表現。

雖然又銘、中銘自幼為鼎銘所帶領、教導，理念與手法卻各擅勝場，如梁又銘長於水墨人物，開創臺灣水墨時裝人物的新局；梁中銘的英式水彩，則為早期藝壇先驅之一。另一重要影響是，兩人將人物畫準確應用到漫畫上，帶來臺灣漫畫藝壇正統人物畫的訓練。

梁氏三昆仲的繪畫表現相當多元，舉凡水墨山水、花鳥、禽獸、人物等，或西畫的素描、水彩、油畫等媒材的使用相當多樣，題材更由傳統表現及於歷史畫、時事漫畫，誠屬「多產」畫家。其孜孜不倦於繪畫創作上的精神，深值後輩學習與效法。

藝術報國之時代意義與影響

1949年，梁氏昆仲皆隨國民政府來臺，在臺期間，分別擔任教育部委員、政工幹校美術系教職、中國文藝協會理事、全省美展評審、報刊主編等等，更榮獲教育部「文藝獎章」、「陸海空軍獎章」等殊榮。由此可見，他們身處中國美術革新運動的時代，在講求「美術救國」的環境下，無不以實際行動宣揚愛國思想、喚醒國人民族意識，自立自強，抵抗外侮。

梁鼎銘的戰畫最為著名，1926年3月，他被任命為中央軍事政治學校政治部上尉宣傳科員，6月升任《革命畫報》少校主編，同年繪製〈沙基血跡圖〉，此圖是「五大戰畫」中的第一幅作品，具有歷史紀實性的意義。另如〈惠州戰蹟圖〉、〈濟南戰蹟圖〉、〈南昌戰蹟圖〉、〈廟行戰蹟圖〉等，最為貼近傳統西洋戰畫。這五幅巨畫，多於戰亂中焚毀，目前所能見到的僅為原畫照片。其中的〈惠州戰蹟圖〉與〈南昌戰蹟圖〉，是以描繪國民革命軍北伐為主，另外三幅則為抗日戰事。

梁鼎銘的歷史畫，多以國畫方式表現民族精神，如〈權能圖〉、〈漢光武中興——昆陽之戰圖〉等。他的一生約完成了15幅鉅型史畫，其中以〈沙基血跡圖〉、〈惠州戰跡圖〉、〈血刃圖〉、〈拐子馬

圖〉，最廣為人知。〈惠州戰蹟圖〉不僅是他的顛峰之作，已為中國近代繪畫史豎立了里程碑。

梁又銘畢生創作的空戰史畫甚多，每次著手繪製時，都要先將資料收集齊全，包括時間、地點、地形、氣候、兵力佈置等，並經常和參戰的單位人員詳研當時狀況，之後才動手打稿。其態度嚴謹，自律甚嚴，可見一斑。

空戰史畫系列，主要是刻畫1937年至1940年間，我空軍健兒對抗日軍侵略的光榮戰蹟，就歷史意義言，可說是空前的。梁又銘因擔任國際新聞攝影社長，負責全國新聞圖片的統一發佈工作，而經常親赴戰地拍攝戰況，遂留下了許多「八一四」中國空軍的傲人紀錄。

梁又銘畫中的戰機，無論哪種機型，都經過詳細的研究考證。為了畫出戰機的英姿樣態，他發憤研讀《空氣動力學》、《航空機械學》，並仔細研究每一類型轟炸機、驅逐機的結構。因此，他的24幅抗戰史畫，每一幅都是真實事件的刻畫，有志士的悲壯犧牲、戰役的光榮勝利等。而這些英勇作戰、壯烈殉國的空軍健兒，幾乎都是梁又銘朝夕相處的至友，他是以含著悲痛的心情落筆繪製空戰史畫的，其情感的投入加上題材的表現，使得一系列空戰史畫得以展現雄渾氣魄和無畏強梁之特色。

說起梁中銘，係因桂永清的建議到海軍繪製海戰史畫，三兄弟分別在海陸空軍服務，若以戰爭題材的藝術表現區分，梁鼎銘的五大史畫、梁又銘的空戰史畫與梁中銘數量驚人的戰爭題材速寫，皆屬擲地有聲、一鳴驚人之作。

梁中銘出版的《中華民

水彩作品為梁中銘老師。

國革命大畫史》，共有193幅；《我們偉大的領袖》亦有156幅，加上後續推出的《今日中國》、《榮民與國家》等，數百幅以鋼筆、鉛筆所創作的作品，皆屬精心繪製的佳構。其中尤以《中華民國革命大畫史》，歷時四年完成，誠屬嘔心瀝血之作。

梁中銘老師所繪「九二海戰大捷」。

先生之風山高水長　梁氏昆仲風範永存

19世紀末的中國，面臨的是外強侵略、內患不斷的殘破面，迄至抗戰軍興，抵禦外侮時刻，描繪戰爭宣傳畫已成為當時「美術報國」的共同目標。思索民族前途的主軸，決定了創作的大方向。而以戰爭為題材繪畫是梁氏昆仲主要創作源之一。究其特色，在於創作中交織著西方史畫之美術語言與強烈愛國情操下的戰畫，遂開創出中國美術史上新的一頁。在梁氏昆仲的悉心教導下，的確培植了不少的戰畫人才。

例如梁丹丰、梁丹卉、李焜培、姜宗望、梁秀中、李奇茂、金哲夫、鄧國清、沈禎、鄭正慶、王愷等人的作品，皆清楚呈現梁氏的繪畫藝術風格，確為該時期的歷史留下精彩紀錄。同一時代的藝術家必有相似的成長經驗，因而他們的作品往往會呈現出相當程度的共通「語言」，此即時代性。而梁氏昆仲身處「美術救國」時代，加以早年投身黃埔，在大環境的影響下樹立的藝術使命，即致力宣揚愛國思想、喚醒國人民族意識，共同抵抗外侮，建立民主自由國家。故不論是宣傳畫、漫畫、歷史畫，皆為因應時代需要而作。

梁氏昆仲一生秉持著三民主義的思想信念創作，其戰畫作品記錄了中國近代史的變遷與滄桑，以及無數可歌可泣、犧牲奉獻的歷史偉蹟。此正如宋・范仲淹稱譽嚴子陵的高風亮節所雲：「雲山蒼蒼，江水泱泱，先生之風，山高水長。」仰體梁氏昆仲的志節和風範，誠屬當之無愧矣！

【作者小檔案】

鄭雅文｜政戰學校48期藝術系，佛光大學藝術學所（2005）、國防大學語文中心日文組（2016），曾任空軍司令部政參官、空軍第五戰術混合聯隊政戰處長、政綜科長、空軍第三後勤指揮部政戰處長，現任空軍軍官學校政治教官。

李奇茂　至情至性　大師豪氣萬千

文‧圖／唐健風

「至情至性、豪氣萬千」，十足形容李奇茂教授作品長期給人的外在印象。而事實也正是如此。筆者長期研究李教授的風格發展與成長背景，認為於山東高唐「李苦禪大師美術館」高牆上所見之嘉言：「必先有人格方有畫格，人無品格下筆無方」，正是李奇茂教授藝術創作與人格特質之寫照。

有人格方有畫格　無品格下筆無方

2010年底，我到山東高唐參加「李奇茂美術館」的動土典禮，並參觀了中國近代大寫意花鳥畫家李苦禪大師的美術館，進門時，就被大廳高牆上的李苦禪嘉言書法所震懾住。蒼勁的書法複刻在長板上：「必先有人格方有畫格，人無品格下筆無方」。這是李苦禪大師85歲時寫下的句子。

李苦禪（1899～1983年）係山東高唐李奇莊的貧困農家出身，1922年入北平國立藝專學西畫，1923年拜齊白石為師，為嫡傳弟子。係中國當代的水墨花鳥畫家、書法家和美術教育家。他致力於中國美術教育60餘年，晚年時寫下如此的嘉言警句，當是人生閱歷無數之後的感慨與證言吧！

我在1965年進入政戰學校藝術系就讀，1969年畢業後到部隊服役。當時李奇茂老師是我們系上的教官，二年級時，他和梁又銘主任擔任我們的水墨人物老師。由於我喜歡畫人物，所以和老師也走得比較親近，畢業服務的最後一個單位是——國防部新中國出版社。和老師的互動聯繫頻繁，對老師的畫歷，當然也就更加的瞭解了。

2012年初李教授將他的畫歷資料整個交代給我，讓我整理翻拍、掃瞄圖檔，做為10月山東高唐「李奇茂美術館」開館陳展之用。其中公文書、展覽邀請函、聘書、證書、畫冊、展覽媒體報導、生活照片、活動照片……等陸續翻拍了有數千張之多，文圖的內容時程超過60年的歲月。由其中我見識了一個國際級水墨大師的成長歷程，對忝為弟子的我，越發的對老師的成就感到讚嘆不已。

李大師以復興崗為榮　自詡師承梁氏藝術風

李教授當今在藝術上的成就是有目共睹的，他從不諱言其師承來自軍中，畢業於復興崗，受教於梁氏三兄弟——梁鼎銘、梁又銘、梁中銘。李教授生前為海峽兩岸書畫交流的貢獻，極受肯定。在三位梁老師的家鄉廣東順德，他積極地爭取成立「紀念美術館」，因而促成了臺北國立歷史博物館於2011年元月23日舉辦了「鼎藝千秋-梁鼎銘、梁又銘、梁中銘紀念畫展」，讓國人重新認識了梁氏三傑的藝術成就。（在我進學校的時

比利時名畫家 里斯蒙先生畫室 1979年

民國68年拜訪比利時名畫家. 里斯蒙先生畫室

候，鼎銘老師已過世，又銘老師教我們水墨人物，中銘老師教我們水彩、速寫、鋼筆畫；我曾為中銘老師編印水彩畫集、又銘老師百年紀念畫集時，將兩位元老師的作品翻攝建檔，得以一窺兩位老師的不凡藝術成就。）

2012年5月，又銘老師公子政均兄於中國廣州的廣東省博物館舉辦「薪火相傳──梁又銘、梁政均書畫展」，我專程前往參加研討會，李教授亦書贈賀屏一幅：

上款：恩師梁又銘、梁政均父子會展於廣東博物館賀詞：師風輝映藝壇。

下款：弟子中華畫院院長李奇茂敬祝。

政均兄係我同庚至友也。回顧李教授生前即是兩岸書畫巨擘，但落款仍執弟子之禮示眾，這正是至情至性的表現，贏得當時許多大陸畫家的尊敬與讚賞，究其原因，在大陸上有許多畫家成名後，便吝於承認師承。

李教授早年用功的程度，曾聽梁秀中院長多次於相關座談會中轉述：「1958年前後（李教授曾參與金門八二三砲戰），李教授自金門戰地休假返臺，就抱著一大落速寫、寫生，有幾千張之多，來到家中給爸爸（中銘老師）看，請他指導。」1958年底，他在臺北市中山堂舉辦「金門寫生展」，這也是當年幹校藝術系畢業同學中第一個舉辦個人畫展的畫家。同年他回到母校藝術系任教，這段期間，他在臨摹、寫生、創作上所奠定的紮實基礎與功力，絕非同儕所能比擬的。

應邀歐遊開拓視野　畫風不變引領風潮

1972年李教授應邀出訪歐美，有大半年的時間在外國參訪展覽，這段歷程就看到了李師母偉大之處。忍受著夫妻別離之苦，還要籌措老師在外的旅費、生活費，在家還要奉養母親、教育子女，蠟燭多頭燒，拜讀師母當年的日記，令人深受感動。她為了讓老師走出國門開拓視野所做的犧牲與奉獻，當今女子，幾人能及？

1973年歐遊歸來，於國立歷史博物館舉辦「歐遊寫生畫展」，畫風丕變，線條、水墨與留白的運用，又開啟了一個新的境界，不再是純粹以線條寫其形，墨色的運用讓寫生的韻蘊氤氳直陳畫面，動態水墨人物速寫亦更具生命力。

1976年專任國立藝專（現在臺藝大前身）美術科主任後，開啟了他在美術教育、畫壇領袖新的里程碑。人物畫的教學，他重視寫生、動態速寫、人體解剖和素描功夫，摒棄課徒畫稿的形式，帶領現代水墨人物畫走出新方向。在科主任任內，更與美國芳邦藝術學院結為姐妹校，除了學術交流外，更為畢業同學藝研進修，開啟另一管道。

李教授為人的熱誠與至情至性，就如他魁梧的身材讓人感到心胸寬大。事實上也確是如此。作為藝壇的領頭羊，他的熱忱與能力，獲得老輩藝術家們的讚賞與信任，同輩藝術家的支持。對學生的愛護與照顧，能力所及更是沒有門戶之見。他來自軍中，是以與軍方關係一向良好，擔任軍中各級美術比賽的評審、指導，對服務軍中的藝界青年，更是多所照顧提攜，並讓部隊提供繪畫創作的機會。如今在各校藝術科系擔任主任、院長等階層的專職教授們，談及服役期間受李教授關懷照顧的故事，均是念念不忘。

1981年李教授與張大千、黃君璧大師擔任策劃人，邀集國內山水畫家張穀年、姚夢谷、李奇茂、羅芳、范伯洪、蘇峰男、羅振賢、蔡友等十人，為國立歷史博物館聯合繪製了6尺高215尺長的巨畫〈寶島長春圖〉。1984年9月為國立歷史博物館策劃邀集國內陳慶熇、李奇茂、梁秀中、王愷、羅振賢、鄭正慶、唐健風、林順雄、沈禎、陳合成等10位畫家，共同繪製了8尺高236尺長的〈八年抗戰史畫〉，以慶祝抗戰勝利40周年，兩張巨畫均為歷史留下了見證。

為了教育部的海外僑校募款，李教授多次組織藝術家到僑居地舉辦畫展義賣作品，為僑校挹注教育經費，足跡遍及東南亞、韓國、泰國、馬來西亞、印尼、菲律賓……等國。

民國九十八年五月廿日於臺北縣文化局舉辦的我愛臺北縣李奇茂
水墨畫展，開幕式與師母張光正老師合影。

推動國際兩岸文化不遺餘力　大陸山東設「李奇茂美術館」

　　為宣揚中華文化，他幫外交部策劃由年輕藝術家組團赴海外展
覽、教學。並帶領藝術家到俄國、中東、歐洲、南美洲、波蘭、荷
蘭……等地舉辦畫展，個人畫展更是遍及世界各國近百個國家。諸多
義舉讓人稱道，傳頌不已。

　　1977年，將韓國畫展所得盡數捐出成立「李奇茂畫伯」獎學
金，該基金會每年造冊說明獎助同學。值得一提的是，一直領取該獎
學金的無臂少女，如今已是吳順伊博士，並執教於韓國漢城大學藝術
學院。1987年，美國舊金山市頒訂每年的「11月29日」為「李奇茂
日」，這是肯定一個外國藝術家重大成就的尊榮。

　　從1991年開始，李教授開展了兩岸書畫交流的歷程，除個人在

上海、杭州、南京、廣東、瀋陽、山東、河北、北京⋯⋯等各地舉辦畫展外，並積極推動兩岸藝術家的交流活動。他的畫作受到大陸畫家高度的肯定，並認定他是臺灣當代水墨畫巨擘代表的第一人，故敦聘他擔任中國畫學研究會的顧問與委員，各地的重大藝術活動、展覽，均以能邀請到李教授出席為榮。在臺灣方面，他成立中華畫院並擔任院長，集合兩地及海外藝壇精英成立國畫院、西畫院、立體造型院、現代藝術院、書法篆刻院、美術史論院，並依時程，落實工作。其重要目的，在團結藝壇人才，促進情感交流，並為兩岸藝術交流活動提供平臺。

2011年5月成立後，在時任中華兩岸藝術交流基金會莊漢生會長（中華畫院執行副院長）積極推動運作下，都有實質的作為。2013年4月更在國父紀念館的中山畫廊，推出規模盛大的畫院委員作品展覽與研討會。由於李教授的至性真情、氣魄豪邁，廣結善緣，結交不少海內外友人，有許多非官方所能解決的疑難雜症，在他的周旋下，均能得到圓滿解決。大事不說，小至同學們的婚姻、求學學費，都來找李老師諮詢解決。

李教授更是一個念舊的人，以往每年春節他都是第一個向師長們拜年，他在生前總是希望在年節前後，邀請大學長、老師們餐敘聚會。只要能力所及，他總是盡量爭取幫助老畫家們舉辦展覽的機會，為幫助年輕學子舉辦畫展，總不辭辛勞的前去為他們站臺致詞，增添光彩。

記得2011年我請學生輩的張國徵老師，幫李教授做山東高唐「李奇茂美術館」的外觀設計3D模擬圖，完稿時一起拜訪了李教授，期間張國徵提及了他父親與李教授是在1951年時裝甲部隊的老同事，李教授記憶驚人地說出其人其事。不久張父過世，李教授以86歲高齡仍親赴靈堂致祭緬懷故人，並致贈萬元奠儀，如此重情誼，怎不令人感佩。

李教授的記憶力驚人，他每次在展覽會上受邀致詞時，介紹與會

佳賓，總能逐一介紹名銜從不遺落，其認人與過目不忘的功力是大家都佩服的。2012年幫他整理山東美術館所需資料、檔案圖片，最後與老師做圖片比對、說明確認時，他總能清楚的說明人、事、時、地、物，並交代我從哪裡找到所需的相關檔案資料。對人的信任，他也從不質疑。對事情總是站在對方立場考慮問題，多給別人機會。

在許多軍方藝文活動揮毫的場合，只要時間允許，他也儘量能寫幾個字給基層官兵鼓勵。你說，他怎麼不會是年輕學子的偶像，也難怪他到處都有粉絲團。

融會中西勇於創新　一生無愧引領風騷

李教授在藝壇上的成就，誠如北京中央美院的教授邵大箴所言：「立足於傳統的創新——李奇茂的中國畫。我不是一個美術工作研究者，無法剖析李老師的畫作所具的意義與價值。但我要說的是，他的創作從傳統出發，融會中西，而勇於創新。他未曾拘泥於故技，也不會因一時的成就而以固定的畫風示人。」

歷史上有許多名畫家，一輩子就呈現單一面貌，山水、花鳥或只以人物畫聞名，而單一表現的成就，也是某種形式的專業達人。而李教授的藝術成就卻是全面性的，年紀愈老，想法愈新。他每次的展覽都有讓人驚嘆的作品出現，自歐遊畫展後，丕變的畫風不再僅拘泥於寫實一隅。墨色黑白的運用，時常讓人一新耳目。不論是大畫的創作〈艋舺之夜〉（300cm X 1080cm. 81年作）、〈鹿苑長春〉（62cm X 652cm. 81年作）、〈大地之頌〉（150cm X 540cm. 81年作」，或是2009年創作的林家花園人文精神符號小畫作〈子孫傳家久〉（33cm X 24cm，守護16cm X 23cm）、〈窗裡窗外〉（16cm X 23cm）、〈猶在耳聞〉（33cm X 24cm）等等。其大畫的佈局氣勢，讓人震撼，而小畫的見微知著，又讓人有無限的遐想。

2010年在淡水小白宮展出的裝置畫作，讓人看到淡水時空交迭的畫面；2011年在赤粒畫廊展出的畫作，又讓人看到了老畫家在黑白畫作設計佈局上的「心觀念」，以致讓許多年輕藝術家「大開眼

界」，競相討論。

　　曾有許多老畫家總認為李教授的外務太多，如果能有更多的時間專精於繪畫上，可能更有一番成就。做為學生的我有不同見解，如果李教授只專研於繪畫的技巧，很可能留下的將只是一些精美的作品，而不是劃時代的曠世鉅作。就因為他的閱歷廣闊、思維湛新，才能激盪出創作新理念並成為大家，於墨色運用之間，舖陳出「密中見虛可跑馬，空白之中藏天地」的境界。

　　誠如李苦禪所言：「沒有人品就沒有畫品」。我相信李教授在當今藝壇上所獲得的重大成就，完全是因他至情至性的人品所造就出來的。山東高唐為他成立「李奇茂美術館」，馬來西亞為他成立「李奇茂美術館」、「李奇茂藝術基金會」，韓國成立「李奇茂畫伯獎學金」，舊金山訂定「李奇茂日」……都是明確的事證。李大師雖已遠去，但留給我們的是：「一生無愧，引領風騷」。

【作者小檔案】

| 唐健風 |　政戰學校藝術系15期畢業，師事梁又銘、梁中銘、鄧雪峰、李奇茂教授等大師，現任中華民國畫學會榮譽理事長、中國孔學會理事長、中央軍校美術聯誼會榮譽會長、中華民國漫畫學會榮譽理事長、劉其偉文化藝術基金會董事、中華兩岸文化藝術基金會董事。

唐健風的漫畫作品「耳垢擋閒話」。

先期師長弘教　傳承藝術風華

文・圖／熊碧梧

陳慶熇教授作品：美麗的星期天。

　　政治作戰學校是培育國軍政戰幹部的搖籃，藝術系則是養成國軍美術人才的園地。七十多年來，它培養了無數熱愛國家，忠於使命的優秀人才。前後畢業數千名的校友們，散佈於軍隊及社會各個角落，為國軍的藝術文宣工作，殫精竭慮，成果斐然，在社會藝壇上，也譜下許多精彩的傳奇。本文僅略述諸位藝術大師的影像與風華，為不讓本書相關藝術系的內容有所重複，如梁鼎銘昆仲、李奇茂、陳慶熇、李闡、方向諸位大師，因各篇已有撰述，本文不另贅述，餘僅略述如後。

復興崗藝術源起──曉園展風華

　　藝術系位於復興崗上幽靜的一隅，創系之初，物資條件極度匱乏，多採克難教學，但美術館環繞著美麗的曉園湖畔，環境清幽秀麗，蟲鳴鳥語，綠蔭夾道，花木扶蘇。當時在漏雨的馬廐中，學生們坐小板凳上課，在良師敦教、溫馨和諧的環境中，汲取藝術養分，培育創作能力，無不以系為榮。

　　藝術系第一任系主任劉獅教授延聘當時多位名家來校授課，一時傳為美談。1955年秋，由梁鼎銘先生主持系務，在其任內打造了首座專業美術教室，佔地百坪，設有專業教室及畫廊。以當時臺灣的美術教學環境而言，能擁有一座畫廊，實屬不易。梁又銘老師曾描述當年畫廊開幕情況，可謂是名家齊聚，盛況空前。

　　嗣後，由梁又銘老師接掌系務，期間增聘傅狷夫、邵幼軒教授，分別指導國畫山水、花鳥課程，劉其偉教授主導水彩課程，使師資陣容更形堅強。時過二十年，至1974年，本校1期校友陳慶熇教授初掌系務，重建美術館專業教室，並興建了第二畫廊，全系為之煥然一新。美術館內設有東西畫廊兩座，國畫、西畫、雕術、版畫與創作等專業教室，圖書室一間，典藏書籍約兩千餘冊，多以藝術專業領域為主。

　　1980年代電腦圖學快速發展，透過電腦軟體，當作繪畫媒介，而本系最早接觸電腦繪圖的是張耀羿、黃弘道兩位老師，他們瞭解電腦圖學的應用趨勢是未來美學必要的發展。1993年，鄧國清主任委請張耀羿規畫電腦美術設計專業教室，配備多媒體視訊功能，提供師生教學與創作之用。1990年代，電腦圖學進入3D紀元，熊碧梧主任更新電腦教學軟硬體，使本系學生透過數位藝術創作，表現電腦繪圖新的美感形式。繼張耀羿之後，范宜善、茆家麒、胡定傑等，陸續加入本系數位媒體教學行列。

　　1979年以後，本系系務先後由金哲夫、鄧雪峰、李沛、鄧國清、鄭正慶、熊碧梧等教授擔任系主任，無不秉承師訓，致力教學工

作。2006年，國防部將美術、音樂、影劇三系合併，命名為「應用藝術系」，由熊碧梧、謝俊逢、竹碧華、邱冬媛接掌系務。目前由張旭光教授擔任系主任。

2016年，國防部前部長馮世寬先生，邀請李奇茂教授共同策劃，將本校畫廊重新建造，更名為「國防美術館」，並於2017、2018年落成國防美術一、二館，再造國軍新文藝創作重鎮。

復興崗美術教育領航人　教誨如春風

本校創系系主任劉獅教授出生於雲南昆明，曾就讀上海美專，1929年東渡日本，專攻西畫與雕塑，返國後任教於上海美專西畫系，並兼任雕塑系主任。1951年，劉獅受聘擔任系主任時，已是社會知名畫家。他為軍校美術教育設定之目標：「以三民主義思想為本，以各種專業課程為用，透過真實情感的啟發，純美技巧的練達，表現運善於美的革命藝術，樹立融唯美、政教、實用於一爐的健康寫實畫風。」

劉獅雖在本校任教時間不長，但影響深遠。本系4期熊德銓中將，曾在其回憶錄中寫下：「難忘師恩——懷念那一段跟著劉獅教授玩泥巴的日子。」劉教授教學嚴格，但真心疼愛這群離鄉背井的學子們，在藝術系播下了雕塑的種子。雕塑課程一直是藝術系重要的一門課，現存列於本校美術館、新聞館前或校園內的雕塑作品，皆為學生畢業展的創作。本系也造就了多位知名雕塑家，如姜宗望、魏立之、林木川、陳志慈、王大用、李寶龍等；另於陶藝藝術，如系友傅楓晨曾於2016年成立「折劍居柴陶工作室」，為國內知名陶藝家。

教授各個享譽國際　教學嚴謹教導有方

趙春翔教授：生於詩畫世家，畢業於杭州藝專，深受林風眠與潘天壽兩位大師的影響，繪畫中融合東西方哲學思想，在創作上展現卓越才能和獨特風格，享譽國際。其作品在歐美各國展出，屢獲大獎。

在本系主授素描、水彩畫，為學子們打下良好的繪畫基礎。

李仲生教授：畢業於日本大學美術系，曾加入「前衛洋化研究所」東鄉青兒大師門下研究，來台後，極力推展前衛藝術運動，一手塑造「東方畫會」，被尊為前衛藝術的導師。「東方畫會」中的吳昊先生亦為渡海來台後的軍中畫家。本校校友焦士太、管執中、馬芳渝、李重重，均為抽象藝術畫家，以色彩、線條紀錄雋永的人生精粹。

莫大元教授：福建上杭人，早年留學日本，於東京高師研究所畢業，返國後畢生從事美術教育，任教於師範大學，後擔任中國文化大學首屆美術系主任，並於本校任教歷十餘年，主講透視學、色彩學等課程。

關明德教授：畢業於上海美專，曾任教育部美育委員，及國內各項雕塑評審委員，任教於師範大學及本校藝術系。本校林木川教官，因關教授推薦，於1991年完成國父革命建國史蹟浮雕八幅，構圖採用中國式風格，表現景物的深遠層次，描寫戰爭場面，人物造型採中國畫特殊的空間運用，為浮雕創作的一大嘗試。

虞君質教授：畢業於北京大學後，赴東京大學深造，1949來台後，歷任台大、師大及本校，講授美學、藝術概論等課程。虞氏為臺灣50至60年代間，重要的文學理論家及文學評論家。他強調美學及藝術概論均屬釐清藝術觀念、進入審美領域的第一步，透過美學論述及藝術概論的引導，認識繪畫所呈現的各種形式，如造型、構圖、色彩、情感等，讓學習者更容易理解自己未來創作的方向。本系校友焦士太、吳道文、張光正（筆名洛華生）、姜捷等，均擅長藝文論述及評論。

林克恭教授：生於1899年，福建人，為板橋林本源家族的後裔。其早年畢業於英國劍橋大學、倫敦大學及斯雷德美術學院，後轉往巴黎及日內瓦進修，在前輩知名畫家中，是少數直接從歐洲學習畫藝的畫家。回國後，林教授創辦廈門美專，1949年來臺後，執教於文化大學及本校美術系。

林教授的作品，無論寫實或抽象，都有獨特的風格，這源自於他的生活態度。他擅長觀察自然和人生的對應關係，上課時告訴學生們：「謙沖自牧，孤守一隅，有緣則應，無緣則藏，不與人爭。」林教授作畫慣用乾筆處理背景，用色層次極為豐富，其細微變化與轉折，令人折服，底紋與濃淡之間，交織成一副獨特的畫面。他很喜歡軍校學生，常說，我們是最有禮貌的學生。在本校任教期間，經常帶領師生們赴臺北近郊寫生，貢獻良多。

邵幼軒教授：浙江東陽人，年幼隨父親邵逸軒習畫，1940年畢業於北平藝術專科學校，師承國畫大師王夢白、齊白石、王雪濤。1934年，投入張大千門下，為入室弟子。邵教授為國內知名畫家，應梁又銘主任邀請，至本系教授花鳥繪畫，其牡丹畫作自然高雅、清麗脫俗，享有「邵牡丹」之美譽。她以花卉翎毛最為著名，色彩墨色揮灑自如，筆觸生動細膩，畫面美得令人折服。邵老師因教學嚴謹、教導有方，而使系友習作花鳥創作者眾多，桃李芬芳，功不可沒。

科學藝術融會貫通　詩畫深遠用筆古拙

劉其偉教授：生於福建，為知名水彩畫家，曾任教於本系，指導水彩繪畫。劉氏是一位工程師、畫家、作家以及人類學家。他以探索非洲、大洋洲、婆羅洲等地之原始藝術而著名，匯集感性與理性、現代與原始、科學與藝術於一生，是一位藝壇人稱的老頑童。在其作品中，純真的天性，散發生命的光和熱，深受普羅大眾的喜愛。他的著作豐富，兼長藝術教育理論與文化人類學，並致力於原始生態及藝術

的保存，造就了傳奇的一生。

　　郭道正教授：生於湖北黃梅縣，畢業於武昌藝專，1957年任教於本校藝術系，教授油畫、水彩等課程。郭教授教學嚴謹認真，推崇19世紀興起於法國鄉村的巴比松畫派風格，以戶外寫生作為教學的重點，尤其重視畫作的構圖和景深，上油畫課時，帶領學生至復興崗近郊的景點寫生，學生的每一幅作品，郭老師都會親自指導構圖，誨人不倦。筆者於撰文時，對郭老師的懷念，記憶猶新。他於1991年成立的「中華圓山畫會」，提攜後進，鼓勵創作，每年舉辦聯展，本校校友謝富貴、潘蓬彬等，均為該會重要成員。

　　鄧雪峰教授：生於四川安嶽，1949年來台，進入本校第1期，展開書畫報國的生涯。在軍校嚴格的訓練中，不忘辛勤練習書畫，畢業後，投身部隊，戎馬歲月中，其唯一的精神寄託就是繪畫。鄧氏於政校任教官到系主任，四十餘年從未離開復興崗，教學相長，創作不懈，一方面繼承了中國水墨畫的傳統和文人畫的風骨；另一方面，則埋首耕耘屬於我們這個時代繪畫的新風貌。不論人物、山水、花鳥，運筆心隨筆轉，取象不惑，神妙奇巧，任運成象。

　　為推廣美育，鄧老師曾在國軍文藝中心美術研究班授課，並於畫室「華之盧」教授花鳥繪畫，將精湛技法傳諸後世，學生遍及海內外。本系歷屆校友追隨鄧教授並以花鳥繪畫見長者眾多，如邢萬齡擅畫牡丹花，以畫會友，促進兩岸交流；章金生旅居加拿大，教授國畫花鳥；熊碧梧以拓印方式，呈現色彩豐富的花鳥畫的新面貌，並曾多次於國內外舉辦展覽。另有多位校友在花鳥繪畫領域上，不論在教學、創作領域皆佔有一席之地，如厲霞、陳德甸、陳娜蓮、陳江鴻、趙其雄、田金生、呂玉亭、朱仲儒、李繼茵等。

以畫會友促進兩岸交流　畫藝精湛走出各自風格

　　金哲夫教授：祖籍山東，亦為本系第1期畢業生，1957年受聘返

回母校任教。金教授創作一向嚴謹，既不一昧因襲傳統，也不盲目追求時尚，不論是油畫或水彩作品，均呈現結構紮實，色彩明快，筆觸流暢的形式，有著北方人爽朗、敦樸的氣質。

　　金教授繪製許多戰史畫，如〈台兒莊大捷〉、〈辛亥廣州之役〉、〈十萬青年十萬軍〉等作品，歷年來獲獎無數。在擔任本系主任的八年期間，教澤流芳，對前後期學生影響深遠。如陳舜芝善用線條結構，創造藝術空間；潘蓬彬曾擔任圓山畫會、藝群畫會、北投社區大學創校校長；趙明強於退休後前往西安美院，獲中國畫系碩士，舉辦個展十餘次；黃弘道曾赴西班牙攻讀碩士，在本校任教期間認真負責，深受學生喜愛；廖繼英始終堅持創作，精進畫藝，具獨特風格；游守中赴美國密蘇里州進修藝術碩士，曾任教於本校及南開科大文化創意設計系主任，在任南投縣文化局局長時，致力文化教育推動，現為洛克威爾藝術實驗教育學校校長。除上述者外，因繪畫傑出轉往電視台發展的有楊本湛、俞蘇、謝富貴、李俊敏等人。

金哲夫教授指導師生合作作品。

牟崇松教授：祖籍廣西鬱林，為知名山水畫家。他的繪畫，在佈局上講究古法，追求氣勢磅礴與脈絡連貫，嚴謹而細心；在技法上筆墨活潑，生意盎然，其作畫設色渲染，淡彩輕拖，淡雅脫俗。牟教授在本系任教多年，其同班同學李沛教授亦擅長山水繪畫，兩人對本系研究山水繪畫之歷屆校友影響深遠。早期學長有曾宗浩、寧克文、司徒坤、楊本湛、林幸雄等，皆為傑出山水畫家；後如李沃源老師長期推廣海峽兩岸文化交流工作，畫藝精湛，聲名遠播。另有吳相文、張松山、張舸、董學武、董竣南等人，接續山水畫的傳承，走出各自的風格。

結合當代傳統藝術畫風　與時俱進傳承生生不息

　　李奇茂：擅將當代的人物、景致帶進傳統的國畫之中，純熟洗鍊的速寫技巧，透過毛筆水墨表達，更掌握了水墨古拙的氣韻。他筆下的市井小民，姿態生動傳神，描寫夜市的人生百態，維妙維肖，因跳出原有國畫框架而獲得各界熱烈迴響，走出了最輝煌的創作之路。

　　「采風堂」原是李教授的堂號，因緣際會，成為藝林薈萃之雅集，畫家及學生們相繼加入，受到老師指導和提攜的門生眾多，各個藝業的發展都有很好的成就。如王愷老師，曾任教於本系，擅長中西畫，尤以水墨人物畫，備受推崇；鄭正慶老師，曾任本系系主任，擅長水墨人物畫；唐健風老師，長於水墨人物畫、漫畫創作、攝影、設計、編輯及出版等工作，任教於本系及世新大學；陳合成老師曾任教於本系，是一位多才多藝，創作潛力雄厚的畫家；沈禎老師曾任教於本系，獲澳洲伊迪斯柯文大學視覺藝術博士學位，為國內知名水墨畫家；李宗仁教授曾短暫任本系主任，教授水墨課程，現為國立藝術大學教授。

　　鄧國清教授：出生於湖南省邵陽市，受林克恭教授英國水彩畫風影響至深，乾淨清爽、簡潔明朗，以和諧的色彩，描寫寧靜恬淡的自然景象，予人清晰舒暢之感。本系早期從事水彩創作者，有孫少英、

舒曾祉、鄧國強、宋建業、徐茂珊、金開鑫、張乃東等人。知名水彩畫家林順雄曾於本系任教，擅長風景、山水、花鳥、走獸繪畫，其構圖、意境、筆法，皆展現獨特的美感。張國徵的水彩畫，細膩精緻，具深層美感。張旭光、張璐瑜夫婦均留學西班牙，從事水彩教學，不遺餘力。另溫瑞和、顧介儒、楊貴榮、陳志盛、鄒錦峰等校友，於退休後仍持續水彩畫的創作，也有授課於社區大學，推廣美育。

梁紹先：從小喜愛漫畫，在父親的鼓勵下，報考本校藝術系，在軍中擔任文宣工作時，以「毛球」為筆名，被譽為「穿上軍服的漫畫家」，近二十年來，一直以漫畫、美術設計參與國軍各項文宣活動。他繪製〈軍事好好玩〉、漫畫版的全民國防及國防報告書等系列，用淺顯易懂方式，宣達政令，在部隊中廣為流傳。其新作《燃燒的西太平洋》，目前仍在發刊中，深受年輕人喜愛。

千錘百鍊方能成鋼　薪火相傳達成使命

復興崗先期的師長們，大都是1949年先後來到臺灣這塊土地，在藝術的道路上，並肩走過，各以其卓越的藝術才華，引領時代藝術的推陳出新。而在復興崗藝術教育的崗位上，教導學子，在學習藝術技藝之餘，更不忘「戰鬥藝術」的使命。

現代藝術流派眾多、五花八門，一方面反抗物質文明帶來人們內心的壓抑，另方面又需打破傳統既有的規律，以新境界、新理念、新媒材，開拓現代人類的新視野，讓藝術創作產生了更多元的面貌。而軍校的美術教育，必須刻意求工，與時俱進。創校時所揭櫫的「革命藝術」，隨著時空環境的改變，已從描繪戰爭、戰史、戰鬥的特色，轉變為關懷社會，塑造軍人新形象，淨化人們的心靈。

復興崗藝術系的校友們，幾遍佈全球每一個角落，其中有知名畫家、有成功教育者、有負責政戰工作的領導者，也有從事文宣心戰的參與者，這一群在藝術戰線上的尖兵，竭智盡忠，為國獻替。如今，原來的藝術系已轉型為國防大學應用藝術系，師生們仍不忘初心，致

力於培養戰鬥藝術人才，以新思維，新技法，代代相承，薪火相傳，
繼續為達成「革命藝術」使命而努力。

藝術系海軍校友魏賓志等作品：海上長城。

【作者小檔案】

熊碧梧｜政戰學校18期藝術系，專攻花鳥繪畫，曾任政戰學
校藝術系主任，多次舉辦畫展並受邀參加國內外聯
展，榮獲89年度中國文藝學會美術獎章，著有《款
提藝術研究》、《花鳥繪畫創作精神之研究》、《中國
繪畫中的形與色》。

漫畫　版畫　雕塑　剪紙

藝術采邑　群英畫譜

文·圖╱沈禎、吳望如

　　1951年成立的「政工幹部學校」美術科，當時就將漫畫排入課程中，這是政府遷臺後，在臺灣第一所開設漫畫課程的學校。其後經歷改制為「政治作戰學校藝術系」後，漫畫課始終是學校極具特色的課程，培養造就了許多極為出色的漫畫家。

政工幹校藝術系　前瞻培植漫畫家

　　從1951年政工幹部學校到2006年改隸國防大學，期間分為下列四階段：（一）政工幹部學校美術組（第1至第5期：1951～1957年）；（二）政工幹部學校美術科（第6至7期：1957～1959年）；（三）政治作戰學校（1970年10月31日）藝術學系（自第8期以後：1959～2006年）；（四）國防大學政戰學院應用美術學系（2006年9月1日迄今）。這期間，人才輩出，享譽藝壇，謹略述如後。

　　陳慶熇（1922~1996年）：筆名青禾，為本校藝術系1期校友，畢業後曾服務於國防部新中國出版社，任《勝利之光》主編。並在該刊長期發表國際漫畫，曾於中美斷交期間，抨擊美國尼克森總統的媚匪行徑，影響甚鉅，受到美國在臺協會來函關切。後於1974年回校任教，擔任藝術系教授、主任，作育英才無數。同年，創立臺灣第一個民間漫畫社團「中華民國漫畫學會」，擔任第一屆理事長及在中國美術研究中心兼任主任。其評論漫畫類有：《青禾漫畫選集》、《大變局》、《泛論毛共為什麼怕孔子》、《比喻中見真理》等；漫畫理論類有《漫畫藝術探源》、《漫畫藝術導論》、《漫畫技巧》、《油畫欣賞叢書》、

《漫畫研究》、《漫畫藝術研究》、與梁中銘合著《漫畫描法》等專書；其中尤以社會漫畫及兒童漫畫的〈娃娃日記〉、歷史名人連環漫畫〈抗議戰士林爽文〉最為著名。

李闓：筆名果耳，曾擔任本校美術系講師、國立藝專及世界新專兼任講師、群流出版社發行人、中華民國漫畫學會第五屆理事長、中華漫畫藝術推廣協會榮譽理事；出版《革命軍畫報》、《勝利之光》畫刊、臺灣畫刊及電視週刊主編。其重要著作及代表作品有《中國漫畫史》、《美國漫畫之旅》、《漫畫美學》、《漫畫漫話》、《漫畫行腳》、《漫畫歲月》、《回首漫畫當年》上、下冊等。

盧安然：7期校友，筆名王流，是當時臺灣知名的社會漫畫家，作品多發表於民生報、聯合報等，造型成熟，穩健可愛，筆鋒則相當詼諧犀利，一時間膾炙人口，頗受讀者青睞。他與15期唐健風、尤聰貴、鄭正慶三人，可說是復興崗漫畫領域上的「三劍客」，各擅勝場，別具特色。

唐健風：15期校友，筆名唐風，曾任本校講師、世新大學新聞系兼任講師，教授新聞漫畫。曾擔任中華民國漫畫學會理事長、新中國出版社副社長及《勝利之光》畫刊主編、總編輯。作品曾獲國軍文藝金像獎、中華民國畫學會金爵獎、文藝協會文藝獎章、中興文藝獎章。重要著作及代表作品有：國軍與國家畫冊、外島巡禮攝影集、歡喜新臺灣、《梁又銘畫集》、中華民國漫畫學會創會三十週年之《三十而麗漫畫作品集》。經常在報刊發表時事與社會漫畫，題材時而詼諧，時而尖銳，針砭時政，直指核心，頗受社會大眾肯定。

尤聰貴：15期校友，筆名大風，作品造型多變有趣，題材多為時事、社會與生活漫畫，詼諧生動，多能切中時弊、撻伐社會陰暗

面，頗受讀者大眾喜愛。

鄭正慶：15期校友，以人物畫見長，偶爾也創作時事漫畫，造型詼諧。曾擔任本校藝術系主任、臺灣師範大學兼任副教授、臺灣科技大學建築系兼任副教授。除漫畫外，擅長素描、版畫、國畫等。曾任電視「大時代的故事」插畫設計、參加國立歷史博物館主辦繪製〈八年抗戰史畫〉，並赴日、美、法舉辦個展。重要著作及代表作品有《中國水墨人物畫作專輯》、《水墨人物畫法》、《中國水墨人物畫筆墨之研究》等。

任適正：16期校友，筆名適正，曾任職於「中國電影製片廠」，於70、80年代大量發表時政漫畫，造型寫實，內容深刻，針對當時的政治亂象、毒瘤螫政，有著深邃直指要害的殺傷力，屬政治時事漫畫寵兒，發表在中時、聯合報上的作品，極受歡迎。

沈禎：21期校友，曾任教本校藝術學系、淡江大學、臺灣藝術大學及醒吾科技大學，亦曾擔任中華民國漫畫學會理事長。作品曾獲「國軍文藝金像獎」、「教育部漫畫創作獎」、「埔光文藝金像獎」、「文藝協會文藝獎章」，新聞局舉辦之「勞瑞『李表哥』漫畫全球徵稿」佳作。學生時期，即在《復興崗報》上發表「大兵週記」漫畫專欄。畢業後，續於《空軍士官兵雙月刊》上發表「大兵週記」專欄十餘載。之後，在漫畫雜誌、文壇、電影沙龍雜誌上，陸續發表漫畫多年。軍退後，赴美國取得碩士學位及西澳洲視覺藝術博士，並於元智大學藝術與設計學系主任任內榮退。目前擔任中華民國畫學會理事長，暨中央軍校美術聯誼會副會長兼執行長。自2012年迄今，受中華郵政邀請繪製發行「紅樓夢」郵票四輯、中華名人「胡適、錢思亮、吳大猷」郵票一套、暨古典詩詞郵票六集。

復興崗上的版畫家　配合國策鼓舞民心

1949年，中央政府遷臺，除國軍部隊外，也帶來相當數量的美術人才，如方向、陳洪甄、陳其茂、朱嘯秋、周瑛等木刻家。他們早期的創作題材及風格，多與抗日期間的政治氛圍有關，作品充滿戰鬥性，其插圖式的戰鬥版畫，充分表現了反共復國的希望與決心。惟隨著臺海形勢和緩，革命美術漸趨式微，抽象繪畫取而代之，成為世界風潮，這些木刻家們，也漸漸走向抒情式的創作道路。

方向（1920～2003年）：江西人，17歲開始習作版畫，1949年隨國軍來臺，曾任職於金門《正氣中華報》副刊主編，發表一系列反共宣傳插圖於各報端。1952年榮獲國防部「反共美展」木刻組首獎，同年，進入新成立的政工幹校傳授木刻技法。適值反共文藝的高峰期，方向和其他木刻家如周瑛、陳其茂、朱嘯秋等，創作了許多配合國策、鼓舞民心的作品，成為戰鬥木刻的重要推手。

方向製作的版畫「行軍」。

韓明哲（1931年～）：生於山東省青島市，畢業於本校美術系。曾擔任中華日報社會漫畫專欄作家、中華民國版畫學會理事、漫畫學會董事及多項全國性美展評審委員。他畢生從事藝術創作，作品榮獲諸多獎項，如1955年「文化大競賽」金像獎、版畫第一名；1966年國立歷史博物館主辦的「全國美展」第二名；1971年第六屆「全國美展」第二名；1973年全國第二屆「當代美展」第二名等。其藝術成就也備受國際人士推崇。1993年獲美國加州大陸大學榮譽哲學博士；1999年獲斯里蘭卡國際醫學交流大學哲學博士等。目前，國立歷史博物館和國立臺灣美術館都有典藏他的作品。

雕塑藝術承繼傳統　傑出校友登峰造極

魏立之（1925～2023年）：廣東揭陽人，早年隨部隊來臺，考取政戰2期藝術系，畢業後，初期至國軍部隊服務，後返校任教，教授雕塑，桃李滿天下。曾榮獲「中山文藝創作獎」、「雕塑藝術獎文藝獎章」。歷任臺灣地區「中山文藝創作獎」、「全省美展」等雕塑作品評審委員。教育部大專院校雕塑科系評鑑委員，作品並榮獲「邀請免審」參加國內各大展覽。當選本校優良教師、傑出校友及海內外時彥等榮譽。其雕塑作品，除豎立於臺灣本島、澎湖群島、金門列島、馬祖、東引、烏坵、東南沙群島外，亦立於巴拿馬首都、巴拉圭亞松森市等地，並為美國世界偉人館、臺灣藝術教育館及美國前國防部長溫柏格所收藏。魏立之老師在兩蔣時代，雕塑過無數精彩作品，其中如復興崗崗上兒女、金門中山林蔣經國先生銅像、石門水庫蔣公銅像、中壢龍岡圓環士兵衝鋒銅像……等等，栩栩如生，充滿濃厚藝術氣息。可說是那個時代最負盛名、最傑出的雕塑家。

林木川（1937年～）：出生於高雄縣，現居北投，政校藝術系7期畢業，1962至1990年留校任教。曾任中華民國雕塑學會理事、中華民國文化資產維護學會理事、中華文化復興總會會員、高雄市立

美術館典藏委員、國立國父紀念館評議委員、「全國美展」、「臺灣省展」、臺北市、臺中縣、臺南縣南瀛展、高雄縣市等美展及奧林匹克委員會徵選美術作品之評選委員。作品曾應教育部委託雕塑孔子銅像送美國聖地牙哥中國歷史博物館陳列，2021年獲選國防大學政治作戰學院傑出校友，並獲邀至國防美術館展出作品。

李寶龍（1951年～）：藝術系21期校友，臺灣師範大學設計學系碩士，曾任臺灣雕塑學會秘書長、中華文創學會常務理事、臺灣師範大學藝術學院助理教授、臺北市工務局公共藝術執行委員及評審委員、中華電視臺、中國電影製片廠藝術指導，現任中華設計創作學會理事。曾獲榮譽：1986年「中山文藝獎」雕塑類及1996年後榮獲二十幾件公共藝術首獎和設置；1998～1999年應邀臺灣省立美術館主辦「空間魔術師」臺灣公共藝術特展全國巡展一年；2001年奧地利國際雕塑創作營作品「弧線、面構成」榮獲收藏作品六件；2008年「北京奧運景觀雕塑徵集大賽」獲銅獎，2009年「中國百家聯展」作品展於北京中國美術館，

李寶龍作品觀世音。

2023年受邀西安第六屆絲綢之路國際藝術節「今日絲綢之路國際美術展」，及第八屆「海上絲綢之路」（福州）國際旅遊節展出作品。

剪紙藝術迭宕起伏 紀錄璀璨風華歷史

　　1949年政府遷臺，為穩定民心，乃號召版畫或剪紙人才參與製作宣傳海報，於是有不少具有剪紙專長者，被招募到政工幹校，這些幹部受訓結束進入軍中，也將剪紙藝術帶入部隊中，甚至有不少人退伍後轉任學校服務，繼續發揚光大。這可說是臺灣剪紙藝術發展最為興盛時期。例如陳輝、唐北光、王克武、苗延芳、郭禮士、汪埔英、田夢麟、方澤南、沈也男、袁筠珏、陳天文等人，於民國64年在臺北國軍文藝活動中心舉辦的「武嶺與慈湖」剪紙展，曾引起國人的廣泛矚目。而回顧本校的畢業生，對臺灣剪紙藝術的傳承起了重大影響者如次。

　　李樹俊（1930～2015年）：1962年本校藝術系畢業，1972年少校退伍，返回南投任職於南崗中學，擔任美術教師，即開始研究中國傳統剪紙藝術。自1974起，全力推廣剪紙藝術，出版《教忠教孝-民俗剪紙專輯》一書，因內容豐富，已成為重要的剪紙教材。1979年，榮獲教育廳首屆杏壇芬芳錄，並於1989年出版《中國傳統藝術-民俗剪紙》一書。

　　唐北光（1931～）：原名唐英，湖南省衡陽市人，本校8期藝術系畢業，曾任職於鄭光華所領導的美工隊，積極從事剪紙藝術創作，其作品精簡有力，〈夏牛〉這幅作品曾為北歐國家製成宣傳海報。1951年作品，獲郵政總局郵票設計甄選為第一名，1956年後至師大任教。

田宗仁（1931年～）：本校6期藝術系畢業，曾任職於美工隊，致力於剪紙創作，其作品線條細膩勻稱，造形嚴謹有力。

　　王克武（1939年～）：字傳經，別署笑僧，筆名克夢娜（Camera），山東省文登縣人。臺北師範藝術科、本校藝術系畢業。1966年創作《萬國上壽圖》，評價頗高，後致力民俗畫研究，1971年舉辦「中國民俗專題畫展」，翌年又推出「王克武民俗畫展」。1979年出版《歲時剪紙》，論〈什麼是剪紙〉與〈中國剪紙特點〉；1980年出版《蘭閨剪紙》，論〈剪紙的種類〉、〈中國剪紙色彩〉；1983年出版《神佛剪紙》；1987年出版《禮俗剪紙》等，對剪紙的創作理念與領略心得，開拓學習者視野邁進新境界，甚具參考價值，惜該套叢書最後尚未出齊，誠屬美中不足。

　　王愷（1939年～）：本校9期藝術系畢業，曾任職美工隊，喜愛剪紙藝術，才華洋溢，剪紙作品有其獨到風格，軍中退伍後，至中國電視公司服務，並結合同好組成「奔雨畫會」，在水墨人物畫上極富文采，成就非凡。

　　郭禮士（1936年～）：本校16期藝術系畢業，曾任職於美工隊，美工隊中若有大型集體創作作品，大多出自其主導與剪工，屬當時大型剪紙的靈魂人物。

▲田宗仁剪紙作品（取自剪紙藝術一書）

▲王愷剪紙作品（取自剪紙藝術一書）

藝術是具體呈現時代風貌的一種表徵，無論是漫畫、版畫、雕塑或剪紙藝術，都曾在不同的時代，開創其璀璨的風華。本文所敘述的人物誌，正是記錄曾經為國軍及臺灣這塊土地，貢獻過他們藝術生命與成就的復興崗人。

【作者小檔案】

沈禎｜政戰學校21期藝術系，其作品曾經榮獲國軍新文藝金像獎、文藝協會文藝獎章、埔光文藝金像獎、教育部文藝創作獎，作

沈禎的漫畫作品「手機公德」

品被許多公私立文化機構典藏。曾任教於元智大學藝術與設計學系，目前擔任中國孔學會、中華倫理教育學會秘書長、中華民國漫畫學會理事長。

吳望如｜畢業於國立新竹師院美勞教育研究所。曾任新北市米倉國小、集美國小校長，國立臺灣藝術大學、新竹教育大學兼任講師。作品曾獲臺陽美展版畫銅牌獎、中華民國版畫創作獎、臺北市美展版畫優選等；並得嘉義縣文化局、臺北縣政府文化局典藏。

聲韻飛揚

聲樂高歌　雄英豐翹　氣魄雄渾　天聲磅礡震低吟
美聲饗宴　桃李芬芳　氣勢昂揚　襟懷朗朗滿嶺崗

——編者按

美聲饗宴迴盪　風采寄語展望

文‧圖／雷聖凱

　　回顧走過近一甲子歲月的國軍音樂發展年代，可說是從精彩蓬勃到低盪迴旋、峰迴路轉以至縮減停滯。這些改變總與政黨輪替、編制裁撤、簡併改隸有關。每每看到一些無厘頭的決策，如傳唱已久的軍歌歌詞，因政黨輪替需要原作修改；又如部隊早晚點名不唱軍歌、不喊口號等，甚至部隊的軍歌驗收及軍歌競賽也宣告終止。持平而論，這些決策已使得國軍嚴重忽略樂教工作，而問題也一一浮現了出來。

　　這些問題已經告訴我們，國軍甚至全國民眾可能已經失去了共同的情感、國家認同，以及「為何而戰？為誰而戰？」的鋼鐵信念與決心。因此，我們認為軍校學生入學須教唱國歌，因為很多入校新生沒唱過國歌；黃埔建軍光榮史蹟被輕忽，抗戰史實更被刪除，都是岌岌可危之大事。

　　從1950年代至2010年代期間，國軍非常重視精神教育，國軍文藝活動也獲得非常良好的成效，尤其在音樂教育上，計有「國軍文藝金像獎詞曲徵選」、「年度軍歌推廣」、「軍歌教唱種子教官研習」、「部隊軍歌驗收」、「部隊軍歌競賽」、「軍事院校合唱團觀摩」、「軍歌的故事拍攝」、「柳營笙歌嘉年華」、「金笙獎歌唱比賽」、「紀念黃埔建軍周年音樂活動」、「紀念抗戰勝利周年音樂活動」、「紀念八二三砲戰勝利周年音樂活動」、「紀念古寧頭勝利周年音樂活動」及「美聲饗宴音樂會」等等。

　　其中尤以「美聲饗宴音樂會」，在國軍音樂活動中極具代表性，其音樂會的受眾對象以各軍事院校及國軍單位為主，邀請國軍培養的知名聲樂家及民間聲樂家演唱軍事歌曲、愛國歌曲、勵志歌曲、世界歌曲選粹，以樂教啟發薰陶，讓軍校學生及基層官兵瞭解並熱愛軍

樂，進而培養其「軍人武德」與「軍人氣節」，激發出「有我無敵」、「犧牲奉獻」、「戰必勝攻必克」的鋼鐵意志。

2013年美聲饗宴音樂會於國防大學演出時聲樂家與所有演職人員合影。

自1999年迄2017年，「美聲饗宴音樂會」共舉辦了13屆，因應國軍政戰體制簡併、改隸及預算縮減等影響，致2000年、2005至2008年及2016年未能舉辦。整體而言，音樂會籌辦概可區分為：國防部藝術工作總隊藝宣大隊音樂組；國防部政戰總隊藝宣大隊音樂組；國防部政戰總隊藝宣中心音樂組；國防部政戰總隊心戰大隊第5中隊第2分隊（音樂分隊）；及國防部心戰大隊第5中隊第2分隊（音樂分隊）等五個時期。

一、國防部藝術工作總隊音樂組時期

1999年，陳忠義擔任音樂組組長時，舉辦了第一屆的「美聲饗宴音樂會」，於政戰學校、陸海空軍官校、陸軍、海軍、空軍總部、

憲兵司令部、軍管區司令部等單位，計演出9場次，均獲得熱烈迴響。次年，國防部藝術工作總隊簡併為國防部藝宣大隊，改隸於國防部政戰總隊，音樂會暫停舉辦。

二、國防部政戰總隊藝宣大隊音樂組時期

2001及2002年，曹維琪擔任音樂組組長時，舉辦了第二、三屆「美聲饗宴音樂會」，分別於各軍總部、軍事院校等單位演出11場次，聲樂家精采的演唱及多元化的演出，深獲各單位官兵的喜愛與認同。

2003及2004年，由王天利擔綱，分別舉辦了第四、五屆「美聲饗宴音樂會」，每場的演出，都贏得學員生及官士兵的喜愛與熱烈迴響。

2005年，政戰總隊藝宣大隊簡併為藝宣中心，且自該年起，國防部年度政戰預算大幅縮減，致2005至2008年「美聲饗宴音樂會」停辦了4年。藝宣中心時期，適逢慶祝建國百年，特舉辦「美聲饗宴音樂會」活動。

三、國防部政戰總隊藝宣中心音樂組時期

2009及2010年，江曉錕擔任音樂組組長時，分別舉辦了第六、七屆「美聲饗宴音樂會」，以柳營笙歌、華夏風采、爵士永恆、美聲導聆、愛我家園等五個單元設計，共演出13場次，聲樂家精彩豐富多元的表現，獲得官兵高度的推崇與喜愛。

2011年，魏大為擔任音樂組組長時，國防部為慶祝建國100年，特別舉辦第八屆「美聲饗宴音樂會」，邀請黃瑩老師作詞、雷聖凱老師作曲，創作〈我武維揚〉年度推廣軍歌，於國防部忠愛營區、花東防衛指揮部等11個單位演出，對提升人文藝術素養，激勵愛國情操之助益甚宏。

接著，2012年及2013年，於魏大為任內又先後舉辦了第九、十屆「美聲饗宴音樂會」，計巡迴演出7場次。如第一作戰區澎湖縣演出時，澎防部指揮官特別邀請縣長、議長、議員及澎湖民眾聆賞，獲得高度讚賞與肯定。第十屆的音樂會，計巡迴馬防部等8場次演出。馬防部陳曉明指揮官感謝國防部「美聲饗宴音樂會」蒞馬演出，還幽

默的說：「除非戰爭來襲，沒有理由停止美聲饗宴的精彩演出」。

2012年美聲饗宴音樂會於陸軍專科學校演出時，聲樂家與所有演職
人員合影。

四、國防部政戰總隊心戰大隊第5中隊第2分隊（音樂分隊）時期

2014年及2015年，崔傳忠擔任音樂分隊長時期，先後舉辦了第
十一與十二屆「美聲饗宴音樂會」，期間欣逢抗戰勝利暨慶祝臺灣光
復70周年，分別至金門外島、國防大學復興崗校區、中正預校、憲
兵指揮部、海軍陸戰隊指揮部、空軍航空技術學院、陸軍專科學校等
地巡迴演出，反應熱烈。

五、國防部心戰大隊第5中隊第2分隊（音樂分隊）時期

2017年，第十三屆的「美聲饗宴音樂會」，適逢紀念抗戰80周
年，國防部特別以「碧血丹心、浩氣長存」為主題，並特別邀請黃瑩
老師作詞、雷聖凱老師作曲，創作〈毋忘七七〉抗戰紀念歌曲，展開
金門外島、國防大學復興崗校區、花防部等五場次巡迴演出，激發官
兵忠勇愛國的抗戰精神，發揚團結犧牲奉獻的黃埔傳承。

2011年政戰局局長王明我中將於音樂會前慰
問參演老師及聲樂家們。

知名音樂家助陣　美聲饗宴享名聲

　　「美聲饗宴音樂會」的節目設計豐富而多元，如柳營笙歌（國防
部年度推廣軍歌）、華夏風采（民歌民謠組曲）、爵士永恆（世界名
曲、電影主題曲）、美聲導聆（中外藝術歌曲及歌劇選粹）、愛我家園
（臺灣民謠、時代勵志歌曲）、永生國魂（抗戰組曲、八二三紀念歌、
古寧頭紀念歌）、歌曲帶動、民歌接力、深情對唱等方式演出，藉由
聲樂家美好的歌聲、趣味的演唱與學生官兵直接互動，臺上臺下水乳
交融。這種以寓教於樂、激發愛國情操的和諧共鳴，是蓄積無形戰力
最佳的活水源泉。

　　每一屆的「美聲饗宴音樂會」，都會邀請國內外知名的聲樂家蒞
會演唱，如女高音柴寶琳、劉弘春、趙際華、曹維琪；女中音田筱
雲、黃珮舒；花腔女高音洪郁菁、傅孟倩。男高音白玉光、李宗球、
陳忠義、簡崇元、謝奇儒；男中音巫白玉璽、丁一雷、林許棟、葉展
毓等。國防部藉由音樂會活動，讓聲樂家走進各軍事院校和部隊，在

潛移默化中增進學生官兵人文素養、瞭解黃埔精神、凝聚團結向心、激發愛國情操。

此外，音樂會也特別邀請國防部示範樂隊或C大調室內樂團擔任歌曲伴奏及樂曲演奏，C大調室內樂團成員都是國內各樂團的演奏名家，如小提琴演奏有黃瓊齡、林築芳、吳思潔、高維謙、呂姿慧、柯依仁、蔡維真、藍玉青、張譽耀、林思諭、林毅銘等；中提琴演奏有高維濃、鄭仁萱、李雅芳、羅培菁等；大提琴演奏有陳妍蓁、李易真、何瑜瑩、魏佩瑩、張立青、梁皓琦等。尤其是，樂團名家總是將「爵士永恆」單元的樂曲，演奏得淋漓盡致，深獲學生及官兵的喜愛與推崇。

在鋼琴伴奏及演奏方面，也曾先後邀請魏士文與曹銘倉兩位鋼琴老師擔綱演出。誠如白玉光的回憶：「談及鋼琴伴奏音樂奇才魏士文老師，他是師大音樂系作曲高材生，卻熱愛國軍音樂活動，無與倫比的鋼琴伴奏神技，無論任何樂曲都是信手拈來。所以大家都稱他為『臺灣的莫札特』。魏老師的編曲作曲也都是一流的，總是一馬當先的埋頭為樂曲編曲，為聲樂家一一練唱，他最辛苦，卻不斷告訴我們能為官兵演出是他最高興的事，他為國軍美聲饗宴貢獻了十年歲月，在2009年最後一次上臺時，身體已經相當虛弱，但熱情不減，風采依舊，這就是魏士文老師的一貫風範，令人敬佩，值得學習，正所謂『士文琴韻激士氣，美聲饗宴永流芳』，我們永遠懷念他。」

女高音柴寶琳從義大利學成歸國後，即投入國軍音樂教育。她提及在歐洲的電影中經常看到西方軍隊，非常重視軍人的身心調適及壓力舒解，他們會在操練、演習甚至休戰中安排音樂活動，讓官士兵藉此舒緩壓力、調整情緒、蓄積信心。也因此很高興能參加「美聲饗宴」活動，把國外所學習的經驗，所知道的世界著名聲樂作品，介紹給國軍官兵。而她的期盼是，未來國軍仍有類似的活動，讓官兵們在精神領域上能夠提升文化水準，成為文武兼備的革命軍人。

女高音趙際華回顧「美聲饗宴音樂會」巡演的那些年，有幸與本

系系友為主及民間為輔的聲樂家們同往本、外島三軍部隊、各軍事院等營區演唱愛國歌曲、軍歌和中外藝術名曲，透過雄壯、悠揚、柔美的歌聲，從臺下官兵的專注表情及如雷掌聲中得到熱烈的共鳴。音樂會後各級主官頻頻讚賞歌曲的力與美，咸認為足以陶冶官兵藝術涵養，鼓舞軍心士氣，極具樂教意義，並建議應經常舉辦推廣至更多基層單位。事隔多年，昔日情景歷歷在目，近年來已未聞國軍辦理類似的樂教活動，似應考量恢復，以建構國軍有音樂潛力人才的演出平臺，蔚為推廣軍樂及堅實精神戰力的豐沛力量。

音樂會為國防軟實力　驟然停辦殊為可惜

「美聲饗宴音樂會」是全民國防的軟實力，自不待言。但自2018年後停辦，至為可惜。音樂是生活的動力，是官兵動力的源泉，但願如此美好的音樂活動能持續推廣。

知名男中音巫白玉璽記得「美聲饗宴音樂會」巡演之初，是配合各軍事院校合唱團輔導驗收後，當晚再實施的音樂欣賞活動。它一方面驗收年度合唱之成果，二方面透過聲樂演唱，聆賞由知名聲樂家所演唱的世界名曲、抗戰歌曲、民歌組曲及勵志歌曲等，以提升軍事院校學生人文素養、豐富心靈內涵，進而建立學習信心、育化文武兼備的國軍棟梁。

女中音田筱雲也表示：「美聲饗宴音樂會」演出對象，不僅服務於各軍事院校及三軍部隊，更包括當地民眾、地方仕紳，以高水準的美聲之夜，讓地區官兵、榮民、一般民眾共同欣賞精彩絕倫、動人心弦的表演，聆聽熱血沸騰、振奮人心的歌聲。記得2013年連江縣楊縣長曾受邀觀賞「美聲饗宴音樂會」，會後表示「這次國軍能將最棒的音樂饗宴回饋給居民，有好的活動一起分享，是軍民一家最好的互動方式」。所以國防部每年舉辦的「美聲饗宴」巡迴音樂會，突顯出的激勵人心、鼓舞士氣的功效，毋庸置疑。

無獨有偶，女高音曹維琪指出：「美聲饗宴」剛開始邀請軍中培

養的聲樂家，以軍歌、愛國歌曲、歌劇選粹、抗戰歌曲、中西藝術歌曲、民謠、民歌等不同風格的曲目，巡迴各軍事院校及部隊演出；後期更邀請國內知名的演奏、演唱老師們共襄盛舉。在「美聲饗宴」的活動中，透過音樂的傳達，臺上臺下的互動，音樂已不再遙不可及。在軍旅生涯中，有幸能夠將所學奉獻回饋國軍，是最有意義及榮譽的事！

　　魏大為深知音樂是國軍官兵的精神糧食，也是軍校學生的心靈甘泉，乃與江曉錕合力建議恢復「美聲饗宴音樂會」巡迴演出，終於使停辦四年（2005年至2008年）的音樂會，再次發光發熱。事實上，「美聲饗宴音樂會」的水準已臻於國家音樂廳的標準，當如此優秀的團隊深入國軍各級部隊及軍事院校演出，確實是國防部樂教工作的巨大成果。

　　崔傳忠則認為「美聲饗宴音樂會」是精神戰力的推手，透過音樂會的演出，將愛國思想扎根於幹部心中，喚醒即將被遺忘的國軍歷史。中華民國建軍以來，已創作許多振奮人心的音樂，幸賴國防部邀請專家學者與社會賢達，共同努力，期待國軍愛國音樂的香火能永續綿延、生生不息，進而深植軍心、發揚光大，這就是「美聲饗宴音樂會」所創造的豐碩成果。

　　論及「美聲饗宴音樂會」所創造的豐碩成果，政治作戰局前局長王明我中將的大力推動與支持至為重要。當時的政戰局專員冉啟稜先生居中斡旋、排除困難更是音樂會成功的有力推手。國防部更邀請知名詞曲作家黃瑩老師及筆者擔任「美聲饗宴音樂會」的演出顧問，從節目設計、選曲、聲樂家邀請、樂團邀請、主持文稿撰寫等都親力親為，所以每一場音樂會都能呈現精彩而完美的成果。

復興崗人傳唱不止　共襄盛舉功不可沒

　　筆者從擔任科長起，即承辦「美聲饗宴音樂會」，歷經大隊長、中心主任、顧問，每一屆的音樂會都參與其中。而成功的音樂會，來

自參與者的和衷共濟、同心同德，因此要特別感謝國防部歷任長官、知名聲樂家的大力支持，C大調室內樂團的付出，黃瑩老師的指導，以及陳忠義、曹維琪、湯愛梅、王天利、梁瀚壬、陳德列、江曉錕、魏大偉、陳哲聖、崔傳忠、張玉青、尹順隆、林詠珍、張韶琴、李進賢、楊昶淋、鄭永昀、李傑、彭丞吉、巫凱瑞、陳志宇等夥伴，因為有他們的無私奉獻，才有閃閃發光的「美聲饗宴音樂會」。

回顧往昔，美好的音樂種籽，已灑遍國軍的各個階層與角落。激昂的音樂能使人振奮，柔美的音樂能使人恬適，悠揚的音樂能使人平和，其中所蘊含的豐富感情最為可貴。2024年欣逢黃埔建軍百周年慶，復興崗音樂人始終傳唱著建軍、北伐、剿匪、抗戰、守護金馬臺澎的嘹亮歌聲。音樂家永遠是時代的紀錄者與傳承者，不僅傳唱國家的歷史輝煌，也激勵國軍官兵的士氣，軍人武德需要軍樂的育成，而軍樂永遠是官兵心中的浩氣長虹。展望未來，祈願大漢天聲在國軍軍史長河中響徹雲霄、恆久不墜！

【作者小檔案】

| 雷聖凱 | 政戰學校23期音樂系，國立臺灣藝術大學應用媒體藝術研究所畢業。曾獲得教育部社會教育貢獻獎章，中國文藝協會作曲類文藝獎章及民俗類文藝獎章。歌曲創作有國防大學校歌及國軍年度指定推廣軍歌《同袍情》等八首。大合唱作品有建國百年《我武維揚》大合唱及黃埔建軍100年紀念歌《黃埔禮讚》等十首合唱作品。

國軍音樂與歌劇　七十鏗鏘史鳴芳

文・圖／白玉光、周世文

　　若論近代鏗鏘有力的時代音樂，則七七抗戰時期的多首進行曲，可說是中國近代史上描述慘烈戰事最令人動容的樂章。從民間高歌「大刀向鬼子頭上砍去！」的〈大刀進行曲〉，到老兵低吟「同胞啊，什麼時候才能收回我家鄉！」的〈松花江上〉；從軍民齊聲「槍在肩，刀在腰，熱血熱血似狂潮！」震撼人心的〈旗正飄飄〉，到演繹合唱「姦淫擄掠苦難當，奔他方骨肉離散父母喪！」闡述征戰離情，及控訴日軍戰爭罪行的〈長城謠〉；哪一首不既是象徵時代的磅礡之聲，更是人民底層內心那股氣勢昂揚的「進行曲」。

　　而我復興崗政戰學校的音樂系，正是培養一批吟唱時代歌聲的革命基地。上個世紀的50、60年代，他們併肩佇立在這陽明山前的「我們的家」，齊唱著「大屯蒼蒼，淡海泱泱」的遼闊天地，呼應著「舞盡雞鳴，弦歌夜未央」的無涯學海，傳承著「履及劍及，見羹見牆，三千世冑出炎黃」的雄渾氣魄；漫步於「曉園春滿，桃李芬芳」的藝術幽徑；追尋著「重整漢家日月，青天白日地久天長！」的英烈壯志。復興崗人更在此蘊育出：〈九條好漢〉、〈夜襲〉、〈軍紀歌〉、〈黃埔軍歌〉、〈陸軍軍歌〉、〈我們屹立在太平洋上〉、〈勇士進行曲〉、〈火花〉等……，火花燦爛、耀眼輝煌的時代之歌。

　　而「歌劇」更是一門集合音樂、戲劇、舞蹈、美術、文學等元素的綜合藝術，廣義之歌劇，係指凡是以音樂演唱帶有劇情之戲劇，結合影劇、音樂、藝術系等內涵者，稱之；而狹義之歌劇則有嚴格定義，須包括序曲、間奏曲、獨唱、重唱、合唱、管弦樂團伴奏等，在國軍的音樂史上，它佔有一段時期的特殊角色與地位。

　　回顧過去70年，本校音樂科系之變遷歷程，可說迭宕起伏，體

制數變。從1950年的「政工幹部學校音樂組」到1951年的「政工幹部學校音樂科」，再從1970年的「政治作戰學校音樂系」到2006年「國防大學政治作戰學院藝術學系音樂組」，和現在的「國防大學政治作戰學院應用藝術學系音樂組」。親經目睹者，無不興湧「人事有替代，往來成古今」的浩嘆！茲將其兩者逾一甲子的音樂變革之路簡述如後。

第10期音樂系全體畢業生音樂館前合影。前坐右8為創系主任戴逸清教授。

細數音樂系變遷歷程　念記歷屆系主任傳承

一、音樂系變遷歷程

　　音樂組時期（1954～1957年，畢業196人），第1期～第5期，教育時間為一年半。音樂科時期（1957～1959年，畢業49人），第6期～第7期，教育時間為二年。

音樂學系時期（1960～1999年，畢業519人），第8期～第47期。音樂學系（含三年制專科班）時期（1981～1994年，畢業132人），專科班第7期～19期。音樂學系（含二年制專科班）時期（1994～1997年，63人），專科班第20期～22期。

藝術學系音樂組時期（1999～2005年，畢業59人），音樂、影劇、藝術三系合併為藝術學系，下設音樂、影劇、藝術三組。

應用藝術學系音樂組時期（2006～2019年，畢業96人），藝術學系改制為應用藝術學系，仍設音樂、影劇、藝術三組。

二、音樂系歷任主任

戴逸青（1951～1968年）、李永剛（1968～1976年）、劉燕當（1976～1982年）、董榕森（1982～1988年）、龔黛麗（1988～1990年）、董榕森（1990～1993年）、羅盛澧（1993～1996年）、謝俊逢（1996～2002年）、竹碧華（2002～2005年）、邱冬媛（2005～2006年）、李宗仁（2006～2009年）、謝俊逢（2009～2012年）、邱冬媛（2012～2015年）、竹碧華（2015～2018年）、張旭光（2018年迄今）。

杏壇之光師資陣容　星輝燦爛藝術有成

復興崗音樂系雖經數度變遷，師資可說皆是一時之選。70年來，音樂系畢業的師生，無論在國際或華語世界，都開創了豐富多元、光輝燦爛的內涵。

理論教學方面：戴逸青、李永剛、宋及正、劉燕當、錢慈善、左宏元、陳英伯、蔡伯武、李健、董榕森、蔡盛通、謝奇、徐景漢、謝俊逢、徐景湘、陳明宏、曾連福、蕭而化、張錦鴻、李永剛、劉德義、許德舉、錢南章、戴粹倫、李金土、樊燮華、梁在平、高子銘、孫培章、李中和、林尹、黃瑩、盧君賀、徐世賢、林江山、白玉光、黃幸誼等。

聲樂訓練方面：鄭秀玲、楊海音、劉美燕、戴序倫、宋及正、李河珍、蔡伯武、陸維娟、陳仰恩、白玉光、李宗球、陳志仁、陳

忠義、柴寶琳、巫白玉璽、張震南、吳雪玲、鄭媛才、楊東春、蔡麗娟、梁榮嶺、華妮娜、陳榮光、鄭心梅、何光辰、李士明、趙繼華等。

鋼琴方面：隋錫良、蕭崇愷、龔黛麗、左宏元、李健、陸維娟、羅盛灃、郭煜玲、邵淑雯、熊思音、竹碧華、林湘桂、張彩湘、高慈美、林佩蘭、楊瓊珍、張彩賢、周媛、吳季箚、胡美珠、石嗣芬、周靜孜、林金滿、溫子苓、羅瑯、郭育秀、施綺年、蔡世豪等。

弦樂教學：戴粹倫、施鼎瑩、趙子凝、蔡盛通、謝奇、施寬平、潘鵬、楊培英、張家嘉、魏世雅等。

管樂教學：施鼎瑩、朱鵬飛、王家魁、施寬平、許德舉、陳勝田、畢學富、何分、薛耀武、陳中昇、郭聯昌、梅映雪、蔡倩怡、蘇盈怡、黃翠屏、許詠棻等。

國樂及打擊樂：董榕森、陳裕剛，曾連福、韓立恩、陳美伊、黃馨慧等。

聲樂及器樂方面：石立泉、曾卓、蔣榮伊、柴寶琳、巫白玉璽、劉弘春、白玉光、李士明、李宗球、呂紀民、陳忠義、田筱雲、曹維琪、丁一雷、謝奇儔、莊清霖、蔣夢湘、帥正平等。

理論著作及廣播、出版方面：劉燕當、蔡盛通、陳功雄、謝俊逢、白玉光、滕安瑜、劉弘春、宋修聖、王學彥、周世文、范朝明、黃千珮等。在作詞及作曲方面：鄧鎮湘、黃瑩、錢慈善、駱明道、董榕森、汪石泉、馬其能、蔡盛通、李健、蔡伯武、左宏元、凌峰、余春海、李志衡、陳世音、涂敏恆、王大昌、盧穎州、徐景漢、徐景湘、李文堂、鍾景妹、雷聖凱、陳明宏、陳哲聖、黃芮盈等。

合唱及樂團指揮方面：樊燮華、楊樹樸、李志衡、陳世音、白玉光、林世恆、黃美玲、陳榮昇、石高額、陳裕中、陳志仁、田筱雲、林詠珍、郭贊東、曾連福、張鴻宇、王治強、莊峰武、劉佑民、劉志貞、曹樂敏、劉佑民、董浩雲、陳浩霖、周世文、施綺年、陳冠霖、楊琮傑、黃本先、林普記、簡子翔、李光業等。

影音多媒體方面：莊清霖、王天利、郭文霖、蕭頌主等。

輕音樂奠定國軍歌劇基礎　文藝金像獎始創歌劇獎項

國軍歌劇的發展歷程，可概略區分為五個階段。

一、醞釀時期：1949至1955年

1949年，60萬國軍陸續隨政府輾轉來臺，當時因軍中康樂團隊有限，無法滿足三軍官兵實際需要，國防部總政治部的康樂工作，以推動「兵演兵、兵唱兵、兵畫兵、兵寫兵」、「展開基層部隊康樂活動」、「成立業餘康樂團隊」為重點。

基於此，「國防部康樂總隊」曾先後於1952年出版獨幕民間形式小歌劇《小放牛》；次年，出版三幕輕型樂劇《把生命獻給戰鬥》；及接續出版輕型歌劇《義士們是英豪》、《歡天喜地》等。

彼時，如《王大娘補缸》、《大兵與姑娘》、《我要嫁給當兵的》等歌劇，雖採用的伴奏樂器種類、數目與西方歌劇不同，但全劇以音樂貫穿，演出形式為具有中國民族性特色之歌劇，因而開啟了國軍歌劇發展新頁。

1953年11月12日，大鵬國樂隊於空軍總部中正堂演出四幕五場歌劇《西施》，分別由大鵬國樂隊及臺大薰風國樂社等三十餘人擔綱演出，此為國內第一部以大型國樂團伴奏之歌劇。

二、輕音樂隊時期：1956至1964年

1956年2月，國防部開始成立輕音樂隊，演出更加多元化，有純音樂演奏、各種形式演唱、舞蹈、話劇、魔術、特技、民俗曲藝等。輕音樂隊的成立，為國軍發展西方歌劇邁出重要的一步，當年陸軍即成立了30支輕音樂隊。1957年，海軍、空軍、聯勤、保安及憲兵等單位，亦陸續成立了35個輕音樂隊。之後為適應一般民眾口味，演出朝向夜總會形態發展，似已偏離了國軍推展「寓教於樂」之康樂路線。

1959年1月20日，總政治部於「康樂會報」中指出：「部隊自輕音樂發展以來，康樂活動多已變為娛樂工具，失去教育意義，須知寓教於樂始為康樂工作之最大目標。」國防部乃於當年7月編印《柳營笙歌》小型歌舞劇，以獨幕輕歌劇、戰鬥歌劇、喜劇、歌舞劇方式，

由各康樂團隊排練演出，並自1961年起，將康樂工作重點置於加強電影放映、改進演出活動與普及軍歌教唱等三項，並增加戲劇成分，讓歌、舞、戲劇融合。此項舉措，實已為國軍輕音樂的轉型開啟了一個新方向，奠定日後國軍發展歌劇的基礎。

三、歌劇隊全面發展時期：1965至1972年

此一時期，國軍各級歌劇隊相繼成立，有藝工總隊歌劇隊、陸光歌劇隊、海光歌劇隊、藍天歌劇隊、白雪歌劇隊、陸戰隊歌劇隊、憲光歌劇隊、大宛歌劇隊、龍吟歌劇隊、干城歌劇隊、九三歌劇隊、火牛歌劇隊（任務編組）等。

1965年，第一屆「國軍文藝金像獎」特別設置「歌劇競賽」獎項。1966年第二屆「國軍文藝金像獎」歌劇組競賽中，陸戰隊歌劇隊即以《劉家寨》獲最佳團體等七個獎項。該隊以國樂伴奏，為歌劇另闢蹊徑；同年12月，總政戰部為旅美音樂教育家李抱忱舉辦軍中音樂座談會，力主我國現代歌劇的發展，應創造具有中國風格及特色之歌劇。

1967年，藝工總隊歌劇隊以《血淚長城》一劇於第三屆「國軍文藝金像獎」作示範演出，在國軍歌劇發展史上具有重要意義。次年，在「國軍第一屆新文藝運動檢討會」中指出，國軍檢討當時全面發展歌劇做法之決心，並擷取我國文學、音樂、戲曲、國劇與西洋歌劇舞劇之菁華，發展為我國別樹一幟之歌劇，作教育、宣傳之有力工具。

1970年，總政治部規定軍團級藝工團隊演出節目，以適於戰地演出為著眼，減少道具攜行與裝臺困擾，以達到「藝宣野戰化」為目標，故不需參與歌劇演出。而總部以上單位的歌劇隊，則以演出有系統之大型節目為主，重在結合宣教主題，強化藝宣功效。因而「文藝金像獎」歌劇聯演，僅有藝工總隊歌劇隊及四個總部歌劇隊參與其事。

四、藝總歌劇隊一枝獨秀時期： 1972至1981年

1972年，國軍實施第二期藝工團隊整編，四個總部歌劇隊奉命裁撤，僅保留「國防部藝術工作總隊歌劇隊」一個專職歌劇演出之藝

工團隊。而此期間藝總歌劇隊最重要任務在推廣軍中音樂，除大量參與勞軍演出外，尚須負責製作華視《軍中音樂時間》、《勝利之路》等節目，任務繁重，故無歌劇製作及演出。

1977年，為紀念先總統蔣公逝世兩週年，藝總歌劇隊假國父紀念館演出四幕九場歌劇《黎明》。此次演出由示範樂隊交響樂團擔任伴奏，樂團由十餘人增加至四十人左右編制管絃樂團，使得演出時的音樂張力、彈性更大。

1979年，該隊演出四幕五場歌劇《青山翠穀》，參與人員除藝總歌劇隊及國防部示範樂隊外，另有憲兵學校合唱團和國光少年合唱團的參與。這次演出有兩項特色，第一、參與人數動員達二百餘人，打破國內歷來歌劇演出的紀錄；第二、教學與實習合一，參與演出之國光少年合唱團，是由國光劇藝實驗學校前身戲劇、舞蹈、音樂研究中心學生組成，該中心由藝工總隊負責教學任務，師資亦由藝總相關領域人員擔任，所以《青》劇的演出，使學生有實習機會，開啟資源整合的範例。1980年，由藝總歌劇隊演出的《秀姑巒溪畔》一劇，反應亦十分熱烈。

五、集國軍歌劇發展之大成：

雙城復國記在國軍歌劇發展史上，要以1981年11月1日於臺北國父紀念館上演的大歌劇《雙城復國記》，最為轟動一時，也最為引人矚目。1976年10月1日，政治作戰學校為貫徹國防部「教、學、用」合一之指示，成立「國軍藝工團隊研究發展中心」。中心下設戲劇、音樂、美術、舞蹈四個研究組及四個實驗團，採任務編組方式，結合政戰學校既有的影劇、音樂、藝術、體育等四個學系教職員，編成四個研究組及學生實驗團，以研究實驗之成果，來革新節目內容，提高節目品質，而予人耳目一新、讚嘆不已。

雙城復國歌劇大成　花若盛開　蝴蝶自來

1978年5月17日，王昇指示該中心「今後應以創作歌劇為發展

目標」，並任命影劇系主任張永祥為總指導，音樂系主任劉燕當、藝術系主任金哲夫、體育系主任趙喚民等人，積極籌備歌劇演出相關事宜。

籌備過程中，首先決定以田單復國故事為主題，由張永祥撰寫故事大綱，詩人碧果填寫歌詞，同年7月26日向王昇簡報後，將劇名定為《雙城復國記》，前後以三年時間籌備，動員近三百人，結合國軍藝術相關學系、各藝工團隊人力資源，以將近四百萬元預算，展現國軍藝術工作的總體能量。

《雙城復國記》歌劇主要演出人員右起為白玉光、夏繼曾、柴寶琳、趙雅麗、李宗球等。

《雙城復國記》原安排於1980年4月上旬配合中正紀念堂兩廳院-國家音樂廳和戲劇院落成時演出，惟因故未果，乃決定與臺北市政府合作，擔任1981年臺北市藝術季的壓軸表演節目，於當年11月1日至5日假國父紀念館隆重推出。因節目製作嚴謹，劇情精彩，獲得不錯

迴響，又於11月16日至19日在高雄市中正文化中心至德堂演出四場。

　　《雙城復國記》的演出，引起社會各界廣泛討論；也由於在臺北與高雄兩地演出，獲得良好評價，國防部決定改善劇本及樂譜後再行推出，乃於1982年4月遴派李宗球、王永泉等六人，分為兩梯次前往日本觀摩考察《阿伊達》歌劇之演出，以資借鏡。

　　1983年，為紀念先總統蔣公逝世八週年及配合高雄市藝術季活動，自4月5日音樂節當日起，一連三天假高雄市文化中心再度公演《雙城復國記》，仍獲得非常好之評價。

　　1985年，藝術工作總隊歌劇隊裁撤，國軍歌劇發展為之停滯，僅有少數幾位音樂學系培養的聲樂家，如柴寶琳、李宗球、巫白玉璽、陳忠義等之應邀參與國家交響樂團、臺北市立交響樂團、國立臺灣交響樂團等樂團製作之歌劇演出，純屬個人之崢嶸頭角。另有「政戰學校音樂學系合唱團」，參加「臺北市立交響樂團」製作的威爾第歌劇《阿伊達》演出；之後，國軍已無任何歌劇演出紀錄。

警備總部藝術工作大隊歌劇隊（白雪歌劇隊）民國59年演出歌劇《大漢復興曲》一劇情形

有關政校音樂系及國軍歌劇發展史料，在周世文和范朝明兩位音樂系友的悉心蒐整，在現任學院助教蕭頌主的協助下，提供了更具系統性的綜整與歸納，將復興崗音樂系各階段的組織更迭，及其創立背景與時代環境詳加陳述，具體呈現母校音樂系跨世紀的培育人才，及在社會各個角落開枝散葉的實況紀錄，至於對軍隊精神士氣之激勵及連結民間樂教之推展，可說是功不可沒。

　　綜觀政校音樂系及國軍歌劇70年來的變遷過程，已在在證明這條風雲路，有許多校友都參與其中，踏實走過，艱辛備嘗，樂此不疲。常言道：「花若盛開，蝴蝶自來；人若精彩，天自安排。」此刻，謹以「感謝母校音樂系的栽培教導」，來表達吾等的衷心感念，永誌莫忘。

【作者小檔案】

| 白玉光 | 政戰學校15期音樂系，在校品學優良，曾當選過學生自治團副團長。58年畢業後，分發馬祖陸軍步兵26師任排長，爾後歷任輔導長、政戰官、心戰官、音樂官、副大隊長、大隊長等職務。民國79年退伍，學歷方面也從學士、碩士到博士，收穫豐碩。

| 周世文 | 政戰學校40期音樂系、東吳大學音樂學系碩士在職專班音樂學組碩士，曾擔任聯勤軍樂隊隊長、聯勤忠勤報總編輯等職務，現從事軍事音樂、戲劇歷史研究，著有《我國近代軍中軍樂史》、《國軍在臺音樂史》、《曾經、梆聲—陸光豫劇隊一甲子》、《國之光—示範樂隊七十周年圖誌》、《黃埔之聲—陸軍軍官學校軍樂隊沿革》等專著。

音符精靈　左宏元　駱明道　黃瑩

詞曲琅琅上口　唱紅華語歌壇　膾炙悠悠眾口

文‧圖／左化鵬、陳龍禧

古月十八拍──左宏元

左宏元（左三）與友人合影。

　　大陸安徽蕪湖因蕪藻叢生而得名，春秋戰國時又稱鳩茲。這裡出了一位偉大的音樂家，他在臺灣創作了二千多首流行歌曲，傳唱海峽兩岸，全世界的華人，只要會咳嗽的都唱過他的歌，他就是知名的音樂人左宏元（古月）。

　　左宏元，1930年出生在鳩茲一個賣雲吞麵的人家，他自幼調皮，不喜讀書，也不甘於當店小二，只好蹺家，四處流浪；孰料，倭寇來了，八路也來了，砲聲四起，戰火紛飛，他被子彈追得到處亂跑，最後，渾渾噩噩，糊裡糊塗，身形矮小的他，趁亂擠上了一艘運兵船，飄洋過海來到臺灣。

異鄉落腳復興崗　紅遍香江不回家

　　他鄉異地，人生地不熟，左宏元最先流浪到宜蘭礁溪，後又漂泊到花蓮吉安，最後落腳北投復興崗，就讀政工幹校音樂系第2期，總算找到一個可以溫飽的地方。老天爺賜給他一雙靈敏的耳朵，流亡途中，他大凡聽過的家鄉黃梅調、河南梆子、墜子、紹興戲、京劇、歌

仔戲，入耳就會，隨口就能哼兩句，就讀音樂系真是得其所哉，在名師指點下，他的音樂造詣，更上層樓。

求學期間，左宏元創作了無數的兒歌，諸如〈郊遊〉、〈大公雞〉、〈醜小鴨〉、〈蝸牛和黃鸝鳥〉等，也創作了軍歌〈藍天白雲〉、〈前程萬裡〉等。那時的臺灣社會充斥的不是東洋歌曲，就是西洋歌曲。大約在60年代，香港製作的黃梅戲，突然席捲而來，「臺灣一片月，萬戶黃梅聲」，大街小巷，每一個角落，聽到的都是黃梅調，我耳朵都要起繭了。

此時，歌手姚蘇蓉到香港演唱，左宏元用古月的筆名，為她量身製作了一首新歌〈今天不回家〉，這是臺灣第一首打入香港的國語歌。姚蘇蓉一開嗓就轟動香江，創下了賣出六十萬張唱片的紀錄，走紅歌壇；左宏元開啟了她音樂生涯的新紀元，臺灣自此之後，也從黃梅調走入流行歌曲和民歌時代。

平生創作歌曲逾二千首　開啟臺灣音樂輝煌年代

左宏元先後創作了二千多首流行歌曲，如〈彩雲飛〉、〈千言萬語〉、〈我是一片雲〉、〈千年等一回〉、〈海韻〉、〈風從哪裡來〉、〈月朦朧鳥朦朧〉、〈一顆紅豆〉、〈奔向彩虹〉、〈娃娃的故事〉、〈妳那好冷的小手〉……等，只要打開電視機，扭開收音機，聽到的都是他所創作的歌曲。他捧紅了姚蘇蓉、鄧麗君、鳳飛飛、高勝美、甄妮、蔡幸娟、齊秦、陳淑樺、萬沙浪、孟庭葦、銀霞等人，歌手只要唱他的歌，就是票房的保證。

左宏元也創造了真正屬於臺灣風格的音樂，這也是中國人的音樂，世界華人的音樂。大陸人說的「大鄧」，指的是鄧小平，「小鄧」就是鄧麗君，她是大陸家喻戶曉的臺灣歌星，甜美溫婉的歌聲，撫慰了不知多少人的心靈。其代表作：〈月亮代表我的心〉、〈小城故事多〉，黃河上下，大江南北，幾乎人人都會哼唱。那是臺灣流行歌曲最輝煌的年代。可惜！後來因推行「本土化」，被迫戛然而止，臺灣平白失去了用歌聲唱響全球的機會。

引領華語歌壇風騷——駱明道

1960年代，他和左宏元、劉家昌、翁清溪等四人，屬產量最豐的國語歌曲作曲家，他們引領了華語歌壇一個世代風騷。那個年代，只要扭開收音機，一定都可聽到他們的作曲作詞。這些詞曲透過鄧麗君、鳳飛飛、甄妮、王芷蕾的嗓音，將那美妙的音符，直接灌入你的耳朵，滋潤你的心靈。

提起華語歌壇的重要人物，絕對不能漏掉駱明道（圖右1）。

駱明道，湖南長沙人。自幼就愛好音樂。曾在湖南省立音樂專科學校習聲樂，原先只想當一名中學音樂老師，不料，1949年，大地驚雷，赤焰橫流，在砲聲隆隆中，他隨部隊輾轉來台。1953年，考入復興崗政工幹校音樂系第3期，畢業後，曾在空軍廣播電台任職，後來，進入總政戰部設立的心戰廣播組，1970年，以空軍少校階級退伍。

作曲捧紅歌星無數　愛國歌曲振奮民心

經過學校的音樂教育和軍中職場的淬煉後，使原先只想當音樂老師的駱明道，竟意外成了華語歌壇的音樂大師。他一卸下戎裝，不容他喘息，就被當時海山唱片公司延聘為作曲家，他作的詞曲不計其數，捧紅的歌星有鄧麗君：〈路邊的野花不要採〉、〈踩在夕陽裡〉；鳳飛飛：〈楓葉情〉、〈呼喚〉；王芷蕾：〈海角天涯〉；甄妮：〈海誓山盟〉、〈愛情長跑〉；張琍敏：〈摘星〉；尤雅：〈雁兒歸〉；田路路：〈異鄉夢〉、〈我伴彩雲飛〉……等。

1979年中美斷交，駱明道也製作了愛國歌曲，如〈成功嶺上〉、〈風雨生信心〉等，鼓舞了多少民心士氣。同時，他也為電影配樂，作品有〈俠女〉、〈養鴨人家〉、〈辛亥雙十〉、〈蘭嶼之歌〉、〈新娘與

我〉、〈我父我夫我子〉、〈女兵日記〉、〈一代俠女〉、〈筧橋英烈傳〉、〈古寧頭大戰〉、〈皇天后土〉、〈最長的一夜〉等。他曾以〈情人石〉獲金馬獎最佳音樂獎，也以〈辛亥雙十〉奪得金馬獎最佳原作音樂獎。

傳頌武德的軍歌教父——黃瑩

〈我有一枝槍〉的內容敘述，在一項僑社朋友聚會時，有幾位服過兵役的朋友，都很懷念唱軍歌的年輕歲月。如今不少人白髮蒼蒼，最大的感慨是，一枝槍從來沒打過共匪。唉！這不就是難以預料的人嗎？

在政工幹校6期畢業的黃瑩老師（如圖）作品中，雖以〈九條好漢在一班〉等軍歌的知名度最高，但上世紀大凡在臺灣服過兵役的人，除〈九條好漢在一班〉、〈夜襲〉及〈我有一枝槍〉等幾首有名軍歌，也必然唱過黃瑩老師創作的其它歌曲。有些參加過合唱團的朋友，也會唱〈山旅之歌〉、〈海峽漁歌〉、〈山海戀歌〉、〈金門之歌〉等，還有〈八千里路雲和月〉主題曲，這些也都是黃老師的作品。

1971年，黃瑩老師離開國防部軍歌創作小組，到當時同屬國防部的華視，擔任編審和製作。從那時起，他的作品更廣及藝術歌曲、歌劇、宗教歌曲、電視節目主題曲等。包括中視《大陸尋奇》的主題曲「風雨千年路，江山萬里心，秦關月，楚天雲，無處不是故園情……」；黃友棣譜曲的〈迎春三部曲〉、盧亮輝譜曲合唱的〈媽祖香讚〉等，都是他填的詞。

黃瑩老師桃李滿天下，在三軍各項軍歌比賽活動，只要有他蒞場坐鎮，評審結果均無人敢提異議。另為了倡導兩性平等，2010年馬

英九總統在3月6日婦女節前夕宣佈，因為現在女兵越來越多，但是軍歌總是在歌頌「男兒」，國防部立即回應，將所有軍歌有關「男兒什麼的……」歌詞全都要改。三軍統帥此一宣佈，國防部當然唯命是從。於是，大會小會三天兩頭開不完，卻開不出個結論，因為歌詞裡有男兒的軍歌還真不少，修改歌詞可是大工程。

黃瑩老師舉例說，軍歌裡唱「男兒」的有：〈海軍陸戰隊歌〉「男兒壯志最豪雄，高揚青天白日滿地紅」；〈勇士進行曲〉中有「男兒立志在沙場，馬革裹屍氣豪壯」；〈豪情〉裡有「大地留下男兒足跡，歷史何須刻上英名」；〈壯志淩霄〉也唱出「壯志淩霄，壯志淩霄，好男兒報國今朝」；馬英九自己競選廣告裡，更有「呵嘿呵，飛向天，壯志淩霄好男兒」。

其實，對軍歌中的「男兒」二字，黃瑩老師認為「因早年時代背景不同，根本沒涉及男女平等的問題。」但馬英九既已下令要改，國防部也要想辦法全面研修，但問題是這些軍歌都已傳唱多年，新版想要勝舊版恐怕得花上加倍心思。還有歌詞作者有著作權，怎可不予尊重呢？經黃老師一說就沒改了。

經典軍歌氣壯山河　壯志昂揚桃李芬芳

黃瑩老師從小對音樂、歌詞的領悟力特別高，經常跟著長輩去聽梅蘭芳唱戲。黃老師說，梅蘭芳有著一雙大眼睛，演起旦角特別有說服力，總讓他沉醉在「貴妃醉酒」中，看完戲後，總是能將劇中的唱段背出來。後來他參加文武大專院系聯合招生，心想只要考得上就不需負擔學費，只填國防醫學院、師大音樂系、政工幹校音樂系三個志願，後來他上了政工幹校音樂系。

黃瑩老師說，他作詞的師傅是〈旗正飄飄〉的作詞者韋瀚章。作詞其實是門「歌唱文學」：「首先必須有和諧的聲韻，包括順口、合節奏感、易於咬字，其次是長短交錯，符合歌唱生理。另外還要有完美的邏輯、雅俗共賞的詞彙。」

除在學校奠定的創作基礎外，周遭生活經驗也是黃瑩老師作詞的

靈感，軍旅生涯中所見所聞更是他創作的好題材。臺灣服過兵役的男生，幾乎都唱過〈九條好漢在一班〉，黃瑩老師說當年寫這首歌，是依照官兵的語言習慣而寫，所以用字非常直接，描寫在成功嶺所見的景況。當時九個單兵為一班，平時生活、訓練都在一起，出生入死、患難與共，且多數為不識字的老兵，所以，儘管歌詞特別淺白，反倒能引發官兵的情感共鳴；不過後來，因國會立委反映，現在竟改成〈英雄好漢在一班〉了。

　　1931年出生於上海的黃瑩老師，17歲時跟隨姐姐來台避難，沒想到這一躲就回不去。寫詞超過半世紀，現在若稱黃瑩老師為「軍歌教父」，恰如其分。有人問老師的作品到底有多少？他回答得瀟灑：「我天性浪漫，歌詞隨寫隨丟，從沒算過。」

　　上述這三位復興崗優秀的音樂人，無論是流行樂曲或軍歌曲目，都為那個時代的音樂世界撐起了半邊天；直到今天，相信他們所創作的音樂，將如精靈音符般地在音樂世界裡跳躍奔放，讓翻唱這些歌曲的愛樂人，永遠感受得到他們打開內心最深沉的熱情，穿越時代的視野，所創作的「生命之歌」！

【作者小檔案】

| 左化鵬 | 輔仁大學哲學系畢業，前中央社特派資深記者，曾駐派大韓民國4年特派記者、中視新聞部，目前是《愛傳媒電子報》、《望春風電子報》專欄作家。 |

| 陳龍禧 | 資深媒體人，考公職前當過臺灣（中央）、美國（世界）日報記者，是僑務委員會前「華僑通訊社（僑務通訊社）」記者、前「宏觀週報」編輯。公職退休後旅居美國亞利桑那州鳳凰城，是「達拉斯新聞」、「新視界電子報」特約專欄寫手資深媒體人。 |

走過璀璨　青天詩章

緬懷 經國先生　音樂會的傳奇

文·圖／田鑫泉

　　大凡一個時代，都有其氣勢磅礴洶湧洪波，與無數逸興遄飛燦爛宏偉的輝煌；但也同樣有著眾多曲逕幽折，漫流於時代底層的靜默脈動，但多數只能沉隱於時代的角落而至淹沒。他們雖都蘊含深邃於心的動人篇章，然而這些溫馨感人的故事，終究須有負強烈使命感，樂於砥礪前行與勇於承擔的人，來將之抒發與彰揚，才能讓原梏隱於心的力量織成時代的樂章。

　　2018年，政校19期李天鐸校友擔任第十五屆政戰學校校友會會長（第三屆社團法人復興崗校友會理事長）時，即在毫無奧援的情況下，以無比的魄力，於次年1月13日擘劃舉辦了第一屆「走過璀璨-

懷念經國先生」音樂會，並在其會長任內續辦第二、三屆音樂會。即使在其卸任校友會會務後，仍一本初心，由「財團法人復興崗文教基金會」接續辦理，迄2024年已連續辦理六屆音樂會。回顧往昔，正是：「天若有情天亦老，人間正道是滄桑。」最真切的註解。

二十年初心與夢想　喚回那美好年代的精神

緬懷故總統　經國先生的音樂會，能於每年1月13日假臺北市「大安森林公園露天音樂臺」隆重舉辦，其來有自。話說1999年，當李天鐸與22期校友喬振中、楊思超、23期王明我等四人，在一場聚會中論及蔣經國總統一生對臺灣的貢獻時，都有著無限感慨！

教人感慨的是，國內紀念　經國先生的聲音已日漸微弱，每年在他的逝世之日，只看到黨政要員或退伍軍人團體，前往頭寮謁陵追思；而昔日受惠於經國先生的黨外人士，乃至今日享受執政權力的民進黨，更避之唯恐不及。因此，藉由歌聲來重新喚起百姓對　經國先生主政的那美好年代的回憶，油然而生；但這個願望，卻一直等到20年後的2019年，才得以真正實現，正應驗了「看似尋常最奇崛，成如容易卻艱辛」這句老話。

受委擔任表演執行製作　籌辦不見不散的音樂會

1997年，我自軍中退伍後，轉換跑道至「財團法人中國信託銀行文教基金會」任職，並在該會所營運的「新舞臺」表演廳工作，對於藝術文化行政工作，亦累積了不少經驗，於2018年接受了李天鐸會長的邀請，負責音樂會的執行製作。受命後，即成立專案小組，並延攬校友雷聖凱擔任節目總監，一同規劃音樂會節目。

期間，先後由時任校友會的秘書長賀新民，與之後的文教基金會執行長孔繁華，協助演出的各項行政庶務；而後又陸續加入張國徵的舞臺設計、黃葆珍的文宣設計、李承中的新聞聯繫、程富陽的媒體文稿、卞成章的錄影直播、田台明的攝影建檔，以及音樂會主持何啟

聖、朱國榮、黃琳淇等投入製作團隊，並獲得國防部政戰局前局長王明我支援，出面邀聚23期以後的各屆校友，輪序擔負起行政支援及安全服務工作，使得音樂會得在同心同德、群策群力的匯聚之下，圓滿完成，在在彰顯出全體復興崗子弟懷念經國先生的赤誠之心。

2022.01.13國軍退除役官兵輔導委員會馮世寬主委（前排右起7）、復興崗文教基金會李天鐸董事長與演出團體大合唱。

「理想很夢幻，現實很殘酷。」雖然復興崗子弟終於能以實際行動展現初衷，於每年1月13日下午2時，在臺北市大安森林公園露天音樂臺，舉辦「與經國先生有約」的不見不散音樂會。但誰又曾想過，2019年首次辦理音樂會時，校友會的經費相當拮据，甚至連支付10萬元的場地費，都備感沉重，難以負荷。

當時的李天鐸會長只好急中生智，手持著向政校專7期漫畫大師

吳信和義賣中所購得的一幅臺北市長柯文哲的素描畫像，逕自前往拜訪，與柯市長談到復興崗子弟決心用音樂會方式，來追思這位昔日引領國家成長茁壯的大家長；也希望用這個行動來呼喚臺灣民眾要記得「飲水思源」和「吃果子拜樹頭」。最後，這份熱忱感動了柯市長，由市府文化局協力合辦，因此場租得以減免。柯市長也在第一屆音樂會當天全程參與，並於會後說了一句耐人尋味的話：「為什麼國民黨連這塊神主牌都不抱？」

復興崗薪火發光發熱　無畏寒流　歌聲緬懷追思

回顧2019年的第一屆音樂會，就是在萬般艱難、眾志成城下，由畢業一甲子年逾80歲的7期學長們，以一首如驚破霓裳的迴蕩之聲「梅花」揭開了序幕，這也正是他們練唱已久並積極投入這場音樂會的冀望。

隨後由聞名國際的聲樂家柴寶琳學姊獨唱〈You raise me up〉與〈Torna a Surriento〉二首歌曲，不僅讓首次與會的校友與聽眾為之驚艷，連坐在臺下的柯文哲市長都為之驚嘆，難以置信地對李天鐸會長說：「你們能邀請到這樣具有國際水準的演唱家喔？」顯然，他並不知道這位在國外已有多次歌劇巡演的「臺灣之光」，正是不折不扣的復興崗子弟；而林明與陳自為兩位校友搭檔的相聲「我就是要蔣」，模仿經國先生口音，入木三分，尤為一絕。

2020年的第二屆音樂會，復興崗校友合唱團在團長白玉光帶領及音樂系陳裕中學姊的指揮下，演唱《三軍軍歌組曲》，獲得全場共鳴與掌聲；當懷念 經國先生的〈榮耀的日光〉與〈懷念與敬愛〉歌曲，婉轉響起，優美歌聲更娓娓串起復興崗校友對創辦人昔日那分敬慕的共同記憶，讓全場觀眾彷彿沉浸在民國60、70年代那種軍民團結的氛圍中。

2021年的第三屆音樂會，結合退輔會加入主辦單位陣營，讓此屆音樂會得以更盛大辦理。彼時，全場來賓在攝氏10度下的低溫

中，除聆聽臺上由復興崗校友合唱團、女軍訓教官班、女青年隊聯誼會、軍樂班及9期李承石夫妻的演唱外，團結自強協會合唱團也加入本屆演出行列，演唱了〈感恩的心〉等歌曲。此外，17、27、37期校友更以他（她）們或高亢激昂，或婉轉悠揚的歌聲，來緬懷經國先生昔日的治國典範。

猶記當時，從所有演出者的堅毅神情中，彷彿流露一股「誠既勇兮又以武，終剛強兮不可凌」的無懼精神；從悠揚的樂曲中，全體來賓猶若又看到 經國先生的音容與典範。前退輔會副主委李文忠先生，在該屆的籌備會中，公開肯定當年在 經國先生主政下推動開放黨禁、報禁等開明作風，正是臺灣民主「寧靜革命」進程的貢獻者；他更呼籲執政的民進黨政府，理應以更全面、公允、客觀態度，來評價 經國先生對臺灣的貢獻。

大屯之歌傳唱不歇精神　八極拳老驥伏櫪思慕情

2022年的第四屆音樂會，當時李天鐸已卸任會長、加上COVID-19日趨嚴重，及辦理音樂會經費需籌措募款的情況下，復興崗文教基金會的李天鐸，仍秉持義不容辭精神繼續辦理，由年已逾耄耋的復興崗10期學長姊姐們，以微顫的步伐緩慢走上音樂臺，但卻以堅定高亢的清音，為現場觀眾獻唱〈莫等待〉、〈長城謠〉及〈梅花〉三曲；18、28、38期校友則分別陸續登臺獻唱。這一屆青年救國團亦加入主辦單位行列，並派出享譽國際的救國團銅管五重奏，在葉樹涵老師小號solo的引領下，為這場音樂會掀起高潮。

而當音樂會結束時，臺下靜坐著的復興崗校友與榮民袍澤們，仍一如既往，並沒有立即離開會場；他們依舊仍浸潤在悠揚的歌聲裡，猶若重返復興崗校園的時光隧道，久久難以自抑；曲終人未散，他們恍惚覺得這場音樂會，已讓經國先生的不朽精神，更顯得崇高與肅穆。

2023年的第五屆音樂會，同樣由已是傘壽之年的復興崗11期學長姊們，接棒第10期合唱演出；19、29、39期的校友，也分別接續

2024.01.14臺北市長蔣萬安（左5）及曾任警衛隊長9期丁振東（左6）與表演八極拳的金門精忠協會，於音樂會現場合影。

聯袂登臺獻唱〈大屯之歌〉，以永續傳承之姿，嘹亮無比的歌聲，展現對經國先生永不歇止的緬懷。

　　這屆音樂會的亮點，是昔日曾於七海官邸負責國家元首保衛任務的侍衛官、警衛官和衛士所成立的「金門精忠衛隊」的首度亮相，並於音樂會中正式表演近戰秘技「八極拳」。該協會理事長李峻清於會後表示：「對我們精忠會員而言，有著八方風雨會中州的心情，在此重演這套八極拳，就是為了表達全體會員內心幾十年來，對 經國先生那分永不褪色的敬仰與懷念。」而聞名遐邇的《常春藤解析英語雜誌》創辦人，也是政校16期傑出校友賴世雄，更臨時穿插演出模仿蔣經國總統，他以一口道地的浙江地方腔，向大家問候，其唯妙唯肖的表演，更為大會帶來一段意外的高潮。

　　該屆的主辦單位，特別在會場設置「經國先生昔日影像回顧

展」，區分大陸時期、保衛大臺灣時期、退輔會主委時期、國防部長時期等四個階段，讓到場的來賓們回顧　經國先生當年在大陸階段的經濟改革，來臺後創辦政工幹校、退輔會及救國團時，與學生共同生活，與榮民一起揮汗開闢橫貫公路的感人場景。時任退輔會主任委員馮世寬先生在開場時，感性說到自認自己是個硬漢，從不流淚，但當他親睹當年國家領導人的　經國先生，戴著斗笠，揮著鋤頭，敞開笑容與百姓聊天，而脖子還圍繞一條濕透了的毛巾，竟讓他數度流下感動的淚珠。

　　而那年甫當選新科臺北市長蔣萬安，也親涖現場，以堅定的口吻對著所有來賓致詞保證，他將效法　經國先生的勤政愛民，清廉治國，讓耀眼的「臺灣奇蹟」，能夠持續庇佑且權當臺灣的護國神山。蔣市長的這番激昂演說，更為大會掀起了一波高潮。

第六屆適逢黃埔百年慶　巫白玉璽領唱黃埔軍魂

　　2024年的第六屆「走過璀璨～懷念經國先生」音樂會，因適逢「黃埔建軍／建校百年」時機，乃擴大由國軍退除役官兵輔導委員會、中國青年救國團、中華民國中央軍事院校校友總會、社團法人中華民國復興崗校友會，及復興崗文教基金會等五個單位共同領銜主辦，雖因巧逢「第16任總統副總統及第十一屆立法委員選舉」而延後一天舉辦，即使選舉勝負結果已定，絲毫沒影響大家齊聚一堂，來表達對經國先生的懷念。

　　該屆音樂會節目除由政校29期知名聲樂家田筱雲，以高亢悠長聲音，獻唱〈一朵小花〉與〈藍天白雲〉等膾炙人口歌曲，揭示20世紀臺灣在經國先生卓越領導下，秉持莊敬自強，處變不驚精神，帶領全民走向藍天白雲的影像重現。並配合「黃埔建軍／建校百年」活動，特別邀請臺中地區的「黃埔鐵驥合唱團」演唱〈滿江紅〉、〈獵人〉、〈勇士進行曲〉等三首歌曲，獲得全體觀眾的熱烈迴響。

　　而畢業40年的30期校友，更為了配合這次演出，不僅由該期組

成合唱團，利用整整一年的時間，不辭南北往返，集中勤訓精練，並委請期上聲名遠播的聲樂家巫白玉璽領銜擔綱，在劉嫻芳、林湘桂兩位音樂系老師的指導下，為大會帶來〈古月照今塵〉、〈黃埔軍魂〉及義大利民謠〈登山歌〉等曲目。當目睹他們滿懷壯志，為感念黃埔革命前賢而獻唱的神色時，內心深受感動。

永不休止的美聲傳遞　永不放棄的傳承使命

個人受命負責音樂會的執行製作，從第一屆到第六屆場場撼動人心，也承受不少來自各方的批評及鼓勵，但我們都抱持「有則改之，無則加勉」的態度坦然面對，並在陳繼平、偶樹瓊等校友生力軍的陸續加入行政團隊後，將以更積極、更開闊的壯志與視野，來迎接2025年第七屆音樂會的到來。

誠如復興崗文教基金會董事長李天鐸所說：「這是一場永不休止的革命美聲傳遞。」我們每一個身為復興崗的子弟，都有責任讓它延續下去，不應為個人的任何考量，而讓這個有意義的音樂會，戛然而止。就如同6年來，一直靜坐在臺北市「大安森林公園露天音樂臺」前面的那些思念 經國先生，及支持復興崗的校友與老兵們。

「音樂是歌，是文學，也是歷史，更是激勵人心的故事。」前賢于右任曾云：「不信青春喚不回，不容青史盡成灰。」是的，無論是「復興崗校友會」或「復興崗文教基金會」，都應於每年1月13日經國先生逝世紀念日，持續興辦從2019年迄今的「走過璀璨 懷念經國先生」音樂會。無疑地，也正是想把那個日漸消逝的渾然壯闊的音樂年代，與那個日漸被淡忘的歷史典範人物，一次又一次地重回新時代的期盼之中。

每年的1月13日，我們衷心期待從四面八方湧進大安森林公園音樂臺前的民眾，都可浸潤在這場悠揚激昂兼具深沉懷思的歌聲裡；也可看到他們猶若重返昔日美好的時光隧道中，更樂意看到他們能夠置身於當年經國先生主政時的光榮回憶裡。6年來，我想，這也是「走

過璀璨 懷念經國先生」音樂會之所以讓我們全體復興崗人，將它視為一種永恆傳承與使命必達的原故。

25期校友演唱：男兒當自強、今山古道。

【作者小檔案】

田鑫泉 | 政戰學校23期政治系，1997年退伍至「財團法人中國信託銀行文教基金會」所屬「新舞臺」任職，後轉至「財團法人辜公亮文教基金會」，2002年追隨劉伯麒學長成立「臺北戲棚」，推廣中華固有文化，2009年為「財團法人復興崗文教基金會」延聘董事，2018年承復興崗校友會委任執行製作，籌辦「走過璀璨懷念 經國先生」音樂會。

傳薪傳心

衣鉢接衣鉢　飛揚江海　縱橫八方　淬劍磨礪心
石刻鏤壯情　從戎大愛　絃歌錚錚　嘯吟復興崗

——編者按

千千木蘭心　亦剛亦柔亦才情

文‧圖／張玲玲

1980年6月16日總統蔣經國檢閱參加陸官校慶的政戰學校女
生隊伍。

　　每位花木蘭都有自己的故事。而我似是繼承跟隨國民政府撤退到
臺灣的四川老兵──先父衣缽，但故事卻是從家中那臺小型黑白電視
機裡出現的阿兵姐開始的。小學時期某年國慶日，雄赳赳、氣昂昂的
木蘭隊，踩著整齊小快步通過閱兵臺，當下激起我的從軍夢。

　　1988年虎尾高中畢業前，女教官到班上宣導軍校招生訊息。喜
愛畫畫的我，聽到政戰學校設有藝術系，再度燃起了我的從軍夢。除
了憧憬能穿上那身氣宇軒昂的軍裝，也可減輕單親家母一人撫養四個
小孩的沉重負擔，於是決定報考並如願獲得錄取。

首次離鄉到臺北，我是由家母與外婆陪同，輾轉抵達北投復興崗。在大門口旁會客室報到，與她們道別後，即隨著引導的學姐走進「木蘭村」，與一群來自四面八方立志從戎的女生齊聚，展開我們的軍旅生涯。

秋瑾樓：入伍菜鳥的笑與淚

成為軍校生之前，必須通過「入伍」這一關。入伍生被集中在木蘭村三棟主建物裡最新的秋瑾樓。一樓餐廳與浴室、二樓教室、三樓為入伍生大通舖（四樓則有多間小寢室，供校內其他班隊女官使用）。入伍生連除政戰學校正期女生，還有國防醫學院護理系學生；依稀記得，軍事情報局也有約二十幾位女生參訓，惟因身分特別，分開訓練、較無互動。

入伍訓3個月期間，面對前所未有的身心磨練與壓力，考驗著每一位入伍生的耐力極限。嚴格的訓練、緊湊的步調、體能的挑戰，時時刻刻如高壓罩頂，凡通過這項試煉者，都有非常毅力與耐受性。難怪美國名將麥克亞瑟要說：「給我一百萬，要換取我的入伍回憶，我不願意；給我一百萬，要我重新入伍，我更不願意！」沒有通過嚴酷的入伍訓練，就不能成為真正的軍人。

但令人難以置信的是，當我們這群還在反覆演練基本軍事動作的入伍生（軍中還流傳：「入伍生」不是「人」，「入」≠人），除幾位國醫的榮總代訓生之外，全部入列參加1988年、代號「光武演習」的國慶大閱兵。這不就是我小時候的夢想嗎？對我們而言，真是一項不可思議的國家級大任務。

參加閱兵分列的女生營，除我們這群81年班入伍生外，主要包括政戰學校女生連（80年班二年級生、及77年班11月中旬將任官的準中尉）、女青年工作大隊隊員，及國防醫學院二年級自願參加者。每天一早，演習營帶隊集合跑復興崗校區兩大圈，用完早餐後，開始白天的密集訓練。而我們這群菜鳥還得利用夜間與假日由入伍班長加

強演練。歷經兩個月，我們做到了。當10月10日國慶日，這支全國唯一的女生部隊，以每分鐘144步、整齊劃一的小快步走過閱兵臺，成為矚目的焦點之一。這讓我想到，美國著名管理學大師彼得・杜拉克（Peter F. Drucker）的名言：「組織」是「讓平凡人做不平凡事」。

順利完成國慶閱兵任務後，在剩下的1個月入伍訓期間，安排室內外訓練課程都相當緊湊。每天「1分鐘起床」後，由入伍班長帶隊跑3千公尺，這對我們來說已是家常便飯；其他如500公尺障礙超越、打靶、手榴彈投擲、單兵戰鬥教練、小坪頂戰術行軍，野戰訓練時以戰鬥隊型衝山頭、挖糞坑，時常被處罰的蛙跳入列、交互蹲跳、「黃埔十道菜」的黃埔大地震、棉被操、人造衛星……，一樣都沒缺少過。當然仍有少數同學因志趣不合、撐不下去而退訓。或許「合理的要求是訓練，不合理的要求是磨練」的說法，不合時宜，但它對爾後的軍旅歷練及為人處世，確有著特別影響。

美齡樓：軍官淑女養成記

「官校」負責軍官養成教育，培養未來能夠承擔部隊領導責任的軍校生。通過入伍關卡後，我們終於從「秋瑾樓」晉級到女生連的「美齡樓」，成為真正的官校生。但「新生」比「入伍生」更辛苦的說法不絕於耳，意指入伍生有同學一起同甘共苦，菜鳥新生則要開始接受軍校二至四年級學長姐們的考驗。女生連每間寢室內擺設兩張上下舖鐵床，由一至四年級各一名組成，每兩個月更換一次寢室，為的是要加強軍校生適應能力，可以和不同個性的學姐妹相處。

當每天起床號響起，新生仍須3分鐘內完成「出寢室」動作，包括取下蚊帳折好放到內務櫃，著好整齊草綠操作服，在寢室門口立正就定位，待值星官（四年級實習排長）吹哨下令，方能快跑到大樓後方洗手臺盥洗。這段短短幾公尺的距離也是個挑戰，因為沿途只要有轉彎處，新生都必須拐90度直角，同時向迎面而來的學姐大聲問好，如果在兩周後仍喊錯姓氏，就可能會被「電」或罰寫心得。

軍校四個年級被形容：一年級是「狗」（年班最低；入伍生則連「狗」都不如）、二年級是「老虎」（剛升上學姐，可以修理新生了）、三、四年級就成「神仙」了。四年的女生連生活，是一個蛻變人生的過程；從富含「菜味」的新生，在經歷各種合理與不合理的要求下，成為能適應環境、勇於接受挑戰的軍人。尤其實習幹部總會激勵我們要勇於任事：「與其不可避免，不如全力以赴。」這句話深深烙印在我的腦海，之後的三十幾年軍旅生涯受用無窮。

木蘭村女生連還有個幾個優良傳統，只要班上有幾位女生（每年全期僅招收約30名左右），前幾名就是由女生包辦，此情延續至今。若成績有落後現象，除連長會親自約談，假日得留讀到下次考試取得佳績。另外，為落實「學習互助、生活互助、安全互助、戰鬥互助」的互助組工作，除連續假期須打電話回報狀況外，擔任室長的四年級學姐每天都會在互助組回報單中填寫組員狀況或反映生活問題，值星排長（當時由應屆畢業總成績前兩名女生留任）每日也都會認真批閱與學生互動協處紀錄。順帶一提，由政戰負責的國軍基層連隊互助組業務，後來移至參一結合建制實施。

在女生連4年3個月的生活，令我印象深刻、與國際大事相關的兩個場景。其一，1989年中國大陸發生「六四天安門事件」。事件發生後的某一天，已過了晚間就寢時間，四年級實習幹部臨時集合全連到一樓中山室，統一收視「六四」相關報導。透過電視畫面，我們看到在北京天安門廣場前，學生與群眾絕食，悼念前總書記胡耀邦及訴求民主改革……，未料，這群手無寸鐵的年輕人，竟遭到解放軍的武力鎮壓，相當令人感到震撼不已。

其二，隔年1990年，伊拉克入侵科威特。戰爭爆發的第二天，我們是在晚自習時間被臨時集合到中山室的，董慧珍連長對我們講解戰爭的原因與概況，要求我們身為軍人一定要有國際觀，並對這場戰爭有基本的認識，尤其要有危機意識。那是我第一次感覺到戰爭離我們很近。

升上三年級時，連上被遴選代表學校參加莒光連隊選拔。平時連上即訓練有素，為了爭取榮譽，猶記得在正課之餘，每天集合反覆加強軍事、體能訓練，持卡賓槍、彈藥裝備，演練自衛戰鬥。全連每個人無不專心投入，全力以赴，終不負眾望，獲選當年國軍莒光連隊殊榮。時任連長為 32 期彭錦珍，1992 年她更獲頒「救國團青年獎章」。

　　政戰學校女生，每年暑期須至國防醫學院、復興崗電臺與報社、陸軍通信電子資訊學校，接受護理急救、廣播、編報與通訊訓練。不過在剛升四年級時，適逢1991年國慶，實施代號「華統演習」的大閱兵，因再度投入受檢行列，暑訓取消。在集訓的兩個月裡，同樣是烈日下3千公尺跑步、2小時立正不動、擺手、班面標齊、原地與行進的反覆操練、忍受高跟鞋咬腳水泡破皮的痛楚……，最終只希望自己不會被列在每班兩名預備手名單（當日無法上場）。而所有的辛酸，都在通過閱兵臺的那一刻拋諸腦後，臉上洋溢著滿滿的驕傲。

　　以正期女生為主的美齡樓，在經歷軍事洗禮、營規生活及各學系專業教學之後，培育出無數優秀女性人才。囿於篇幅，僅能列舉幾位代表，不免有遺珠之憾。如第1期藝術系李沛，是我軍校時期系上老師，親切熱情、關愛學生。李沛當年畢業後分發女青年大隊，適逢1954年的「九三砲戰」，在前線戎馬倥傯中，仍持續自我精進，日後成為知名的抽象水墨畫家。

　　據金門女畫家陳素民在其「口述歷史」中特別提到，小學時期，李沛時任軍長秘書，自願教金門學生美術；李沛的出現，帶給她一種「女子當如是」的憧憬，並立志要像李沛一樣。李沛移防返臺前給了住址，勉勵這群孩子一定要讀書、到臺灣找她；當陳素民掙脫家庭束縛（父親不准她升學）、又逢「八二三砲戰」，冒險到了臺灣，再按圖索驥跑到淡水找到李沛。她非常感謝李沛的收留與激勵，影響了她的一生。

　　第二位是第15期新聞系胡雪珠。我小時候電視只有「老三臺」，當時在中視擔任記者、主播的胡雪珠，令人印象深刻。她在接受採訪中提及，讀軍校及主持復興崗廣播電臺節目，除了充滿快樂記憶，也

是她奠定對人生和新聞工作充滿熱情的基礎。之後在中視歷任採訪主任、新聞部經理、副總兼新聞部總監、總經理、董事長，目前在中視愛心基金會擔任執行長，對慈善工作的推展，更是不遺餘力。

　　第三位是第10期新聞系趙鏡涓。我在女青年隊服務時，隊上安排參訪警察廣播電臺行程，當時的總臺長就是傑出校友趙鏡涓親自接待我們，分享她的心路歷程。軍校畢業後的她到陸軍《精勤報》擔任記者；出身警察子弟的她，後來轉入警廣。她終生奉獻廣播事業，創下許多首例。在《國家文化記憶庫2.0》中描述，她調侃自己是國內唯一「一手拿軍槍，一手拿警槍」的女記者。1975年，她以「中壢選舉事件的真相」錄音特寫，贏得第十屆廣播最佳新聞採訪及最佳新聞節目製作「金鐘獎」；後來更在警廣歷任新聞部與節目部主任、副總臺長、總臺長，成為臺灣廣播界公民營電臺中第一位女性總臺長，歷時長達15年。她於2006年7月退休，同年12月榮獲第四十一屆「廣播金鐘獎」特別獎。時任警政署長侯友宜特頒贈三線二星員警制服，表揚她在警察機關任職的特殊功績，成為獲得此項殊榮的第一人。

　　另一位是第23期影劇系蘇偉貞。我們都自許做「能說、能寫、能溝通、能宣教」及學養豐富的優秀政戰幹部，蘇偉貞正是箇中翹楚。她在就讀影劇系時展開寫作之路，畢業後任職政戰官、編審等職務；退伍後任《聯合報》副刊編輯、副主任兼「讀書人」版主編，並多次榮獲國內重要文學獎項，以《紅顏已老》、《陪他一段》等諸多作品飲譽文壇。2006年7月取得香港大學哲學博士學位，返臺後執教於成功大學中文系。身為眷村第二代、又有軍職歷練的蘇偉貞，常以文字編織她的生命故事，並與眷村、軍人的情感連結，激發共鳴。

　　又如藝術系的作家姜捷（23期）從走出木蘭村，走進海軍官校電視製作中心，轉調青年日報，並為軍聞社製作《源遠流長》專題，為華視莒光園地《柳營細語》撰稿頻頻得獎，且以《離島狩獵紀行－相依於海》榮獲「金鼎獎」，退伍後又轉至大成報任職，出版的《一句鐘》、《絕響：永遠的鄧麗君》等等十餘本書，膾炙讀者！

其他優異的正期班花木蘭，如新聞系：首位國防部女性少將軍事發言人池玉蘭（29期）、「廣播金鐘獎」李小玲（28期）、呂明珊（36期）、龔瓊玉少將（38期）。外文系：潘愛珠少將（23期）。藝術系：享譽國際抽象水墨畫家李重重（11期）、花鳥國畫家熊碧梧（18期）。音樂系：聲樂家劉弘春（15期）、柴寶琳（17期）、田筱雲（29期）、首位國防部三軍樂隊女性大隊長曹維琪（34期）、朱蕙芳少將（40期）。影劇系：名演員邵曉玲（15期）、「電視金鐘獎」編劇劉凡楨（劉美琴，24期）、李順慈（27期）、國軍首位女性政戰局長陳育琳中將（34期）、電視劇編劇陳佩吟（36期）。

木蘭樓：培訓政戰專業女官的搖籃

李蘭英大隊長任內外賓參訪。照片中後排左起第五位為本文作者。

木蘭樓的「女生中隊」，每年負責接訓女軍訓教官班、女青年工作大隊「女訓班」。我在學生時期的中隊長胡玉美（25期藝術系），肩負前述最後兩次國慶閱兵的女生營訓練；她鮮少指責、但要求嚴

格。首次集合編隊時，她在木蘭村廣場對參演人員的精神講話，以多次參與閱兵經驗，激勵大家只要無畏辛苦、全力以赴，必能達成上級交付的任務；她那鏗鏘有力、殷切期許，激發出來的熱力和勇氣，深深感染著我們。

剛升上四年級的暑期，我與幾位同學被指派支援女生中隊，擔任軍訓教官與女訓班入伍班長。女軍訓教官班是大學畢業後報考，顯得成熟沉穩；而女訓班則是招考高中畢業生，她們臉龐總是掛滿青春活力。結訓後的女軍訓教官班學員，會先分發到高中職擔任教官，負責維護校園安全、軍事訓練課程、全民國防教育、學生生活輔導等；正期生在服滿規定役期後亦可轉任之。

若溯及第一批大專院校軍訓教官，九成出自女青年工作大隊隊員。1949年3月8日，在臺灣屏東阿猴寮成立的「女青年大隊」，隸屬陸軍訓練司令部；是由當時陸軍總司令孫立人，分從上海、南京、廣州等地招募來臺接受軍事訓練的女青年。從第一期隊員王珂「口述歷史」中得知，當時孫立人想將之訓練成如二戰時的美國「陸軍婦女支援兵團」（Women's Army Auxiliary Corps, WAAC）（王珂稱「美國婦女互助隊」），實施為期1年半的「魔鬼式」教育訓練後，派任秘書、接線生、護士等職務。翌年10月，「女青年大隊」改由國防部總政治部接管。時任總政治部主任蔣經國要求大隊訓練目標改為「政工」，俾利反共工作推展，遂將隊員送至政工幹部學校實施兩個月政工專業訓練，內容有歌唱教學、時事政治課程、體能康樂活動、保防常識等。

我在1992年畢業分發女青年工作大隊擔任分隊長（上尉缺）時，時事專題報告、政令宣導、團體輔導、軍歌、民謠、土風舞、唱和跳、小型康樂、帶動唱……，與隊員相同，都須由少校中隊長驗收。為訓練宣教教官咬字、板書，隊員每週還必須找輔導學姐驗收讀訓、繳交書法作業。另於每日部隊宣教完畢返回駐地，於當日晚間收視華視新聞前，要向同組學姐詢問缺點。為充實及精進成員學養，大

隊每年固定兩次集訓，一次是在6月為期兩周小集訓、12月為期約1個月大集訓。另鄧祖琳上將任總政戰部主任時，甚至安排到臺中谷關麗陽營區接受山訓，以及位於新店的統一通信指揮部接受基礎資訊訓練，並考取電腦軟體應用丙級證照。

經過女青年隊的嚴格軍事洗禮，許多隊員離退後都成為國家與社會的中流砥柱。如女訓班第1期王珂。1940年才15歲的王珂，為抗日殺敵虛報年齡，考入江蘇省動員委員會文宣大隊，之後二度從軍考入女青年大隊。她在大陸親眼見過共產黨的殘暴行徑，所以畢生反共。

筆者在女生連及女青年隊時期，讀過《中華女兵》一書，該書係1985年出版、由名作家陸震廷所著。書中描述王珂「瘦瘦的身材，幹練有為，在抗戰時打過游擊，做事負責，學有專長。對文學有深湛造詣，譽為女青年大隊『三大文豪』的首座」。她一身是膽，甚甘冒不諱上書請求蔣經國下令禁止「軍中打罵陋習」。她自轉任軍訓教官後，勤奮向學，考取臺灣大學歷史系及文化大學歷史研究所；畢業後於文化大學等校授課。尤感早期史料闕略，常以自身活歷史做見證，並採宏觀角度詮釋中國近代史，讓莘莘學子有正確史觀、使盡信書的年輕學者肅然起敬。

另一位也是女訓班第1期的樂茝軍（薇薇夫人）。筆者回想起80年代，因老家位處雲林偏僻村落，當時在臺西國中擔任工友的單親家母無餘力購買書刊，但她常會從學校帶回舊報紙。一拿到報紙，我總搶著翻找《聯合報》副刊與家庭版，期待「薇薇夫人專欄」又會為讀者解答什麼樣的家庭或感情難題？薇薇夫人理性又充滿智慧地為人解惑，讓大家深深佩服。她從1972年開始執筆專欄整整26個年頭，是女性讀者們的心理諮商師與兩性專家，深具影響力。

樂茝軍也曾任《世界日報》家庭版主編與多套幼教叢書主編、《國語日報》社長；1983年曾以華視《愛心園地》獲頒第十八屆「金鐘獎」教育文化節目主持人獎。退休後仍以畫家、自由作家身分活躍於文藝界，其中《一個女人的成長》一書更連續6年高踞暢銷書排行

榜。如同趨勢科技創辦人陳怡蓁女士形容她是一位女人都需要的「擁有無限人生智慧、貼心又溫暖的成熟的女朋友」。

另一位也是備受尊崇的女訓班第5期張秋香。我在擔任女青年中隊少校副隊長時，適逢55周年隊慶，當時張秋香擔任女青年隊聯誼會會長，在籌備階段，總是提早抵達中隊會場，從未缺席。她活力十足、親切溫暖，不因期別、年齡與我們後輩有距離感；分工協調時，思慮縝密、設想周到，令人佩服。張秋香雲林虎尾人，1958年考入女青年工作大隊（1956年開始在臺招考），結訓後分發金門，不久遭遇「八二三砲戰」。她在「口述歷史」中重複憶起，在戰火中完全沒有時間思考敢不敢、能不能？就是依軍人天職、大隊任務，就地受命投入傷患救護、撫慰官兵、文宣心戰……。後榮獲「國軍克難英雄」及第一屆「十大傑出女青年」；也因經歷過戰爭的殘酷血腥，她常祈願臺海永保和平。

女青隊員多為高中學歷（35、36期曾招收大專學歷），受到招募、編制等因素，多以聘雇人員身分任用，僅少數幾期以軍職任官。她們退伍後可轉考退輔會隸屬的「花蓮師專師資培育訓練班」（簡稱「師訓科」），修業約兩年，結訓後分發小學任教職；1979年取消）或軍訓教官（1989年取消）。所以有許多隊員在褪下軍服後，無論是在校園手執教鞭春風化雨，或負責學生輔導工作，對於教育的貢獻，更是功不可沒。

其他優異女青隊員，如壽險業傳奇呂文香、舞蹈家余國芳、榮獲「八二三砲戰英雄」楊秋月、趙國琴，「國軍楷模」張海平、陳信妹、陳美枝……，「師鐸獎」陳錦花、劉遼萍、鄧小英……，不勝枚舉。

為因應時代變遷，女青年工作大隊於1996年併編為政戰總隊第三大隊、1999年降編為「女青年中隊」，後於2006年6月30日正式解編走入歷史。筆者在女青年隊服務期間，從大隊縮編為中隊、到裁撤，一起走過從前，擁有無數共同記憶。全國曾經唯一的一支女性部隊，早已為國軍樹立了可敬可佩的典範。

至於木蘭村的另一個班隊——「女軍訓教官班」，招訓的是大學畢業後樂於從軍者，以彌補校園女性教官的不足。其中榮獲教育界最高榮譽「師鐸獎」者，比比皆是。如於全民國防教育推廣「學思達」教學法的胡中中（女軍訓教官班91年班），持續創新教學，結合不同的教學方法與策略，包含口語表達訓練、專案實踐學習等，因材施教，廣受學生歡迎；亦曾榮獲教育部「教學卓越優等獎」、國防部「全民國防教育傑出貢獻獎」及「2021親子天下教育創新100」獎項等榮銜。其他榮獲「師鐸獎」者，有胡菊芬、鄒佳靜、陳宜君、詹慈慧、翁嘉穗、李正文、陳瑛怡（政校86年班轉任）等「教育界花木蘭」，無不成功扮演良師興國的重要角色。

民國83年，女青年工作大隊第五中隊至馬祖宣教，時任國防部部長孫震（著白色夾克者），在總政戰部副主任熊德銓中將陪同下至中興山莊視導。

接力：永續木蘭村的光與熱

軍校時期，每週六下午勞動服務時間，我們總會用銅油擦拭釘掛在村門口——「木蘭村」的三個大字，因為她為國家及國軍培育了無數女性人才，發揮熱力，奉獻所長。

我於2005年再度回到這個充滿革命情感的木蘭村，歷練韓文教官、行政組長、中隊長，並在2012年「建國百年暨60周年校慶」時，參與「學姐回娘家」盛會；喜見花木蘭小快步的召集人黃筱薇、前臺中市長胡志強夫人邵曉玲、時任唯一女將軍池玉蘭等老中青優秀學姐妹齊聚一堂，重溫過去，暢談無已，每個人都相當激動和感動。

「薇薇夫人」樂茝軍說：「女人是有無限可能的，只要有方向，把自己的潛力發揮出來，就會讓生命完整而圓滿地在人生的大海中遨遊。」而無數在木蘭村成長茁壯的花木蘭，正是最佳的踐行者和見證者。今天，只要有花木蘭的地方，就充滿著光與熱，讓我們初心不改、接力不輟，在每個角落奉獻國家、點亮社會，永不歇止。

【作者小檔案】

張玲玲 | 政戰學校38期藝術系、戰院102年班、淡江大學國戰所碩士、文化大學韓文所碩士、政治大學東亞所博士候選人。曾服務於女青年隊、政戰總隊、國防語文中心、陸勤部、國防大學共教中心等單位，榮獲國防部優良教師、全民國防教育傑出貢獻獎；上校屆退志願轉服後備役，喜愛寫作與研究。

郭慎　經師人師　榮顯體壇

文・圖／邱仕友

古人所謂：「經師易遇，人師難逢。」意指以精湛專業知識傳授他人，而為「經師」並不難；能以高尚人格陶冶他人，而為「人師」，卻非易事。同樣的，我們當學生的，若在人生的學習之途，能遇到一位「經師」，已屬幸運，但若能遇上一位「經師」與「人師」兩者兼俱的尊長，實屬萬幸之至了。

幸遇「經師」，總讓學生一興「好雨知時節，當春乃發生」的實體感，若得遇「人師」，則是另有一番「隨風潛入夜，潤物細無聲」的風味。那種讓人深層領受「其入也漸、其入也深」的授業解惑之道，有時竟要在經歷過人生數十年之後，才能深得其中三味。而我復興崗體育系四期的郭慎老師，在我們學生的眼中，正是這樣一位難得的「經師」與「人師」。

熱心從事體育志業　信仰人生服務目的

1967年，筆者進入復興崗體育系17期，有幸成為郭慎教授的學生，追隨學習他一生教範期間，起初只是其對軍士官兵所面臨一切可能發生狀況的防衛或自衛，及攻擊的戰鬥技能；但慢慢地，我們從他教授其它各項專精的技能，如擒拿、拳術、柔道、角力、跆拳及其它各種兵器，方領悟其所具備的「舉重若輕」的全能武學修養。郭老師在我們這些學生的眼中，不僅已顯露「看山不是山，見水不是水」的境界；也恍若讓我們看到金庸先生武俠世界裡那種：「他強任他強，清風拂山崗；他橫由他橫，明月照大江」肆意瀟灑江湖，愛國愛民的俠者之風。

郭慎教授，字以謹，號慎南，1931年7月27日生於山西省五台

政戰體育系老中青三代。4期郭慎老師（左二）、金生霞老師（中）、籃球明星七期張乃方教練（左）、網球國家教練陳光男（右二）及筆者（右）。

縣豆林村小南坡村，5歲即隨外祖父東雲公與大舅李西芳長輩，學習拳術和山西摔角（山西省素稱摔角之鄉）。生於國脈如縷、動盪不安時代，1950年隨軍（87軍10師）來臺，1954年考取政工幹校體育組（後補修學分成為體育系），以第一名優異成績畢業分發到各軍種擔任戰技教官；曾在兵工學校、陸軍步校服務，因表現優異，後經母校徵調專任戰技和各種運動體育教官。

從1963年至1972年，可說是郭老師人生中一段「教學相長」的漫長經歷。他首先於1965年通過乙等特種考試及格（國防行政技術，體育類），以為退伍可轉任文官行未雨綢繆之舉；1967年12月25日與譚鳳鷺女士結婚，並育有兩女（均擁有美滿家庭）。果當郭師屆退之齡，國防部為留任師資人才，特准其由中校階直接轉任文官至65歲退休。郭師於講師至副教授期間，曾應臺北體育學院、東吳大

學、中華工專、文化大學等民間學校邀聘兼任教授，因教學認真，廣受好評。

郭老師在母校獲國防部及校內多次優良教師，1999年，榮獲復興崗校友會頒楷模校友證書；在1978至2010年之間，也服務無給職的社會體育，並分別出任臺北市舉重委員會、摔角委員會、角力委員會組長、總幹事，以及摔角、角力委員會員；同時也擔任全國總紀錄審查員委員等職務，又常以領隊、裁判、會議代表身分，分赴亞洲、世界各國從事體育任務，雖倍極辛勞，卻毫無怨語、熱心公益，正體現國父所說的「人生以服務為目的」。

師從諸位武術大師　致力國防體育教育

郭慎老師自幼深受庭訓影響，對於防衛健身的運動就特別有興趣，1954年於復興崗進修時期，師從國術教授劉木森（氣功大師）學習查拳、小洪拳、三才劍、連步拳、十字拳等武藝。1957年，他至國軍體育幹部訓練班受訓，跟隨李元智大師（秘宗拳、太極拳名師）學習擒拿術、八極拳；同時張英建大師（1955年，臺、港、澳國術大賽徒手比賽總冠軍）更親授其少林拳。同一時期他更拜師學藝，成為「長白山派常東昇大師」門下（60年代移民美國成為世界摔角總會榮譽會長，弟子遍及全世界），並向當時的柔道權威黃滄浪大師（柔道十段）學習柔道；自此，乃專研這種需要重心低、力量大、敏捷性高的技擊技巧，爾後更將之推廣作為軍事體育必修的戰技基礎。

郭老師不但是常派傳承中的佼佼者，也是一位傑出的武術家。他在擔任國軍戰鬥技能的專業教官時期，特別注重教導國軍的體能訓練，認為良好的體能與技巧是決定戰鬥勝負的關鍵。於是將教學領域擴及重量訓練、健美、體操、單雙槓、跳馬等體能、技巧並重的訓練科目，並一一納入軍中教學的必備課程，以訓練學生多專多能的技藝。

他一生致力於國防體育與武術之教育，從32歲到65歲在母校服

務期間，更是作育國軍英才，不辭辛勞；退伍之後，受聘於文化大學國術系任教達24年之久，可稱全國體育界之良師。僅就其摔角一項而言，郭老師因精於擒拿術與各派技擊，終能薈萃諸藝於一爐，且進一步將常東昇摔角與太極拳動作相結合，使太極拳的摔角實戰威力更為強大。另為致力武術思想之傳承，收有門下六位弟子，皆一時俊秀，恪遵教誨，承傳師門武學，蔚為「郭氏太極角」之表率。

開創國軍刺槍戰技訓練　優而擔任國際運動裁判

　　郭老師精於摔角、擒拿、角力，柔道、跆拳道、刺槍術、棍術、武術、空手戰鬥，武裝跑、武裝游泳、越野障礙，手榴彈投擲、射擊，以及許多美國陸軍戰技項目，實為一代國防戰技專家。其中他對刺槍術，格外有深入研究。

　　國軍長期以來，所採用刺槍術訓練，一直是1964年由國防部指派張鏡宇先生（曾任職在南京中央軍校的日式刺槍術教官）與郭慎老師（負責美式劈刺部分之訓練）兩人負責，他們曾先後在新北市林口區陸軍作戰發展司令部與北投政戰學校，召訓教育程度不同的戰士與學生（林口的對象為服兵役之充員戰士，政戰學校為軍校三、四年級學生），在經過一年時間的訓練，才推展到部隊。

　　而張、郭兩師最重要的創舉，是將日式刺槍術與美式劈刺相結合，並融合我國國術中固有之槍法之突刺、托擊與防刺砍劈技術而成，使其成為一套「平時能訓練，戰時可殺敵」的實用戰技。當時經過多次實驗，經陸軍作戰發展司令部40多位將官委員審查通過，報請國防部長核准後，始編成《新編制刺槍術》，並通令國軍普及實施，而成為國軍數十年來一直沿用的戰技訓練科目。

　　另有關國軍刺槍術之研發及功力測試器，自1989年7月3日郭師首先完成第一代之後，直到同年底共研發出第五代產品，期間皆全程參與，並負責示範及赴各部隊訓練軍官、戰士。至1990年3月，正式在國軍運動會中舉行比賽。功力測試器與競賽規則，經郭師撰寫，歷

經多次研討後頒布實施，因而榮獲國防部參謀總長陳燊齡於1990年4月頒發獎狀表揚。孰料，2024年5月20日新政府一上臺，就由新任國防部長公開宣佈廢止這項在國軍部隊訓練有年的基本戰技，令人不勝唏噓。

　　郭慎老師除了研習各項武術之外，也積極進修並參與國際講習，取得多項國際級教練證。如1985年參加在法國巴黎舉行的國際角力總會教練講習，獲得角力國家級運動教練證；1986年取得舉重國際級運動教練證、舉重國家級運動教練證；1987年榮獲健美國際級教練證、裁判證；1990年取得健美國家級運動教練資格；1991年代表摔角單位赴德國進行中華民國社會體育行政人員進修（包含柏林體育行政與領導管理學院、漢堡體育學校、科隆教練學院、慕尼克運動學校等）；1991年赴義大利參加國際角力講習，取得角力國際級裁判資格。

　　此外，郭慎老師也實地參與並擔任國際間的各項技擊運動領隊、裁判、教練等工作。包括1990年擔任莫斯科世界角力錦標賽裁判；1990年新加坡亞洲健美裁判；1990年在北京舉行的第十一屆亞洲運動會角力裁判。1991年擔任第十九屆在日本舉行的亞洲舉重賽會議代表；1991年擔任第七屆在印度新德里舉行的亞洲角力錦標賽裁判；1993年11月擔任韓國漢城角力邀請賽領隊；1993年擔任第九屆在蒙古烏爾巴托舉辦的亞洲角力錦標賽裁判，同年8月受聘擔任中華民國角力協會會長；1996年擔任亞特蘭大奧運會角力會議代表；2003年擔任中國北京延慶中國式摔角邀請賽裁判，同年10月，擔任臺北市體育會第十一屆摔角委員會的主任委員。正是這些在國內外長年征戰的輝煌紀錄，為他贏得了中華民國體育外交大使的尊稱。

無私奉獻成就復興崗　術學兼修弘揚體育人

　　郭老師一生成就，實難以筆墨形容。他苦學有成、術學兼修，一生探求武學之真理，著作等身。從1961年至2023年去世，僅付梓出版著作就達52冊之多，其它期刊、雜誌等各項專論，更是不勝枚

舉。其專書內容涵蓋：國軍體育訓練、持槍運動戰鬥技能、擒拿術、舉重、柔道、國防體育訓練教本、國軍體育訓練之研究、國防體育教學法之研究、中華民族武藝——中國摔角之研究，國軍體育回顧與展望等。上述著作，大部分是在軍職期間所編定的，即使退休後於中國文化大學國術系任教期間，更是撰述不歇，如太極拳防身術、擒拿術、中國式摔角、武術諺語與武士要訣等國術教材，皆在此段時間完成。而郭師自文化大學退休後，更總結我國武術的發展與變遷，除完成《中華民國建國百年國軍體育的發展與變遷》一書外，在軍事體育運動及武術相關期刊發表者，亦逾40篇，實為我國防體育最完備之歷史見證。

其實，郭老師一生為體育界的付出與貢獻，眾所皆知。但仍不免有一絲遺憾，就是沒能為中華民國訓練出一位奧運的金牌選手。他上課時曾述及，中國在20世紀初的清光緒34年（西元1908年），於天津開辦南開大學的張伯苓校長，就特別重視體育，因為張校長認為無體育即不可妄言奢論國強，他提出的「奧運三問」：「中國什麼時候能夠派運動員參加奧運會？我們運動員什麼時候可以得到第一面奧運金牌？我們的國家什麼時候能舉辦奧運會？」只有循序漸進達到這三個目標，中國才可言立國，中國方可冀望成為強國；而他的願望，直到整整一個世紀之後，才分別在中國大陸與臺灣的海峽兩岸開花結果。

2008年的夏季奧運，是在中國北京揭幕的。而上屆2020年東京奧運代表中華臺北的郭婞淳獲得女子59公斤級舉重冠軍，男雙羽球王齊麟和李洋更是一舉蟬連2020年日本東京及2024年法國巴黎兩屆奧運金牌冠軍；「臺灣拳后」林郁婷，更在57公斤級以全勝姿態，拿下巴黎奧運金牌。至於中國大陸更自2008年的北京奧運會後，已快速超越日韓而擠身世界體育大國之林；此次法國巴黎奧運，無論是十米跳水少女全紅嬋，還是百米自由式高手潘展樂等選手，更是驚豔西方體壇世界；若能藉體育增進兩岸的政治和平交流，而達到人類冀圖「更快、更高、更強、更團結」的奧運格言目標，應該也是郭慎老師

在天之靈的殷殷期盼。

　　郭慎教授是筆者的恩師，他對國軍及社會之貢獻，可謂有目共睹、多不勝數（2012年12月臺灣體育文化協會第七集《臺灣百年體育人物誌》中，有詳細報導）。他從年輕時的技能表現、受聘多所院校之教學績效，及積極參與世界性的運動推廣；2002年，更促成國防部總政戰部邀請世界摔角總會長金習孔率領摔角高手，親蒞復興崗與政校師生做交流活動。

　　回顧郭慎老師一生從軍報國，作育英才，奉獻社會，不但是復興崗的傑出校友，在民間各大學體育系學生也早已將他視為體育界的宗師；他一生致力於融合中國摔角與太極拳的研究，所開創的「郭氏太極跤」宗派，更堪稱臺灣武術界之典範。「哲人日已遠，典型在夙昔。」我們稱他是集「經師」與「人師」於一身的復興崗體育人，應屬至當至切之詞。

【作者小檔案】

邱仕友｜政戰學校17期體育系，前國防大學體育系副教授，曾任陸軍官校體育教官兼體操教練；著作有體操、網球等十二冊；曾當選大專院校體育總會常務理事，及擔任復興電台總台主持體育天地節目九年。

李漢中　洄源鄉愁情　法義照大江

文·圖／專訪組

海峽淺淺，明月彎彎。

一封家書，一張船票，一生的想念。

相煎倍覺離亂苦，近鄉更知故土甜。

少小離家，如今你回來了。

雙手顫抖，你捧著的不是老兵的遺骨。

一罈又一罈，都是滿滿的鄉愁。

　　　　──2012感動中國年度人物頒獎詞〈一罈鄉愁〉

　　這首感人的〈一罈鄉愁〉，講述的是臺海兩岸上世紀40年代，因戰亂而肇生的一場家國破碎，山河分隔，血緣離散的人間悲劇；所幸在上世紀80年代後期，當時守護臺灣的中華民國總統蔣經國先生，洞察時局，透析人心，毅然決定開放兩岸探親，終讓阻隔40個年頭的兩岸親人得以重逢相聚，共敘天倫；但終因分隔過久，有許多因戰火蹂躪來臺的老兵，或因家鄉親人久別失聯，或因身體罹患重病難以返行，以致連最後一分重溫「少小離家老大回，鄉音無改鬢毛衰」的冀望，都無法如願實現。

李漢中博士（左）與高秉涵合影。

高秉涵為老兵揹骨還鄉　李漢中興創「洄源」凜關懷

　　「日久他鄉變故鄉，故鄉竟成他鄉夢。」當這些老兵以榮民身分在臺灣逝世時，終究未能回到他們夢寐以求的彼岸出生地，這等似遠還近的無奈，及埋骨異鄉的不甘，俱成為這些老兵的終身遺憾。直到1991年5月1日，才被一位於1949年被母親要求隨國軍來臺，而後成為名律師的高秉涵先生，用行動幫助他們還了願圓了夢，將不幸的哀怨化作一縷縷婉約淒涼卻美麗動人的歸鄉故事。那一年，高律師首次揹負一罈名叫王士祥老兵的骨灰回到大陸故鄉，其骨灰安葬之所，也正是高律師自己的家鄉——山東菏澤。

高秉涵律師與洄源文化交流發展協會發起人合影。

　　高律師憑著一己之力，無數次扛住了兩岸政治烽煙的驟變，頂住了兩岸輿論是非的壓力，承擔起了不止一次沉重的經濟負擔，經歷了一次又一次揹骨罈返回大陸的艱難曲折，但他一本初心，義無反顧，帶著「仍憐故鄉水，萬里送行舟」的人情關懷，決心攜帶這些生前落

難，身後無法返鄉的老兵骨灰，回到他們一心思念的遙遠家鄉。

就這樣經過逾20年的孤寂昂首，戮力潛行，高律師陸續將一百多位臺灣老兵的遺骸送回大陸原籍，並為其家鄉募捐贊助文教事業；直到2012年，此義行壯舉終於被發現與肯定，並得到熱烈回應。當年，除膺選大陸的「感動中國年度人物獎」，並在臺灣接受時任總統的馬英九先生親頒「執業律師40周年傑出服務獎」；而在2年後，他更榮獲中國大陸的「2014年度臺灣第三十六屆老兵楷模」。

當高秉涵律師為臺灣老兵的偉大義行，漸漸被媒體廣為披露，並獲得兩岸社會更多迴響之時，他已年登耄耋，雖說「老驥伏櫪，志在千里。烈士暮年，壯心不已。」但「神龜雖壽，猶有竟時。騰蛇乘霧，終為土灰。」如何讓這樁規復兩岸民心、民族情感的義行，成為「志可歌詠，事得永年」的志業，遂成為高律師內心殷切期盼之事。

就在高律師為此事掛懷不已之際，一位於1984年復興崗法律系畢業的李漢中律師，在2018年與夫人簡淑芬女士兩人，因緣巧合的在公共電視臺，看到播映高秉涵律師護送百位國軍先烈遺骸返回大陸家鄉的「點燈」節目，即帶著滿心的感動，聯袂拜訪高律師，並迅即於該年12月14日興創「洄源文化發展交流協會」，以實際行動來協助這已從事30多年伴送老兵遺骸返鄉的活動，並推舉高律師擔任協會第一任理事長，而他則自兼該會秘書長，並於2022年接任該會常務副理事長，以綜攬執行相關交流的實際工作。迄今逾6年間，雖曾遭逢COVID-19疫情襲擾，但在高律師及現任理事長張志銘先生的引領下，該協會已協助大陸家屬委託，義務協尋先烈遺骸及安厝等近80餘件，服務範圍更遍及大陸各地區，為兩岸築起一個充滿人文情懷的世界。

持續深耕老兵返鄉歸土　協尋戰亂犧牲老兵榮譽

綜觀近幾年「洄源文化交流發展協會」所發揮的功能，讓李漢中更深刻體會到兩岸昔日在政治及軍事等錯雜的因素下，其所造成的血

緣分離悲劇，是何等的令人痛徹心扉！然而血濃於水的親情倫理，豈能任其長期割捨；所謂「十里風，百里俗，魚思故淵，葉落歸根。」向來是中華民族的傳統倫常，又豈是臺灣執政者偏狹的「去中國化」意識形態，可肆意妄為、分割切斷的。事實上，李漢中不僅持續深耕老兵遺骨還鄉之舉，更擴及找回昔日因戰亂犧牲性命的臺灣老兵的榮譽，並協助渠等入祀地方忠烈祠或重新安葬事宜。

期間，李漢中除於2018年10月間，在曾任中國國民黨副主席陳鎮湘先生協助下，親往湖南深入瞭解及強化協會交流事宜；更於2019年3月迄2023年7月間，進行對東山島戰役臺灣犧牲烈士迎靈入忠烈祠之調研工作；2019年5月，亦曾前往金門現地勘查，就古寧頭戰役烈士之名冊等與主管機關交換意見，另偕其夫人簡淑芬女士在前監察委員余騰芳先生居中引介下，前往大陸地區吉林省與臺商黃國棟先生對接，獲其同意將所屬的「榮歸堂」，以無償方式作為無名烈士安厝地點，且不計安厝數量，使黃先生仁澤國軍先烈之愛心，得以化為一宗實際的溫馨善行。

而「洄源文化交流發展協會」會員羅吉倫先生，更於2020年2月間積極奔走於兩岸，設法突破各種限制及困難，將周劍敵、章鋒等二員先烈入祀臺北國民革命忠烈祠；同年8月羅吉倫再邀請陳鎮湘先生，就國民革命軍鴻翔部隊空降突擊日軍陣亡傘兵紀念事宜，進行討論，並由陳鎮湘親為紀念碑題字；同年12月李漢中更在會員范植源先生籌劃下，前往馬祖南竿軍人墓地（園），清查鍾志堅等111位先烈基本資料，以備落葉歸根資料庫之建置。2023年6月，由高律師及理事長張志銘博士等人，護送另一批先烈遺骸返回山東菏澤家鄉。

上述義行，限於篇幅，無法細數，但經媒體報導後，對加深兩岸民族情誼，彌平戰禍所生嫌隙，可說是功不可沒，當載史冊。誠如李漢中認為，當前海峽兩岸雙方政府在處理類案時，若能超越政軍限制及法律框架的思考方向，當是消弭彼此政治矛盾分歧與軍事緊張對立的良方。

說起來，這位自1998年即為執業律師，目前在臺北市羅斯福路

二段主持「永嘉法律事務所」的李漢中博士，憑其法律的專業素養，及其積極參與社會法律服務的熱忱態度與行動，無論是擔任法務部法治教育教材編纂委員，參與國防部陸海空軍刑法修法起草人，或承辦國內相關重大軍購貪汙弊案及擔任軍公教年改權益行政訴訟的代理人，以及膺任中央軍事院校及三軍官校各校友總會的法律顧問，其服務範圍甚至擴及中華婦女癌症基金會、中華海峽兩岸青農文教環保經貿交流協會、中華眷村美食文化協會、中華民國東亞藝術研究會等單位，及許多弱勢團體的法律顧問。凡此種種，使得許多軍中或民間的法律界前輩，都不得不對這位出身復興崗的政戰法律人，興有一股「宣父猶能畏後生，丈夫未可輕年少」的冀望。

寄懷師長精湛法學素養　闊論當前重大實務議題

　　事實上，這位傑出的政戰法律人，原本幼年的夢想要當一位飛行員，國中三下尚未畢業，即以保送方式進入空軍機械學校常備士官班；無奈，因用功過度，讓他的眼睛也一起「過度」，於是飛行官的夢想頓然破碎。所幸，老天爺雖關起了一扇門，但也開啟了另外一扇門，在空軍飛官張台驊的不斷鼓勵下，他考進了政治作戰學校法律系30期；之後，他更陸續完成國防管理學院法學碩士班、軍法官、律師資格及中國政法大學刑事法學院法學博士，且於此間榮獲「三等獎學金」，為他的日後法學生涯，揭開光輝璀璨的序幕。

　　如今，雖然漢中已自政校畢業整整40個年頭，也在國家社會，甚至兩岸從事過諸多的法律實務及顧問工作，但每當談及昔日所受的法律教育，他從不諱言此皆受惠於當年在復興崗校區那棟小小法律館所受過的法學訓練。無論是刑法專家的甘添貴教授，還是專攻民法的林誠二教授，抑或是講授行政法的翁岳生大法官、吳庚大法官，及民法專家林信和，和他的啟蒙老師德國法學博士王海南教授等等。迄今，這些師長們精湛的法學素養，一直深深烙印在他的心田，影響他的法律觀。此番「桃李不言，下自成蹊。」的杏壇遺風，讓他決定追隨高秉涵律師的宏志，持續為開拓兩岸萬方福田的實際行動而奮鬥不懈。

最為難能可貴的是，自畢業以來，他在法律的這條道路上，總是
黽勉自我惕勵需秉持為民喉舌，為低層老百姓發聲，為法治教育深
耕，為軍人、榮民向政府爭取法律上應受保障權益，甚至為推動兩岸
的法律合作，作為其身為一位法律人的人生終極理想之原因。

基此，他出版《教師法律素養之應然與實然》（2010年），倡議
先從為之師的法律素養提升，以落實社會的普遍法律認知；他談〈從
校園民主、法治教育談學生受教權與教師基本權——以人性尊嚴為中
心〉（2007年），強調對學生的法治教育應以人性尊嚴為中心，以強
化校園民主與法治並融的觀念；他釋義〈淺述兩岸反恐法制現況〉
（2006年），申論〈淺述兩岸法人犯罪處罰之現況〉（2005年），以推
動兩岸法律的實際互助途徑；他析論〈從核定權對軍事審判制度之影
響兼談軍官參與審判職能〉（1995年）及〈從軍事法院地區制成立兼
談軍事檢察系統之歸屬〉（1995年），以深入剖析軍事審判議題的歸
屬與出路。

此外，他更朝夕警惕、秉筆直書，以〈李漢中觀點〉在臺灣各媒
體及電子報，論述有關軍人武德、國會改革、政務官責任、臺灣補習
班奇蹟、肩披光環之律師苦楚、何謂祖國、司法改革、醫療爭議、勞
工權益、日本核災區食品、國家欠退伍軍人一個公道、大法官的權
限，及博愛座等諸多與臺灣當前社會問題息息相關的實務性議題。類
此「退筆如山未足珍，讀書萬卷始神通」的自勉與自勵，都是他冀望
提供一個極具社會公義的法律見解，形塑一個生命關懷的人性世界；
至於其它相關論述，多散見於各媒體，不一而論。

不忘復興崗吃苦耐勞精神　永懷無懼橫逆與壯志豪情

李漢中博士迄今都記得當年入軍校時，校門掛有「升官發財請走
別路，貪生怕死莫入此門」的對聯，為其樹立了軍人武德（智、信、
仁、勇、嚴）的堅強信念。尤其是復興崗重視的「冒人家所不敢冒的
險，吃人家所不能吃的苦，負人家所不肯負的責，忍人家所不願忍的
氣。」的校訓，更激發了他為回報國家栽培及師長教導，傾心貢獻己

力的宏願。秉此信念，讓他在執業律師期間，能做到初衷不改，窮盡一切之力，為實現公平、正義及真理的法治理想而獻替，以無忝身為一位復興崗子弟。

也因為如此，他慨然以律師身分，走向街頭，訴求公理，為「八百壯士」陳抗年金改革違法違憲發聲；他堅持用手中健筆宣揚一位法律人，應如何秉持「法不阿貴，繩不繞曲，刑過不避大臣，賞善不遺匹夫。」的社會正義，並屢屢建請政府官員應對百姓抱持一分「反者，道之動。弱者，道之用。法，刑也，平之如水。」的法治人性觀點。

近年來，李漢中雖深受身體宿疾困擾，每週須至醫院檢查治療，但他依然為追求社會公義而多方奔走，為心中所崇尚的法律正義而四處發聲。他說：「我經常夜來反思自己一生，因為德養不足，故而要求自己勤勉自勵，以達到『謙德自牧』及『質真若渝』的修為，方無愧於當年在復興崗所有師長的教誨及冀盼。」

而當他回顧人生既往，雖充滿迭宕起伏及曲折幽徑，但一路走來，毫無畏懼；因為他始終認為只要堅信天道酬勤，天下必無難事；只要立定志向，則天下斷無難成之事。他更深切感激父母、妻子及家人對他選擇法律正義，追尋法律人文世界這條孤寂的道路，所給予最堅強的後盾，讓他內心充滿溫暖與強大，無視疾病襲身，對自己所訂下的人生目標，持續戮力前進。

在離開專訪李漢中律師的「永嘉法律事務所」時，不禁回望著「洄源文化發展交流協會」這塊招牌，想到他不忘法律人那分「意淨無染、君子有終」的人文信仰，和始終秉持「沉舟側畔千帆過，病樹前頭萬木春」的關懷執念，讓我們油然從內心湧現明朝于謙〈石灰吟〉：「千錘萬鑿出深山，烈火焚燒若等閒。粉身碎骨全不怕，要留清白在人間。」這首詩中所散發的無懼橫逆及壯志豪情！

（作者：王漢國、程富陽、祁志榮）

夢迴崗上幾時回

文‧圖／蔣濟翔

母親回頭見　母親回頭見
孩兒從軍去　請您莫思念

　　復興崗校友基金會囑咐，是否寫幾句和大家有共同記憶，且殊堪回味的往事！我想那就從1968年的那個夏天說起吧！

　　1968年的9月，高中畢業，告別青澀歲月的悲歡印記，帶著極簡單的衣物，奔向北投大屯山下，陌生的政工幹部學校。我還清楚的記得，離家的前一日，黃昏，就好像是昨天的事，母親拖著肥胖的身體，步履蹣跚的從巷口回來，由手絹裡拿出幾張紙鈔，邊走邊數著，在門口給了我一百元，囑我儉省使用，好好的去軍校報到。

　　原來她剛借了兩百元，另一百元還要留著家裡過日子，這是我此生最後一次向母親拿錢，每次想起這一幕，我心裡就覺得很難過，就覺得很對不起我那慈愛而辛苦的母親，想要流淚。年輕時我既無力，也不曾為她分憂分勞，如今稍為寬裕，而慈母見背。

　　母親常說：錢是英雄膽。故我如今口袋裡，縱使常揣有大疊鈔票，但我從不感到愉快，因為想到母親，我內心每有哀思，年節忌日，弟妹們雖熱烈張羅，祭之豐盛，我除了傷痛，亦深覺無甚意義。

　　到校數天後，赴鳳山陸軍官校入伍。入伍前就聽說了鳳山的太陽有毒，還有兇悍的班長和什麼「黃埔十項」！忐忑不安的隨著大夥進入了入伍生團，果然名不虛傳，班長個個兇悍無比，大家各自好好回味吧！

　　我們期上是第一批參加官校入伍，前期學長則都是在新兵訓練中心受訓，所以在心理上，本期同學是有些自豪。入伍結訓，我們像八

年抗戰勝利般的高興，返回母校，記得那日，天已微暗，我們踢著正步，歡喜的進入復興崗的校門，開始四年天子門生，黃金般的愉悅生命。

初到政校時，校長是羅揚鞭中將，入伍結訓返校後未幾，就由第一軍軍長張建勛中將接任，羅校長是兩蔣愛將，仕途自應有更大發揮，調任憲兵司令後，許是公務倥傯，未注意身體，不想卻於任內在高爾夫球場，心臟病發作盛年離世。

學校一年級的課業，我除了對胡家斌教官的政治學和郭書懋老師的國文，尚有些興趣，其他課業都覺得無聊得很，尤其是什麼「白馬非馬」的理則學，我到現在還不知它到底在說什麼？國文教授先是中國現代文學史上頗有文采的易君左先生，後為郭書懋先生。

易先生在大陸時期曾引起些文字風波，事情是這樣：易先生寫了篇文章叫〈閒話揚州〉，內容說揚州人很多是幫人洗腳、捏腳、剪腳趾甲。引起揚州人一陣撻伐。當時有首對聯：

易君左閒話揚州，引起揚州閒話，易君左矣。

林子超主席國府，連任國府主席，林子超然。

夜闌臥聽風吹雨　鐵馬冰河入夢來

從小學、中學、大學、乃至工作上，我感到我的學習能力甚差，任何事我幾乎都要比別人花多些時間才能做好，養成遇事、受命，緊張性格，後經前述教授郭書懋先生（有傑出女兒郭岱君博士）勉我說：「孔老夫子有言『臨事以懼、好謀而成』，終而瞭解，緊張也可以是一種優點。」

北投的冬天非常溼冷，但同學們的笑容卻很陽光，學校正課期間，課業不重，生活規律，因有許多女同學之故，小夥子個個士氣高昂，不時左顧右盼，包括我在內，人人心中各有期盼。

除了寒暑訓，學校每週五下午是在校大操上基本教練和踢正步時間，反覆作著單一的動作，甚是無奈。休息時，我都是仰望著寬闊的

大屯山，像海浪撫慰沙灘，山，她總是像母親般的撫慰著我，讓我悠遊在回想過去，編織未來。

「分──列──式開始」！當正步軍樂響起，您一定記得這口號含蘊了我們多少汗水！榮譽！責任！甚或對國家的愛。踢正步或小快步的年輕的我們，是那樣的認命，在風中、雨中、日曬中，不避艱辛，未計待遇和前景，單純的只想得到長官的肯定，閱兵臺上的長官，各個也都是愛護袍澤，忠於國家有著強烈使命感的職業軍人，只想把學生、把兵教好、練好，把家國保衛好。陸遊有首詩是：

僵臥孤村不自哀，尚思為國戍輪台。

夜闌臥聽風吹雨，鐵馬冰河入夢來。

陸遊寫這首詩已是68歲的垂暮之年，被朝廷棄置不用，儘管「僵臥」無人過問，仍不自哀，還渴望為國效力，縱使在在夢中也未曾或忘。您看陸遊這心情、這場景，像不像咱們，退伍的老兵，一些個不知自憐的老傢伙，縱使鐵衣已銹，似仍未忘情於當年從軍報國之志。

每年校慶運動會，最精彩的是大隊武裝接力，各隊菁英盡出。運動會中，最受注目的還是女生組的競賽活動，唯本校女生似無很特殊優異的運動員，只記得17期似是藝術系，有位才女褚端平學姐很會跑，前幾年我還在報紙副刊上看到她寫的文章，近年也開過畫展，畫似有詩，意境深遠。

還有20期音樂系的陳裕中也很會跑，我特別記得她是因為她在校時是清秀佳人，卻冷若冰霜。姐弟現在都是我同一棟大樓的芳鄰，裕中學妹也是現任的母校同學會總會長，出錢出力，任勞任怨。本期的蘇麗卿也是得獎好手，不過不管是預賽或決賽，小姐她總是赤著腳跑。

對男生選手的回憶，就很悲哀，因為短跑好手姚世英、莫深興、黃兆生、長跑紀錄保持人李信敦都已經提前跑到終點去了。去年校慶返校，復興崗的「精神堡壘」依然聳立，據報導，現已經依法認定為二級古蹟，可喜，經國先生蘊育的「政戰幹部」精神永在。

在校四年，我未曾有機緣進去過，只知道是學校電台，想到電台

我想起了王壽寧同學，其尊翁王敬久曾為集團軍總司令和澎防部司令，在校時，因為他的學養，每晚，我們都聽著他在學校電台製作的節目入睡，有時我輪站第一班衛兵，也會看到他做完節目匆匆返回寢室，臉上有著令人神往的極好氣質和笑容。數十年來，他的為人處世和工作表現均極佳，也曾當選極不容易獲選的政戰楷模。我與他還有一段難得的奇緣，家父母結婚，證婚人就是集團軍總司令王敬久中將——壽寧的父親。

在校時，女生隊永遠是最亮麗的隊伍，軍歌由她們唱出，更有事半功倍之效，因為每每聽到他們由遠而近的歌聲，同學們立馬精神百倍。木蘭村是男生禁地，平日門口就有四個大字：男生止步。校慶時開放，但那「止」字上卻加了一橫，成了男生「正」步，我直到畢業也沒敢進去過，確實有些後悔。

平日或週六，同學都很期待晚會，無論是電影放映，康樂隊演出、音樂系公演、影劇系的舞臺劇，我都很喜歡觀賞，我到現在還記得白玉光學長、劉泓春、柴寶琳學姊、本期蔡淑慎、林梅英、李維克引吭高歌時，努力認真的表情，後期的李宗球、巫白玉璽、曹維琪等等更是了得。

王彼得學長和邵曉鈴學姐的羅密歐與茱麗葉，甚為轟動，也給我許多幻想，邵曉鈴學姐在華視紅了之後，我曾一直期待王學長的出線，但他已轉向幕後發展。

說到舞臺劇，當然更忘不了徐素瑛同學演的那個甩著皮鞭兇狠的女匪幹，加之她平日不苟言笑，嚇得我們在真實生活也以為這女同學好像是很凶，近年因同學會與她偶有互動，才認識到她內心真摯澎湃的情義。印象中，雷達三（雷鳴之子）和李明憲及17期的汪威江學長也都有很亮眼的演出。

我體育系本有些潛力不錯的選手，可以培養，但系裡的宗旨是：培養國軍體育教官，要通才，就是各樣運動都能當老師、裁判。這確實限制了專長同學成績不能進步的原因。

體育系18期同學合影。前坐第3排右1為蔣濟翔。

　　政治系鄧長富同學就是一個例子，很多人不知道，他曾是國內籃壇的希望，被媒體譽為「少年球王」，卻因進了軍校無暇練習，只是比賽時被徵召一下而已，荒廢一身武藝，甚為可惜，不過上帝雖把他關了一道門，卻也真為他開了一扇窗，他要是光打球，或許升不到少將和擁有今日的成就。

　　有關寒暑訓，除了驚心動魄、夜不成眠的跳傘，和背個大槍在大寮滿山滿谷的亂跑兩個月外，我個人感到甚麼通訊、駕訓也就是瞎玩，結訓就忘了，至步校在大寮地區的步兵訓練真應了那幾句話：「頭插幾根草，滿山遍野跑，人員無傷亡、彈藥無消耗、報告、演習完了（音鳥）」。

軍中有句話說：「撐死膽大的，餓死膽小的」。當年我們幾百位同學在鳳山大寮偏僻山區打野外，教官把我們一放出去，膽大的都會鑽到鳳梨園偷採，吃得飽飽的，待我們膽小的準備下手，教官已吹集合哨了。在野外午餐，照例一桌六人，但是沒桌，就蹲在地上來吧，可是有一奇景，就是你在吃飯，卻有一群老小各自提個大桶一旁瞅著，準備收你的剩飯剩菜（應是收去餵家畜），有時候還是個小姐，這就有些尷尬，現在不知是否還延續著這種節儉之風。

莫嫌海角天涯遠　但肯搖鞭有到時

畢業後每有機會回校，看到掛著學生肩章的年輕學弟妹，內心總是有股說不出的歡喜，甚至冒昧的想要和他們說話，我覺得這裡面又好像有幾分是想要和以前的自己說話似的，又好像不願和自己的青年告別。

軍校四年，接觸過許多長官，我最敬仰的是校長張建勛中將，他有慈愛的心腸，剛毅的性格，大將的風範。副校長龍得志將軍溫語慈愛躍然臉上，颱風時，學校隔牆婦聯三村，他府上淹水及腰，他仍在校關懷學生的情況。至歷任班主任陳霂生少將、明驥上校、訓導主任楊亭雲、武士嵩、馬家珍上校，均視生如子女，殷殷關切，讓我永難忘懷。

明驥先生重視教育、愛護學生、溫文謙和、常帶微笑。他是政戰學校前後約三十年，唯一未升將軍的學生部隊指揮官（班主任）。明先生外柔內剛，據傳是因為常堅持原則而辦退（或軍職外調）。

未料離開軍中後，明先生卻於學術界和電影事業做出許多成績，且獲頒電影事業終身成就獎，實為本校之光榮。民國五十幾年，我國和蘇維埃尚是世仇階段，俄語幾無用武之地，尤其是在革命的軍中，還似乎有些甘冒大不諱。而明先生，每日早晨巡視我們早讀時，也邊走邊複習俄文，我們都不覺得有何意義，他卻堅持燒冷灶，後來形勢轉變，不僅經常在電視上看到他代表政府接待俄國的貴賓，而且擔任

了文化大學俄文系主任。前數年明先生仙逝，凝視他的遺像，感覺他好像還在一旁叮嚀，要我們好好讀書做個有用的人。

但我還是不同意學生時他說的：三個花生米的營養可抵一個雞蛋。學校規定我們每日於校園散步早讀，那時常見有位胖學長，像個傻子旁若無人的哇哇猛啃英文，我們也覺著不以為然，後來他老兄竟創辦了《常春藤英語世界》，中國大陸也選出他為國際十大傑出華人英語專家，現仍常捐款贊助母校活動。還有一位貌似兇狠的學長，我們晨讀都盡量離他遠些，因為在他附近，感覺到不太安全，詎料他後來竟當到國安局長。

體育系同班好友李信敦，不拘小節，桀驁難馴，因此假日常遭禁足，想是無聊，就去操場跑步，跑著跑著，小子像《阿甘正傳》，竟然在大專和全國運動會跑出一片天下！學校屢屢表揚讚為我軍校之光。

老校長化公王昇將軍曾引清袁枚的話，勉勵我們：「莫嫌海角天涯遠，但肯搖鞭有到時。」真名言也！

王昇與前副校長龍得志將軍（左）合影。

畢業後分發到官田新兵第八訓練中心，一日帶兵出操時，幾位政校剛畢業的排長都被召回，原來是老校長張建勛中將由政校調陸訓部（後之八軍團）副司令，巡視本中心時，想看看我們這群他從招進到訓至畢業，帶了四年的孩子。

幹校校長個人發展，一向都極受重用，如王永樹、周中峯分別調憲兵司令和警政署長後再調國安局長、王昇調總政戰部、田樹樟調軍團司令、羅揚鞭調憲兵司令，張先生之後繼任者如陳守山、許歷農、朱致遠都於校長任後調軍團司令，唯獨張先生調軍

團副司令，據說是強悍執行教規，得罪幹校一群開校元老教授關係。

師生相見，孺慕和不平之情，躍然臉上，一向剛強的鐵漢校長仍戴著他的招牌太陽眼鏡，眼眶濕否不得而窺，但他卻緊緊握著我們的手，久久未發一語，依稀記得，離去時對我們說：「你們年青，浩瀚的生命才開始展現在面前，要好好幹。」校長轉身時，我詫異才僅僅數月，校長頭髮竟似已全白。

復興崗有我四年黃金歲月，發生了太多的事情，留下了銘心的記憶。在此學習、成長，國家的恩惠，師長的教誨，同學的溫情，乃至一草一木，我都心心念念，夢魂縈繞。「昔我來時，楊柳依依。今我往矣，雨雪霏霏」。

四年，初來時感覺漫長難耐，畢業時又詫異時光流逝之快，依依不捨，而那個男女同學夾著書本，肩並著肩散步曉園的夢幻畫面，迄我離校也未曾在我身上出現，在校時看眾多學長、同學非富即貴、非俊即優，即現時所稱的「高富帥」，小弟我自慚形穢，不敢追求。如今每有校友會，見當年之假設敵各個槁木死灰，而我氣質越發不凡，還恨當年太謙虛了。

幾回夢裡憶吾師　夕陽最美是黃昏

前賢徂謝，舊「壘」依稀，學生時代的回憶，不能沒有各級照顧愛護我們的師長，他們勛猷懋著、貢獻良多，為我們樹立了恆久的標竿，雖已一一謝世，走進歷史，但我們一生都記得他們。

「走著，走著，星光暗了，回頭找你，你不見了……」徐志摩。

回憶中，突然發現五十多年來，許多熟悉的同學的身影，卻已逐個離我們而遠去……。剎那芳華，黯然謝幕。懷念他們的努力和風采中，一聲送別，如裊裊梵唱，撫今追昔，不禁悽傷。

哀哉！

爾竟乘風歸去，同學同庚，老友如君先宿草，

何當化鶴重來，一生一死，崗上同學賦招魂。

如今大屯山蒼蒼依舊，惜母校兼併，人事全非。時間無法重來，我小心妥慎的收藏起這份人生最美好的時光，像收藏起一罐極其濃鬱的咖啡，留待來日與同學們細細品嚐。此刻，我彷彿又看到了他們的身影，依舊在大屯山間，發出聲聲的長嘯，在教室裡、校園中、操場上，說著、笑著、跑著、跳躍著、追逐著……。他們「親切的影子，永遠笑立在我的心上。

　　最後我想藉此說出我相信是歷屆同學的心聲，感謝漢國老師、天鐸、振中、富陽……諸兄，及歷屆總會長，因著您們幾位的執著和努力，本校同學，在黃昏暮年，奇蹟似的聚在一起，而相互取暖、保存了生命中，最珍貴、瑰麗美好的一頁。

　　不記得是誰說過：「人一生做好一件事就好。」就此而言，您們已經成功！老蔣於碧溪。

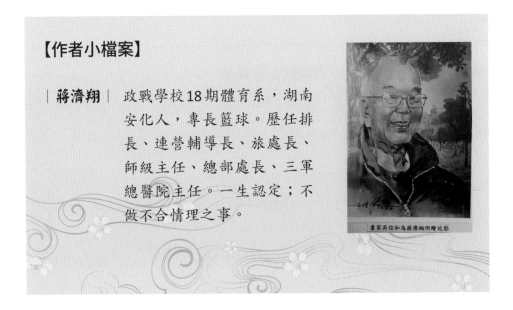

【作者小檔案】

| 蔣濟翔 | 政戰學校18期體育系，湖南安化人，專長籃球。歷任排長、連營輔導長、旅處長、師級主任、總部處長、三軍總醫院主任。一生認定；不做不合情理之事。

畫家吳信和為蔣濟翔所繪近影

原民崢嶸

山歌海舞蓮花心　原聲文藝中華情
墨彩勾皴炎涼硯　畫筆如椽繪全真

——編者按

高學宗　一道原民文化的彩虹

文·圖／專訪組

「沿著東海岸向南旅行，你可以看著海，無目的的慢遊，這裡有許多美麗的小村落，傍著海陽而生，已經過了幾千年，如果是農曆的七月，正是阿美族的豐年祭季節，你會接近秀姑巒溪出海口，在美麗的長虹橋邊，被一種歌聲吸引。那遙遠的歌聲，彷彿是一群人的大合唱，唱著阿美族傳統歌謠，山與海的合唱，會帶著你下車，尋找歌聲的來源。」這段話很美，是臺灣文史作家楊渡在其所著《有溫度的臺灣史》中寫臺灣故事序曲有關原住民的一段；也許，我們可以藉此蠡探復興崗政治作戰學校與臺灣原住民連結的元素。

高學宗原住民裝容。

現代地質學重大發現　原住民源起華夏大地

臺灣原住民的源起有很多學理上的分歧，但從地緣的大歷史來看，他們可能是南島語族分化的源頭，雖說在八千年的歷史海洋，包含臺灣、海南、越南南部、菲律賓、馬來族群，最東邊到南美洲西方的復活島，最西邊到東非洲外海的馬達加斯加，最南抵紐西蘭，但臺灣可能是南島語系分化的源頭，而根據現代考古人類學者張光直的理論，從馬祖挖掘而命名「亮島1號」的骨骸發現，來自南島的臺灣

原住民即起源於大陸東南沿海，再逐步由海路及沿海逐地區擴散到東南亞和太平洋，這甚至比在臺灣本島發現的「大坌坑文化」還早了三千年，這一地質上的重大發現，目前已被廣泛學界所接受，也一舉打破昔日人們誤認原住民乃非華夏民族的重大見解。

　　而臺灣自1996年「中華民國原住民委員會」（「原民會」）成立後，即明文規定只要確定考究其族群存在的證據，以及完成一定數量族人之署名，呈報院部奉核後，即合法保障該族群的利益和權利，截止2024年已經完成認定16個族群，分別為阿美族、排灣族、泰雅族、布農族、太魯閣族、卑南族、魯凱族、賽德克族、鄒族、賽夏族、雅美族（達悟族）、噶瑪蘭族、撒奇萊雅族、邵族、拉阿魯哇族及卡那卡那富族。雖說各族的人數不一，分佈的居住區域有別，但他們熱情幽默的個性，善於用音樂、舞蹈、繪畫表達他們對神明及先祖的強烈敬意，已突破種族地域的藩籬，而以此聞名於兩岸及海外。如1994年，收錄於德國新世紀樂團Enigma第二張專輯《The Cross of Changes》中的曲子〈Return to Innocence〉，不但一舉攻佔世界各國音樂排行榜寶座，後更於1996年亞特蘭大奧運會宣傳使用。其中取樣自臺東阿美族馬蘭社部落、由郭英男所領銜主唱的〈老人飲酒歌〉，一舉躍上國際舞臺。純淨無瑕的天籟合音，讓臺灣得以在國際彰顯榮耀，也是當年12月「原民會」得以成立的推力。

復興崗與「五燈獎」結合　原聲藝術團孕育而生

　　先說1980年的一個仲夏之夜，一位喜歡歌唱卻原本在馬偕醫院擔任護士的林照玉女士，經她哥哥介紹，偕同她本不認識的幼教老師許惠美，帶著姑且一試的心態下，參加了當時在臺灣甚為轟動的電視「五燈獎」比賽，而這一試、竟讓她們成為了「五燈獎」山胞歌唱才藝比賽第二屆五度五關的得主，也讓林照玉從此走入歌唱表演之路，而這位愛歌唱的阿美族佳麗，之後更結識並嫁了一位也熱愛歌唱的同族青年；並相偕在1998年正式登記成立了一個以臺灣原住民族各部

落族人，及都市同胞、青年學生為主所組成的「原聲藝術團」。此團體的目標係以維護原住民族群文化與藝術為根基，希望以音樂、舞蹈、文化藝術，來喚醒族人對原住民自身價值的重視與肯定，並召集對於原住民有使命感的族人，共同擔負起傳承教育與文化的使命，讓世界各地能聽見臺灣原住民的聲音、看見原住民的舞蹈、體驗原住民的文化，進而使原住民族文化得以永續發展。

而當年這位原住民阿美族的「五燈獎」得主佳麗林照玉，他的先生正是我政校23期體育系的高學宗。這位興趣廣泛的復興崗人，在軍職尚未退役前，即因熱心推動國內相關原住民活動，而於1994年受邀參與臺北市政府原民會創立籌備工作，並在軍職退役後即擔任北市府原民會第二、三屆的委員，並偕同他「五燈獎」得主妻子林照玉，以「原聲藝術團」為基礎，一起為推動臺灣原住民文化暨兩岸原住民交流的工作而戮力不懈，並交出一份亮麗的成績單。

家嚴薰陶治學嚴謹　原民天性熱愛運動

事實上，高學宗這位出生於臺東縣東河鄉都蘭村 Amis 部落的阿美族族名是：伊當（E-dang）。家族世代務農維生，他的父親高清山是都蘭國民學校老師，由於受日本教育，特別重視子女教育，且態度嚴謹；因自小身受父親薰陶，對他一生影響鉅大，但也因此奠定其良好的教育基礎，更形塑他擁有凡事努力認真的學習態度與精神。在國小、初中期間，就不斷代表學校參加臺東縣政府所舉辦諸如作文、演講、書法、注音符號、唱遊……等各項比賽，深受學校老師們的信賴。

初中畢業後，因父親過世停學了兩年在家幫農，但因家族皆務農，遂選擇進入臺東農工就讀，唯因喜好文康活動與體育競技，所以經常代表學校參加臺東中等學校各種如棒球、足球、田徑等項目的比賽，特別是從青年救國團的活動中，習得如何當一位稱職的節目主持人。

高中畢業，因家境因素，報考軍校遂成唯一選擇，並幸運如願的

考取了第一志願——「政治作戰學校政治系」；但因為血液流淌著原住民活潑好動的性格，發現自己喜愛體育遠勝過政治，終在體育教官的引導下，毅然決然轉入體育學系就讀。

　　四年的軍事學校生活，對別人可能苦不堪言，但高學宗從1975年入學，即以低年級生身分入選足球校隊，並於1977年由政戰學校主辦的第六屆大專運動會中，擔任大會開幕式點燃勝利聖火的選手代表。學生時代，他無論參加包括全國大專杯足球聯賽、國軍運動會軍校組足球賽、全國大專運動會等競賽，都獲得相當耀眼的成績，為母校爭光。而讓他印象最深刻的是1975年參加全國大專運動會期間，接獲先總統蔣公去世的消息；而就在當年，他們也因此接受嚴格閱兵分列式的訓練，並以「大漢演習」來悼念蔣公；這也是繼1964年之後，國軍軍事院校首次重新恢復參與國慶閱兵分列式的盛大慶典，他深感榮幸獲甄選參加，也是他讀軍校深感榮耀的額外篇章。

軍中歷練豐富人生　積極推動原民文化

　　畢業之後，他分發至陸軍部隊服務，在軍中歷練了如排長、連、營輔導長、政戰官、福利官、監察官、保防官、營站主任、代理旅處長、組長、教官、體能戰技教練等不同職務；尤其駐紮過極為艱困的地區金門島，並在號稱金門離島的「東碇島」，擔任第一線排長職務；期間，不僅於1983至1984年連續榮獲金門防衛司令部績優營輔導長，更在1983至1985年於金門舉行的「旅對抗作戰演習」中擔任旅處長，且因表現優異而深獲好評；也在1989至1994年率花防部龍舟隊參加花蓮端節龍舟競賽，並有連續六年奪冠的紀錄；於同時期，他更訓練體能戰技隊伍並率隊參加全國國軍運動大會，成績表現優異；最後於1996至1999年，他奉調陸軍第六軍團任職體育組教官兼組長，並在此職務寫下他軍職生涯的最後一頁。在歷練如此繁多的艱苦職務，也鍛鍊他一分堅忍卓絕、屹立不搖的精神，更讓他深刻體認領導統馭就是一門藝術的道理；當然，這些殊異的工作更豐富了他的

人生，以致退伍轉換公職跑道時，能迅速地與社會現況接軌。

　　高學宗向來關注並積極參與原住民文化活動，在任軍職期間，曾於1993年開始策劃製作寶島客家電臺原住民「美麗的部落」、北臺灣之聲電臺「那魯灣之聲」等節目，並兼任節目主持人；1994年他受邀參與臺北市政府創立原民會的籌備工作，隔年即率文化工作隊約40餘人，親赴都蘭部落參加五年一次年齡階層進階慶典活動，讓阿美族即將面臨衰微的「年齡階層」制度，重燃薪火相傳、永續發展的希望。1996至1999年，被聘任臺北市政府原住民事務委員會第二、三屆委員；並從1996年起至2004年，擔任臺北市政府原住民事務委員會「文化祭」系列活動節目主持人；2003年更承臺北市政府原住民事務委員會委辦之「青少年生活體驗營」，除擔任全程規劃並兼任領隊與營主任；2006年臺北元宵節燈會活動，應邀率「原聲文化藝術團」擔綱開燈與熄燈舞曲表演，並帶領金甌女中學生以「千人點燈舞蹈」參與演出。

　　2007年10月應僑務委員會邀請，率「原聲文化藝術團」於臺灣警察專科學校，參加慶祝雙十國慶宣慰僑胞的晚會活動。2009年9月5日第二十一屆聽障奧運在臺北開幕式表演活動，由原聲文化藝術團負責編排訓練原住民青年學生250人的大型演出。2010年11月，於臺北國際花卉博覽會開幕式，率團擔任迎賓歌舞表演，並於2011年1月在臺北國際花卉博覽會的圓山入園區，擔任迎賓歌舞表演。2012年7月原聲文化藝術團返回都蘭部落，參加年度豐年節慶活動，並展演「山之歌海之舞」，與部落族人分享歌舞風貌；2013年4月至6月並率團參加臺北市政府原民會「風起原湧」活動，並於圓山原住民風味館展演6場次的歌舞；更在2014年12月友邦「諾魯」總統率團參訪原住民族委員會時，擔任策劃迎賓節目。

　　高學宗除主動參與國內各項推動原住民文化元素活動外，更在1999年奉行政院原住民族委員會華加志主委委派，率「原聲文化藝術團」赴日本北海道，參加國際原住民節文化交流活動。2000、2001

年連續兩年，再奉派率團赴加拿大，參加十六國多元文化節交流活動；此後，更連續於 2004 至 2008 年間，五度應新加坡政府旅遊局與眾教會之邀，率團參加新國聖誕節歡慶活動。2009 年 10 月，應「西日本臺灣學友會」邀請，親率團赴日本福岡文化交流會，展演活動並宣慰僑胞。 2011 年 2 月，應臺北駐日經濟文化代表處之邀，再率團赴日參加第六屆 MIFA 國際文化交流活動。上述與國際友邦進行的良好互動與交流，不僅擴展了臺灣的原住民元素，也無形中把復興崗培養的原住民風格，盡情地散發出來。

首任少數民族協會秘書長　致力兩岸原住民文化交流

　　2002 年 1 月「中華海峽兩岸原住民暨少數民族交流協會」正式成立，高學宗應聘為首任秘書長職務，而「原聲文化藝術團」更受聘成為該協會之文化交流代表團。同年 9 月，即應北京中央電視臺之邀，擔任第一屆海峽兩岸少數民族「明月共潮生」中秋晚會節目主持人，原聲文化藝術團也隨之交流演出。2003 年 4 月該團受「大陸中華民族團結進步協會」之邀請，於海南島召開首屆海峽兩岸少數民族經濟文化發展會議，並簽訂「博鰲協議」，作為兩岸長期發展之依據，正式成為開啟海峽兩岸文教、經貿、體育等各項交流之橋樑。2003、2004 年連續兩年應北京中央電視臺之邀，擔任第二、三屆海峽兩岸各民族「中華一家親」中秋晚會節目主持人，並轉赴寧夏銀川參加第七屆全國少數傳統體育運動會；2005 年 9 月率原聲團隊赴湖北武漢黃鶴樓，參加「江城月中華情」海峽兩岸各民族中秋晚會之演出；2006 年 9 月應邀率團赴北京參加第三屆大陸全國少數民族文藝會表演。2008 年 4 月應大陸中華民族團結進步協會邀請，赴浙江景寧參加畬族自治區「三月三」活動，並擔任晚會活動節目臺灣主持人。

　　2009 年 3 月，則應邀赴四川成都西南民族大學，參加第五屆海峽兩岸少數民族活動，並擔任交流晚會節目臺灣主持人。2010 年 8 月應邀參加「情繫八桂兩岸文化活動」，並於總結論壇中代表臺灣原住民發

言。2011年9月應邀於貴州舉行的「第十屆海峽兩岸各民族中秋聯歡晚會」，並擔任臺灣節目主持人。2012年12月親率原聲團赴福建，參加「第一屆文化觀光美食節」，並擔任開幕活動主持人暨交流展演臺灣代表。2012年12月應邀親率團，赴福建擔任跨年晚會活動主持人暨交流展演臺灣代表。2013年9月應邀親率原聲文化藝術團赴北京中國音樂學院，參加第二屆「兩岸情民族風」少數民族喜福會交流演出。

　　2015年4月應邀親率「原聲文化藝術團」，赴貴洲惠水參加海峽兩岸少數民族「三月三」文化交流晚會活動。2016年3月親率原聲文化藝術團，赴福建福州市參加「連江連海連世界畬家兒女絲路情」、中華一家親文化交流活動；同年4月親率原聲文化藝術團，赴雲南昆明參加海峽兩岸少數民族文化交流晚會暨潑水節活動。2017年7月應邀率原聲文化藝術團，赴內蒙古赤峰市成立自治70週年慶。2018年8月應邀參加改革開放40週年，海峽兩岸暨港澳地區各民族同慶「中華一家親」攜手新征程，並擔任海峽兩岸少數民族中秋聯歡晚會活動節目臺灣主持人。2019年12月則應廣西省臺辦之邀，親率原聲文化藝術團，赴河池市南丹縣參加第二十屆銅鼓節文化活動。

政戰原民自然之風　願化彩虹映照大地

　　無論從歷史或地質學的最新發現與研究來看，兩岸原住民的連結本該如前述所展示，是有著無限榮景，但卻因當前兩岸政治立場的分歧，讓彼此關係竟猶如倒退到「青泥何盤盤，百步九折縈岩巒，側身西望長咨嗟！」的窘況，而這也不過是這幾年瞬間的驟變而已，對於這位長期關注並推動兩岸原住民文化交流的復興崗傑出校友，真是點滴心頭，萬般無奈。因此，高學宗強烈地意願，冀望自己能有機會直接為居住在臺灣地區的原住民鄉親服務，以活絡原住民的自然純真天性，用教育來提升原住民的社會情、國家觀及國際視野；而政府亦須真正知道原住民所需，找到真正瞭解原住民事務的人來處理與增進國內及兩岸原住民文化、教育、經貿、體育等各項實質內涵與交流，才

能真正激發原住民的天生才華與熱情，進而協助政府推動兩岸原住民共同愛好和平，追求理想的願景。

　　事實上，復興崗政工幹校自1951年創校以來，各期皆有傑出的原住民校友，無論是10期體育教官林朝琴（後擔任臺灣職棒元年的副裁判長），或是30期國內外知名男中音巫白玉璽，或是現任國立高雄大學講授《法律與人生》，《臺灣原住民族文化》的29期林富水博士，甚或是近年以唯妙唯肖漫畫人物素描，廣為國人所熟知的專七期吳信和畫家，與及33期李福來上校（曾任軍聞社社長）等，可說都是復興崗的原住民之光；至於這位曾任臺北市原住民委員會兩屆委員，並對推動海峽兩岸原住民事務交流極具影響力的政校23期高學宗，更是復興崗創校以來，唯一一位曾兼具官方、民間身分及組織，參與推動國內及兩岸原住民各項活動事務；他一心想把淳厚的原住民之風，化作一道亮麗的彩虹，照耀整個神州大陸與臺灣大地；目前他更把「原聲文化藝術團」的工作，由其女兒高詩雲接任執行長，兒子高崇偉則協助原聲團隊的訓練，希望藉由第二代的持續深耕，能將兩岸原住民文化做更綿密的融合；只是他這個內心蘊藏的理想與願景之道，隨著兩岸漸行漸遠的殘酷政治現實，他或許也不知道，這條路到底還能走多久？

（作者：田鑫泉、程富陽）

吳信和　藝繪人「悟」畫冷暖

文‧圖／專訪組

人生若無陰影，
就活不出立體的生命，
只有歷練挫折，
才更會激發生命的能量；
唯有心中有愛，
才能體會萬物皆美的真意。

吳信和作畫即景。

　　近年來，因擅長創作國內政治、影視，甚至國際知名人物漫畫，而如旱地拔蔥，異軍突出，聲名鵲起於臺灣畫壇的臺東原住民畫家吳信和，於2024年7月13日上午，假臺北英雄館一樓大廳的艾萃咖啡館，接受復興崗文教基金會《復興崗人的壯采和弦：政戰風雲路 卷Ⅱ》一書編輯組的專訪。

　　在濃郁的咖啡香中，畫家一秉素來幽默詼諧的風格，對他個人逾40年的繪畫人生，娓娓道來，讓訪者既如聆聽一曲高潮迭起的弦音，也若遐觀一齣風雲驟幻的江湖電影，而吳信和卻猶如宋代詩人蘇軾於〈觀潮〉詩中所言：「廬山煙雨浙江潮，未至千般恨不消。到得還來別無事，廬山煙雨浙江潮。」水波不興、怡然自若。彷彿那曾經

一椿椿昔日所遭遇過的政治凶險、社會詭詐、世態冷暖，人情炎涼，都只是他人生必需修鍊的課程；一切只能隨緣而遇，憑欄回首，既無抱怨，也少懷傷，且當作是自身生命中的萬般際懷。

出身臺東排灣族小部落　承襲尊貴名號勒馬基斯

畫家吳信和，出身臺東排灣族卡拉魯然（新園）部落，本是一個極其平凡的原民家族姓氏而已，但在出生不久，卻偏偏遇到奇巧機緣，部落裡的大頭目竟賜給了他一個尊貴的大頭目名號——勒馬基斯；這似乎冥冥之中，註定他將承襲部落大頭目一生必然的迭宕起伏人生。

吳信和自幼酷愛繪畫，也許是來自原住民先天秉具藝術天分的DNA，在國小時期即處處顯示其繪畫天分，但家境貧困，何來圖紙練習或求拜名師指點這些後天條件，讓他得以發揮先天蘊藏於心的繪畫天賦。因此從小，大地便成為他無需付費的廉價畫布，但只要風一吹，雨一淋，便瞬間俱成泡影；之後，他便另取巧門，以所有上課的書本空白處，作為其填鴨習畫的園地。當課堂上的每位老師，咸認這位學生極負認真進取之心，總是於堂下勤做筆記；殊不知，課本所有的空白處，均已被他畫成一頁頁天馬行空的畫作；從小飛俠到天邊彩虹，從四格漫畫的諸葛四郎到上課老師的搞笑畫像，都是他書本上的嘉賓坐客，讓他從小就成為周遭同儕間的「畫」題人物。

從小學畢業以至中學階段，他經歷了備嘗艱辛的半工讀過程；當時臺灣社會正普遍受到1980年中美斷交的影響，他基於社會瀰漫的那股「國難從軍」的氛圍影響，再加上本身家庭經濟因素的考量，遂於1982年決心報考軍校，但當他從報考簡章中赫然發現，自己158公分的身高，竟不符報考規定所登錄的160公分時，讓他頓時悲痛落淚。所幸有好友告知，若以原住民身分報考，可優待2公分；就這樣，因上天對原住民的恩典，獲准得以低空掠過，考進政戰學校美術系就讀專科7期的時運。

幸蒙藝術大師親炙　人生曲折由藝轉政

在學期間的他，可謂如魚得水，完全浸潤於繪畫的天地，並得師從梁又銘、梁中銘、金哲夫、陳慶熇、李奇茂、李闡（果耳）、魏立之、林木川、沈禎、鄭正慶等藝術大師的親炙；得以從水墨到油畫，從書法到雕塑，從水彩到海報、從素描到漫畫，無一不投入悉心學習。果不其然，在政校二年級之際，便一舉榮獲當年全國大專盃的漫畫比賽第一名，不僅為學校及個人爭光，也讓自己對未來的藝術之路，充滿信心。

惟從政校畢業後，他必須依軍中制度服務於部隊，雖掛著政戰官的名銜，習畫時間卻少之又少，又經常奉命參加部隊各種演訓，讓他空負一身畫藝才華，卻總有一股飛龍猶困之感，遂於服役10年後，選擇退伍。

未幾，他被國防部甄聘進入藝工總隊擔任美術專員。這段時間，讓他心情愉悅，生活無虞，更能全方位地沉浸在藝術的浩瀚領域，尋求突破。期間屢獲國軍文藝金像獎的國畫類佳作、油畫類入選，並榮獲「國軍文藝金獅獎」國畫類銅獅獎；但時不我予，8年後又碰到政戰編裝裁減，他眼看單位有被裁撤危機，加上臺東甫上任的陳建年縣長，希望他回故鄉擔任其機要秘書；因此，他由軍轉政，從整日繪畫的環境，乍然轉身投入複雜的政治環境。

從此，有一段很長的時間，他手中的畫筆換成了麥克風，每日跟從縣長及縣府行程，從民情探訪到縣民慰問，從施政說明到工商調節，從選舉造勢到節目主持；因為他妙語如珠，幽默風趣，與縣民博得極好的互動，當陳縣長轉任立委後，他則選擇留在家鄉，繼續服務臺東縣民，縱使月薪不及3萬，仍樂此不疲。

無良媒體誣賴陷困境　祖靈召喚返歸畫壇

直至2010年，吳信和卻碰到人生第一次天崩地裂的災難。時任

臺東國會立委廖國棟助理的他，平常除負責走訪臺東基層服務工作外，基於個人興趣，也熱衷於蒐集及製作一些二戰期間的各種軍械模型，但這些槍械模具都是經過內政部申請核定的，因此他經常不以為意的邀請媒體界朋友蒞訪參觀。但有天突然一批憲警至現場襲檢他的工作室，並當場以涉嫌藏匿軍武之嫌，將他羈押訊問，雖然在幾小時後，即以查明無罪釋放，卻被幾位有心的記者，以「國會助理擁槍自重被收押」為標題，披露於隔天各大媒體的頭版新聞。

在臺東純樸的鄉民意識中，他們哪會去探究其中原委，只片面相信這種捕風捉影、鋪天蓋地的假新聞；那刻，吳信和真是無語問蒼天，他沒有選擇提告那些聞風造謠的記者，也沒向對他急急追問的周遭同仁、朋友多做解釋；他只是默默離開了這個突感陌生的混雜政治圈，獨自帶著三個女兒，回到他的原鄉，蓋起了一間小鐵皮屋，取名「小山寨」，開起了小吃店兼卡拉OK。

3年之後，當他正準備在餐飲業大展身手之際，卻又因生意太好遭到鄰居抗議違反噪音環保，他不得不黯然收攤。這也許，真應驗了「當上天為你關上一扇門，也必然為你再打開另一扇門」這句話；那一刻，他似乎聽到遠方祖靈的招喚，決定把他的「卡拉OK小山寨」，化身為「小山寨畫坊」，重新再回到他最喜愛的繪畫之路，並受聘擔任綺麗珊瑚博物館的藝術總監。

既然是一隻翱翔天際的雄鷹，豈可似金絲雀一樣，被圈養在鳥籠裡？最後，他掙脫了枷鎖，猛虎歸山，又回到臺東的小山寨，自由自在，無拘無束，過著笑傲山林的生活。而近些年來，《復興崗全球會訊》和《復興崗新聞人年刊》，也陸續刊載吳信和的時事漫畫，只要年刊一出，洛陽紙貴，人人爭閱；不求聞達的他，「夜闌臥聽風吹雨，鐵馬冰河入夢來」，曉風殘月，埋首作畫，如久埋沙中的金子，在世人眼中，熠熠生輝。

潛居陋寨　畫出精品　回首前塵　柳暗花明

從此，吳信和便在他簡陋的鐵皮屋山寨中，用他的彩筆勾勒出一幅幅維妙維肖的政治人物系列漫畫，藉此宣告他再度重返畫壇，其畫作迅即普獲社會大眾的熱烈討論與迴響。

近3年來，他屢屢舉辦畫展，以獨特的筆觸，描述一生多彩多姿與多災多難兼具的人生。如2022年的系列部落人物畫作，被國防部美術館列入永久典藏，成為原住民首位「國家級」畫家；2024年，更膺獲「臺灣港澳臺美協會」聘任理事一職，冀望能為未來兩岸的藝術文化交流，貢獻所長。

畫家回顧他40載的繪畫人生，從國防部藝術工作總隊的美術專員，到國立國光藝術戲劇學校、臺北市金甌女中美術老師；從臺東育仁中學美術老師、臺東大王國中書法老師，到臺東大鳥、嘉蘭、大王國小美術老師；從綺麗珊瑚財團藝術總監，到臺東都蘭畫院學會美術顧問；從國防大學政戰學院新聞系友會，到臺灣港澳臺美協會理事。這一路走來，可謂「山重水複疑無路，柳暗花明又一村」的曲折坎坷，令多少人為之驚嘆不已。

畫家個人的參展紀錄，亦十分輝煌。從2008年的國立臺灣藝術館的中韓畫家交流展，到2009年臺東縣立美術館當代藝術家聯展；從2016年的國立臺灣史前博物館個展，到2017年臺東市公所市民藝廊個展；從2017年的國立臺東生活美術館個展，到2018年臺北之間跨界文化事業個展；從2019年的花蓮林田山林業文化園區藝廊個展，到2020年行政院花蓮聯合服務中心個展；從2020年的宜蘭綺麗珊瑚集團個展，到臺北世貿藝廊珠寶世界雜誌個展；從國防大學政戰學院的國防美術館名家聯展，到國立臺東生活美術館個展暨花蓮吉安鄉文物聯合策展；從2024年的臺東娜魯灣大酒店「陳英忠、吳信和藝壇雙將聯展」，到同年的「兩岸百家書畫邀請聯展」。這一切卓越成就，印證了「千里之行，始於足下」的至理。

縱遇挫敗心不驚　雖處逆境猶重生

　　吳信和認為，政治不必針鋒相對，可以是君子之爭。他將政治人物的尊容，化為卻極具特色的漫畫，只是為搏君一笑，心有惕勵而已。他說：「畫畫是終身的工作，只有透過畫者自身不斷的創作，才有蛻變形成的機會，也才能讓畫者與閱者雙方，都能從畫中找到心靈契合的共鳴世界。」而這也正是他所追求的終極目標。

　　在2024年7月的「兩岸百家書畫邀請聯展」中，舉辦方特別請他作了一場「漫談人生」的專講，就他40年的繪畫生命，演繹對繪畫世界及藝術生活的看法。記得在專講結論中，他特別提及：「人生若無陰影，就活不出立體的生命，只有歷練挫折，才更會激發生命的能量；唯有心中有愛，才能體會萬物皆美的真意。」

　　專訪結束時，筆者想起吳信和總喜歡在他的國畫宣紙上，以唐代王維〈鳥鳴澗〉：「人閒桂花落，夜靜春山空。月出驚山鳥，時鳴春澗中」這首詩詞示人。濃韻的筆墨，像是提醒人們，只有不斷學習觀照內心，才能在空寂夜裡深凜桂花飄落的餘香；只有胸藏大志，才能在人生遭遇驟變，猶若山林之鳥，縱一時受驚，仍不忘鳴春於山澗之中。

　　我們認為，這莫非是他希望藉畫來度化俗眾，同時更期待所有熱愛繪畫藝術的人，都能深切體會人是從苦戰中滋長起來的，唯有樂觀奮鬥，才能不斷茁壯的道理。

吳信和（左）與左化鵬合影。

（作者：左化鵬、程富陽）

錚錚襟情

大屯蔚薈，他們曾同窗共硯！淡海憶笑，他們曾軍史同源！
當年畢業出校門，心囊裡，裝滿了復興崗，行囊裡，一路風雨都帶著，
國家的培育、師長的恩澤，戰友的情伴，無時或忘；
感恩的心，超越了腳走到的志情，遠遠的情，留傳在腳離開的方位！

七十星霜，復興崗人與時代結緣，英華壯采，
有人才華橫溢，有人壯懷書勳，有人藝展豪情，有人筆筆扣心，
有人美聲繞樑，有人戲化人生，有人運籌帷幄，有人異域折衝，
政戰人，在不同的江湖，忍辱發熱，忍苦發光，路迢迢也悟條條！

為讓七十共此情，不讓這份異彩留白，不讓這份崢嶸流空！
復興崗文教基金會，新編的——復興崗人的壯采和弦——
特邀四面八方、蒼筆不老的學長弟；華筆猶勁的學姐妹，
一秉戀戀初心，傾囊書心話劍膽，訴說大時代壯歌！

歷經各方贊情，支支雋筆，泱泱壯懷，細描苦樂心田，騰躍紙端！
校友們襟情豪膽，錚錚的寫下戰友、朋友與自己的段段心晶！
翰墨成城；是校友們的薪血，也是校友們的心血！
人是歷史的靈，這是一本心書；文是歷史的魂，更是一本新書！

年年歲歲花相似，河山似　　歲歲年年人不同，雄英同
復興崗是他們從戎的初戀，是成長的愛戀，更是回首的眷戀……
朝霞似錦，沐春風，師友憶滿懷；晚霞似錦，聽泉鳴，山水添情懷！
相信，展書風簷時，當能讓您，回味深深，憶季長長！

喬振中　敬書

附錄

參考文獻一

1.　蔣中正，《蔣中正日記（1948年）》（臺北：民國歷史文化學社，2023年），頁7。

2.　蔣中正，《蔣中正日記（1949年）》，頁14。

3.　同前註，頁412。

4.　同註1，頁321。

5.　同註2，頁320。

6.　楊亭雲口述，〈楊亭雲上將訪談實錄，2024年4月17日〉，頁3。

7.　本章係指1940年軍事委員會政治部張治中任部長時期之「政工改制」。

8.　國軍政工史編纂委員會，《國軍政工史稿》（臺北：國防部總政治部，1960年），頁763-764。

9.　蔣中正，《蔣中正日記（1950年）》，頁20。

10.　同前註，頁107。

11.　呂芳上，《蔣經國手札（1950～1963年）》（臺北：國史館，2015年），頁31-32。

12.　同前註，頁32。

13.　同註6，頁4。

14.　蔣中正，《蔣中正日記（1951年）》，頁145。

15.　同前註，頁232。

16.　蔣中正，《蔣中正日記（1953年）》，頁351。

17.　蔣中正，《蔣中正日記（1954年）》，頁165。

18.　同前註，頁171。

19.「蔣經國呈蔣中正軍隊政工人員信條暨政工改制的重要指示與辦

法，國防部總政治部編印統一思想與作法」（1950年6月19日）〈中央政工業務（二）〉，《蔣中正總統文物》，國史館藏，數位典藏號：002-080102-00015-001

20. 沈克勤，《孫立人傳（下）》（臺北：臺灣學生書店，1998年），頁716。

21. 蔣中正，《蔣中正日記（1950年）》，頁89。

22. 呂芳上，《蔣經國手札（1950～1963年）》，頁30。

23. 同註22，頁9。

24. 蔣中正，《蔣中正日記（1950年）》，頁94。

25. 原文如此。

26. 蔣中正，《蔣中正日記（1952年）》，頁302。

27. 蔣中正，《蔣中正日記（1953年）》，頁288。

28. 呂芳上，《蔣經國手札（1950～1963年）》，頁174。

29. 同前註，頁207。

30. 政戰幹部信約：「吃人家所不能吃的苦，負人家所不能負的責，冒人家不敢冒的險，忍人家不能忍的氣。」

31. 萬德群口述，〈萬德群中將訪談實錄，2024年5月29日〉，頁6。

32. 蔣中正，《蔣中正日記（1952年）》，頁246。

33. 楊亭雲口述，〈楊亭雲上將訪談實錄，2024年4月17日〉，頁9。

34. 尼洛，《王昇：險夷原不滯胸中》（臺北：世界文物出版社，1995年），頁173-175。

35. 蔣經國與王昇之間，屬「衝突溝通」之相處模式。王昇回憶：「如果蔣經國的決定不可行，我會一直與他爭執，直到我們達成共識。有幾次還大吵了幾架，蔣經國氣的臉色鐵青，還說要斃了我。有一次他當著我的面將報告扔在桌上，我跳了起來對他說：『如果你要槍斃我，你就槍斃我好了！我是不會奉命的。』結果蔣經國一連三、五個月都不接見我，簡直像在冷戰一樣。」而筆者所謂「衝突溝通」之說，是因為《蔣經國日記》（1979.11.02）

提到:「約見化行,長談有益。」從「痛責」到「長談有益」,顯示彼此間的「衝突溝通」已成慣例,加之日後仍與蔣彥士說:「王將軍是個好人,我們應該用他。」

36. Thomas A. Marks 著,李厚壯‧張聯祺等譯,《王昇與國民黨:反革命運動在中國》(臺北:時英出版社,2003年),頁186。據幹校九期王耀華接受專訪時提到:「Thomas Marks 到巴拉圭採訪時,曾住我家一個月最後成書。」參閱《口述歷史(第17期)》(臺北:中央研究院近代史研究所,2023年),頁170-171。另憶及,時任職教育部高教司的季西園,也在復興崗兼任教授「憲法」,他曾是化公的學生,因此義不容辭協助學校改制事宜。同樣的,幹校一期影劇系畢業的季潛俠,亦極力協助母校社工、心理、中文等系的設立,以及一至七期補修學分的課程規劃與師資、教室安排。參閱李吉安,〈懷念為復興崗教育鞠躬盡瘁的幾位推手〉,《復興崗新聞人111年版》(臺北:復興崗新聞系友會,2023年),頁19-20。

37. 吳東權口述,〈吳東權老師訪談實錄,2024年5月23日〉,頁3。

38. 瘂弦口述,辛上邪筆記,《瘂弦回憶錄》(臺北:洪範書店,2022年),頁155。

39. 黎東方,《平凡的我(第二集)》(臺北:國史館,1998年),頁239-244。

40. 政工幹校之學制,建校之初設「研究班」、「本科班」、「業科班(下分新聞組、音樂組、戲劇組、美術組、體育組)」均暫訂為兩年學程。1951年設敵情系,1952年設革理系,1967年軍法學校裁併設法律系;1969年設外文系;1982年設心理、社工兩系;1983年設中文系。1968年10月奉准設立政治研究所碩士班;1981年設外文研究所;1983年設新聞研究所;1984年成立政治研究所博士班;1988年設法律研究所。1955年原「研究班」辦理四期後停招,改設「政治作戰研究班」。1954年開辦「初級班」及「高級

班」；1978年初級班、高級班整編為「正規班」。另增設專修學生班、專科學生班、預備軍官班、遊擊幹部訓練班、儲訓幹部訓練班、政工業務訓練班、軍樂人員訓練班、戰地政務班、心戰班、保防班、監察班、軍訓教官班、女青年工作訓練班、電務人員訓練班、電務士官班、軍眷幹部講習班、軍友社幹部講習班，戰地政務研究班、遠朋班、革理班等。上述各班隊歷經國軍組織變革，多有調整。參見《國軍政工史稿》，頁1568-1569；張念鎮，〈王昇先生對復興崗教育的貢獻〉，《永遠的化公》（臺北：財團法人促進中國現代化學術研究基金會，2006年），頁74-75。《崗上英華》，（臺北：國防大學政治作戰學院，2012年），頁184-209。

41. 楊亭雲口述，〈楊亭雲上將訪談實錄，2024年4月17日〉，頁4。

42. 魯蛟口述，〈張騰蛟訪談實錄，2024年3月1日2〉，頁6。

43. 蔣經國，《蔣經國日記（1971年）》，頁190。

44. 蔣經國，《蔣經國日記（1974年）》，頁225。

45. 蔣經國，《蔣經國日記（1970年）》，頁217-218。

46. 同註45，頁91。

47. 同前註，頁93。

48. 同前註，頁206。

49. 蔣經國，《蔣經國日記（1975年）》，頁138。

50. 同註49，頁234。

51. 同註49，頁239。

52. 蔣經國，《蔣經國日記（1973年）》，頁45。

53. 2024年4月17日，〈楊亭雲上將訪談實錄〉，頁6。

54. 2001年前後，華視因節目播出型態調整，而將週六上午之莒光日停播。隨即有福建臺商投書報端，建議華視週六上午仍續播莒光日，理由為大陸沿海可收看華視頻道。未幾，華視又恢復週六播放莒光日。

參考文獻二

		吳東權　著作一覽表			
項次	書名	性質	出版單位	出版年份	備考
1	玉骨冰心	中篇小說	皇冠出版社	1961	
2	三人行	中篇小說	新中國出版社	1966	
3	橄欖林	短篇小說集	臺灣商務印書館	1967	
4	高處不勝寒	長篇小說	宏業書局	1967	
5	碧血黃沙	長篇小說	宏業書局	1967	
6	老虎崖	長篇小說	宏業書局	1967	
7	死狼峽	長篇小說	正中書局	1967	
8	十步橋	短篇小說集	水牛出版社	1968	
9	看不見的雨絲	短篇小說集	博愛出版社	1968	
10	喜上眉梢	短篇小說集	新中國出版社	1968	
11	月破黃昏	長篇小說	哲智出版社	1968	
12	颱風草	短篇小說集	立志出版社	1968	
13	蝶戀花	長篇小說	哲智出版社	1969	
14	白玉蘭	長篇小說	哲智出版社	1969	
15	玉蝴蝶	短篇小說集	明山書局	1970	
16	九孔橋	長篇小說	立志出版社	1971	
17	一剪梅	長篇小說	學生書局	1972	
18	四季春	長篇小說	華欣出版社	1974	
19	又見筧橋	散文集	這一代出版社	1977	
20	吳東權自選集	短篇小說集	黎明文化公司	1977	
21	人言小品	散文集	文化大學出版部	1978	
22	電影與傳播	論述集	黎明文化公司	1979	
23	離巢燕	短篇小說集	文化大學出版部	1980	
24	燕離巢	短篇小說集	黎明文化公司	1981	
25	中國聲光傳播媒介溯源	論述集	這一代出版社	1982	
26	浩氣英風——史堅如傳	傳記小說	近代中國出版社	1983	
27	拆箭為盟	長篇小說	采風出版社	1984	
28	電影	論述集	允晨文化公司	1984	
29	螢光幕後	論述集	文化建設委員會	1986	
30	百鳳朝陽	長篇小說	黎明文化公司	1987	
31	中國傳播媒介發源史	論述集	中視文化公司	1988	

<table>
<tr><td colspan="6" align="center">吳東權　著作一覽表</td></tr>
<tr><td>項次</td><td>書名</td><td>性質</td><td>出版單位</td><td>出版年份</td><td>備考</td></tr>
<tr><td>32</td><td>畫祭</td><td>短篇小說集</td><td>仁愛出版社</td><td>1988</td><td></td></tr>
<tr><td>33</td><td>先秦的口語傳播</td><td>論述集</td><td>文建會</td><td>1991</td><td></td></tr>
<tr><td>34</td><td>百感交集</td><td>散文集</td><td>黎明文化公司</td><td>1992</td><td></td></tr>
<tr><td>35</td><td>高志航傳</td><td>傳記小說</td><td>希代出版社</td><td>1993</td><td></td></tr>
<tr><td>36</td><td>退休生涯規劃</td><td>銀髮文學</td><td>龍吟文化公司</td><td>1993</td><td></td></tr>
<tr><td>37</td><td>文學境界</td><td>論述集</td><td>躍昇文化公司</td><td>1994</td><td></td></tr>
<tr><td>38</td><td>陸浩東傳</td><td>中篇小說</td><td>雨墨文化公司</td><td>1994</td><td></td></tr>
<tr><td>39</td><td>手銀髮行</td><td>銀髮文學</td><td>世界書局</td><td>1995</td><td></td></tr>
<tr><td>40</td><td>銀髮魅力</td><td>銀髮文學</td><td>黎明文化公司</td><td>1997</td><td></td></tr>
<tr><td>41</td><td>越老活得越好</td><td>銀髮文學</td><td>希代出版公司</td><td>1998</td><td></td></tr>
<tr><td>42</td><td>開創美好退休生活</td><td>銀髮文學</td><td>希代文化公司</td><td>1999</td><td></td></tr>
<tr><td>43</td><td>知福惜福</td><td>散文集</td><td>元氣齋出版社</td><td>1999</td><td></td></tr>
<tr><td>44</td><td>婚變基因</td><td>論述集</td><td>黎明文化公司</td><td>2001</td><td></td></tr>
<tr><td>45</td><td>千言萬語</td><td>散文集</td><td>黎明文化公司</td><td>2002</td><td></td></tr>
<tr><td>46</td><td>邨童六憶</td><td>散文集</td><td>黎明文化公司</td><td>2004</td><td></td></tr>
<tr><td>47</td><td>越長壽越快樂</td><td>銀髮文學</td><td>高寶國際公司</td><td>2005</td><td></td></tr>
<tr><td>48</td><td>綵筆紅顏</td><td>散文集</td><td>臺灣商務印書館</td><td>2007</td><td></td></tr>
<tr><td>49</td><td>絕代紅粧</td><td>散文集</td><td>臺灣商務印書館</td><td>2008</td><td></td></tr>
<tr><td>50</td><td>行前準備</td><td>銀髮文學</td><td>爾雅出版社</td><td>2008</td><td></td></tr>
<tr><td>51</td><td>新流感</td><td>散文集</td><td>臺灣商務印書館</td><td>2009</td><td></td></tr>
<tr><td>52</td><td>銀髮歲月情趣多</td><td>銀髮文學</td><td>黎明文化公司</td><td>2010</td><td></td></tr>
<tr><td>53</td><td>探情索愛</td><td>散文集</td><td>黎明文化公司</td><td>2011</td><td></td></tr>
<tr><td>54</td><td>娘在兒不老</td><td>短篇小說集</td><td>米樂文化國際公司</td><td>2012</td><td></td></tr>
<tr><td>55</td><td>人間百態</td><td>散文集</td><td>黎明文化公司</td><td>2013</td><td></td></tr>
<tr><td>56</td><td>人間詩話</td><td>散文集</td><td>臺灣商務印書館</td><td>2013</td><td></td></tr>
<tr><td>57</td><td>人生百忍</td><td>散文集</td><td>黎明文化公司</td><td>2014</td><td></td></tr>
<tr><td>58</td><td>九十九墩</td><td>短篇小說集</td><td>勒巴克公司</td><td>2014</td><td></td></tr>
<tr><td>59</td><td>人性百善</td><td>散文集</td><td>黎明文化公司</td><td>2015</td><td></td></tr>
<tr><td>60</td><td>人間詞話</td><td>散文集</td><td>臺灣商務印書館</td><td>2016</td><td></td></tr>
<tr><td>61</td><td>人間劇話</td><td>散文集</td><td>黎明文化公司</td><td>2017</td><td></td></tr>
<tr><td>62</td><td>人間平話</td><td>散文集</td><td>黎明文化公司</td><td>2017</td><td></td></tr>
<tr><td>63</td><td>老是這樣</td><td>散文集</td><td>黎明文化公司</td><td>2021</td><td></td></tr>
</table>

製表：祁志榮

參考文獻三：影劇系第1期風雲人物（以姓名筆劃先後排序）

汪永泉	曾任空軍藝工大隊大隊長、政戰學校影劇系系主任
文從道	華視新聞雜誌、電視戲劇製作人、「廣播金鐘獎」二屆編導獎得主
任民三	曾任海軍藝工大隊大隊長、國防部藝術工作總隊總隊長、三臺聯播《勝利之路》製作人
季潛俠	著名影劇記者、作家、電影導演
胡家琛	資深演員、電影副導演，代表作有《蚵女》、《我女若蘭》
孫俊傑	影劇系首位晉升將軍者
張永祥	曾任《中華電視台》節目部經理、政戰學校影劇系主任 為臺灣著名編劇、撰寫話劇、廣播劇、電視劇、電影等無數傑出劇本，囊獲5次「亞太影展」、5次「金馬獎」、2次「金鐘獎」最佳編劇、「國軍文藝金像獎」、榮膺第二屆戲劇類「國家文藝獎」、2016年獲頒「金馬獎終身成就獎」，政戰學院首位「終身成就獎」得主
張　放	著名作家，作品有小說、論述、散文等六十餘部，獲「國軍文藝金像獎」、「中山文藝創作獎」、「吳三連散文獎」等，曾任中國文藝協會秘書長
張曾澤	著名電影導演、歷任中國電影製片廠、中影公司、國泰機構、邵氏兄弟等基本導演，代表作有《陸客與刀客》、《筧橋英烈傳》等
陳國璋	資深電影工作者，曾任中國電影製片廠編導科科長

趙琦彬	先後擔任華視戲劇中心主任、中影公司製片企劃部經理,舞臺劇導演、創辦六屆「實驗劇展」是臺灣小劇場及劇場現代化的轉捩點,劇本創作遍及廣播劇、電視劇、電影、舞臺劇,才華備受肯定,獲「國家文藝獎」、「中山文藝獎」、「教育部文藝獎」、「國軍文藝金像獎」、「文協編劇獎」、「金鼎獎」等
劉伯祺	曾任空軍藝工大隊大隊長、國防部藝術工作總隊總隊長、中國電影製片廠廠長、復興戲劇學校校長、三臺聯播《勝利之路》製作人
劉　藝	著名電影導演、編劇、影評人、作家,1996年以《啞女情深》獲「亞洲影展最佳編劇」、第十二屆「金馬獎最佳導演」、第十三屆「金馬獎最佳紀錄片策劃獎」、政戰學校、國立藝專、世界新專、文化大學教授,中國影評人協會秘書長
戴化民	國防部藝術工作總隊副總隊長,三臺聯播《路是人走出來的》主要策劃人

歷史與現場370

復興崗人的壯采和弦：政戰風雲路　卷II

發 行 人—復興崗文教基金會　李天鐸
總 企 劃—王漢國
作　　者—復興崗 校友群
專 訪 組—王漢國 李天鐸 鄒美仁 田鑫泉 程富陽 祁志榮 左化鵬
總 編 輯—喬振中
封面攝影／設計—程湘如
封面書法—陳合成
美術編輯—李宜芝
主　　編—謝翠鈺
企　　劃—鄭家謙

董 事 長—趙政岷
出 版 者—時報文化出版企業股份有限公司
　　　　　108019台北市和平西路三段二四〇號七樓
　　　　　發行專線—(〇二)二三〇六六八四二
　　　　　讀者服務專線—〇八〇〇二三一七〇五
　　　　　　　　　　　(〇二)二三〇四七一〇三
　　　　　讀者服務傳真—(〇二)二三〇四六八五八
　　　　　郵撥——九三四四七二四時報文化出版公司
　　　　　信箱——〇八九九　台北華江橋郵局第九九信箱
時報悅讀網—http://www.readingtimes.com.tw
法律顧問—理律法律事務所 陳長文律師、李念祖律師
印刷—勁達印刷有限公司
一版一刷—二〇二四年十一月二十九日
定價—新台幣六〇〇元
缺頁或破損的書，請寄回更換

復興崗人的壯采和弦：政戰風雲路. 卷II / 復興崗校友群作 . -- 一版 . --
臺北市：時報文化出版企業股份有限公司, 2024.11
　面；　公分 . -- (歷史與現場；370)
ISBN 978-626-419-002-2(平裝)

1.CST: 臺灣傳記 2.CST: 軍官

783.32　　　　　　　　　　　　　　　　　113017073

ISBN 978-626-419-002-2
Printed in Taiwan